华为的
99 个战略解码故事

活下来就有未来

邢晓凤○著

团结出版社

图书在版编目（CIP）数据

99个战略解码故事 / 邢晓凤著 . -- 北京 : 团结出版社 , 2024. 8. -- ISBN 978-7-5234-1250-3 Ⅰ . F272.1

中国国家版本馆 CIP 数据核字第 20242K3L65 号

出　　版：团结出版社

（北京市东城区东皇城根南街84号　　邮编：100006）

电　　话：（010）65228880 65244790

网　　址：http://www.tjpress.com

E-mail：zb65244790@vip.163.com

经　　销：全国新华书店

印　　装：三河市华东印刷有限公司

开　　本：140mm×210mm　　32开

印　　张：12.5

字　　数：320千字

版　　次：2024年8月第1版

印　　次：2024年8月第1次印刷

书　　号：ISBN978-7-5234-1250-3

定　　价：59.00元

丛 书 序

为标杆企业立传塑魂

在我们一生中，总会遇到那么一个人，用自己的智慧之光、精神之光，点亮我们的人生之路。

我从事企业传记写作、出版16年，采访过几百位企业家，每次访谈我通常会问两个问题："你受谁的影响最大？哪本书令你受益匪浅？"

绝大多数企业家给出的答案，都是某个著名企业家或企业传记作品令他终身受益，改变命运。

商业改变世界，传记启迪人生。可以说，企业家都深受前辈企业家传记的影响，他们以偶像为标杆，完成自我认知、自我突破、自我进化，在对标中寻找坐标，在蜕变中加速成长。

人们常说，选择比努力更重要，而选择正确与否取决于认知。决定人生命运的关键选择就那么几次，大多数人不具备做出关键抉择的正确认知，然后要花很多年为当初的错误决定买单。对于创业者、管理者来说，阅读成功企业家传记是形成方法论、构建学习力、完成认知跃迁的最佳途径，且越早越好。

无论个人还是企业，不同的个体、组织有不同的基因和命运。对于个人来说，要有思想、灵魂，才能活得明白，获得成功。对于企业而言，要有愿景、使命、价值观，才能做大做强，基业长青。

世间万物，皆有"灵魂"。每个企业诞生时都有初心和梦想，但发展壮大以后就容易被忽视。

企业的灵魂人物是创始人，他给企业创造的最大财富是企业家精神。

管理的核心是管理愿景、使命、价值观，我们通常概括为企业文化。

有远见的企业家重视"灵魂"，其中效率最高、成本最低的方式是写作企业家传记和企业史。企业家传记可以重塑企业家精神，企业史可以提炼企业文化。以史为鉴，回顾和总结历史，是为了创造新的历史。

"立德、立功、立言"，这是儒家追求，也是人生大道。

自2011年以来，我所创办的润商文化秉承"以史明道，以道润商"的使命，会聚一大批专家学者、财经作家、媒体精英，专注于企业传记定制出版和传播服务，为标杆企业立传塑魂。我们为中海油、通用技术、招商局、华润、美的、阿里巴巴、卓尔、用友、光威、德生等近百家标杆企业提供企业史、企业家传记的创作与出版定制服务。我们还策划出版了"世界是部商业史"系列、"全球财富家族系列"、"中国著名企业家传记"系列等100多部具有影响力的图书作品，部分作品版权输出到日本、韩国等国家及我国港澳台地区，堪称最了解中国本土企业实践和理论体系、精神文化的知识服务机构之一。

出于重塑企业家精神、构建商业文明的专业精神和时代使命，2019年初，润商文化与团结出版社、曙光书阁强强联手，共同启动中国标杆企业和优秀企业家的学术研究和出版工程。五年来，为了持续打造高标准、高品质的精品图书，我们邀请业内知名财经作家组建创作团队，进行专题研究和写作，陆续出版了任正非、马云、雷军、董明珠、段永平、张一鸣、王兴、钟睒睒、曾毓群、王卫等著名企业家的 30 多部传记、经管类图书，面世以后深受读者欢迎，一版再版。

今后，我们将继续推出一大批代表新技术、新产业、新业态和新模式的标杆企业的传记作品，通过对创业、发展与转型路径的叙述、梳理与总结，为读者拆解企业家的成事密码，提供精神养分与奋斗能量。当然，我们还会聚焦更多优秀企业家，为企业家立言，为企业立命，为中国商业立标杆。

一直以来，我们致力于为有思想的企业提升价值，为有价值的企业传播思想。作为中国商业的观察者、记录者、传播者，我们将聚焦于更多标杆企业、行业龙头、区域领导品牌、高成长型创新公司等有价值的企业，重塑企业家精神，传播企业品牌价值，推动中国商业进步。

通过对标杆企业和优秀企业家的研究创作和出版工程，我们意在为更多企业家、创业者、管理者提供前行的智慧和力量，为读者在喧嚣浮华的时代打开一扇希望之窗：

在这个美好时代，每个人都可以通过奋斗和努力，成为想成为的那个自己。

"中国著名企业家传记"策划人、主编

陈润

推 荐 序

把成功与失败进行淋漓尽致的总结

在总结任正非成功经验的时候，人们发现了这四句话：行万里路，读万卷书，与万人谈，做一件事。所谓的"与万人谈"，就是任正非阅读大量世界上成功企业的发展历史的书籍。他一有机会就与这些公司的董事长、总经理当面进行交流请教，并把这些成功的经验用于华为的运营，这就使得华为也成为一个成功的企业。

在过去的十余年间，润商文化长期致力于系统研究中外成功的企业家，会集了一大批专业人士创作关于成功企业家的传记——著名企业家传记丛书。这是一件非常有意义的事情，这让"与万人谈"成为一件很容易的事。同时，这使得大家都能够从中了解到——这些企业家为什么成功？自己能从中学到什么？

因此，我觉得润商文化的这项工作是功德无量的。这些成功的企业家，就是中国经济史上一个个值得称颂的榜样。

湖北省统计局原副局长

民进中央特约研究员

叶青

序 言

　　战略是一种从全局考虑谋划实现全局目标的规划，实现战略胜利，有时候要牺牲部分利益，去获得战略胜利。不争一时之长短，不计一城一池之得失，才能拥有整个世界。

　　任正非是一个有战略眼光的企业家，他说，对于企业来说，战略就是做取舍，没有方向，不叫战；不舍弃一部分东西，不叫略。要有所为，有所不为。那些习惯投机、急功近利、缺乏足够的耐心去铺垫和等待的人，是做不好战略的。

　　一个企业要想发展壮大，必须有一个在人格、眼界、胸怀、魄力等方面超乎常人的领袖。任正非就是这样的企业领袖，他43岁开始创业，从2万元起步，用30多年的时间，将一个小公司，打造成市值万亿的科技王国，改写了中国乃至世界通信制造业的历史，更成为中国企业在世界的标签。华为之所以能取得这样的成就，很大程度来自任正非的战略决策，他具备一掷千金的胆量和魄力，既能准确判断行业发展趋势，看到机会，又能敏锐地感知公司扩张的瓶颈。他以大格局、大视野、大胸怀、远见的胆识，带领着公司在高速发展的道路上策马狂奔。

任正非有着敏锐的眼光、果断的决策力，拥有狼一般的特性，只要自己认准的事情就会坚定不移地走下去。他始终保持着一种危机意识，能在黑暗中抓住微光，应对一次次危机，他说："华为最基本的使命就是活下去，唯惶者能生存。"他领导华为坚持自主研发，坚持走国际化道路。他大气磅礴地进行全球性布局，游刃有余地面对激烈竞争。他说："华为没有成功，只有成长。"

任正非是性情中人，他谦逊低调、大隐于市、做事雷厉风行、言谈直抒胸臆。他对在国外艰苦环境中工作的员工承诺："只要还飞得动，就会到艰苦地区来看你们，到战乱、瘟疫的地区来陪你们，我若贪生怕死，何来让你们去英勇奋斗！"

创业起步时，缺少资金，举步维艰，他说："我们要塑造艰苦奋斗、吃苦耐劳的灵魂，做烧不死的火凤凰！"

当公司人心涣散，员工失去信心时，他说："我们一定能渡过难关，我们要做燎原的星火，将来通信行业三分天下、华为必有其一。"

在企业取得了一定的成就、人心浮躁、奋斗精神逐渐消退时，他说："华为总会有冬天，没有预见，没有预防，就会被冻死。华为要准备好过冬的棉衣。"

在华为迅猛发展，成长速度失控时，他说："活下去的必要条件是及时去除一切错误，不自我批评，一味向前冲，没有合理的增长速度必将导致死亡。"

当华为不断壮大，需要开拓国际市场时，他说："我们走出国门要坚持去粗取精，用奋斗的精神，在穿西装的人中走出中山装的风格。在机会窗开启时，扑上去，撕开它，纵向发展，横向扩张。"

当华为步入正轨，管理制度跟不上技术进步时，他说，管理就是做减法。不改进管理，企业就将死亡，要将生命注入永恒的管理优化中。

当华为被美国多轮制裁时，他说："未来 10 年是一个非常痛苦的历史时期，全球经济面临衰退，我们要把活下来作为最主要纲领，边缘业务全线收缩和关闭，把寒气传递给每个人。"

可以说，在华为发展的每一个关键节点上，任正非总是及时地站出来，以其卓越的企业家智慧为华为指明方向。成吉思汗说："越不可越之山，则登其巅；渡不可渡之河，则达彼岸。"任正非说："除了胜利，我们已经无路可走。"这便是胜者思维。即使在黑暗、失败、无望的时刻，内心也像一只鼓满风的帆，向着目标勇往直前。

任正非深谙人性，是讲故事的高手，他以深刻而鼓舞人心的语言，激励着华为人，以切实的行动、基于人欲望的激励机制，使几十万华为人"力出一孔，利出一孔"，将华为推上了世界之巅。特别是在遭受美国政府极限打压时，任正非以不屈不挠的魄力与担当引领着华为强势崛起，成为全球 5G 时代领跑者。

本书从组织战略、人才战略、产品战略、营销战略、竞争战略、国际化战略、创新战略、文化战略等方面，着重写了任正非讲给华为人的 99 个战略解码故事。迷茫时，这些故事将告诉你如何突出重围；浮躁时，清醒又深刻的箴言警句，犹如三月的柳枝，在春寒拂面中给人警醒与鞭策。这些具有感染力的故事，以独特的视角、丰富的语言、深刻的寓意，向读者娓娓道来，给人以深刻的启迪，引发强烈的共鸣。

目　录

第三章 人才战略：将天下英雄尽入吾彀中

第四章 产品战略：生存第一，没前途的要裁掉

第五章 营销战略：我们要的是胜利，不是山头

第八章 创新战略：模仿不会长久，颠覆性创新虽败亦荣

第九章 文化战略：资源会枯竭，唯有文化生生不息

附录

第一章

战略的战略：无为胜有为

任正非曾表示，什么是战略？没有方向，不叫"战"；不舍弃一部分东西，不叫"略"。"略"就是舍弃一部分东西。企业在经营的过程中，在决定做什么、不做什么的时候，一定要有所取舍；当市场形势不好的时候，要敢于抛弃一部分、重点聚焦一部分。

1. 放眼全球的战略家

战略思维就是能着眼全局，拥有长远的战略目光，懂得合理地分配和使用所持有的资源，并且拥有极强的宏观意识和长远的战略目光，善于从大处着眼、小处着手，高瞻远瞩、运筹帷幄，善于抓主要矛盾、驾驭复杂局面，拥有解决复杂矛盾的能力。

任正非曾表示，什么是战略？没有方向，不叫"战"；不舍弃一部分东西，不叫"略"。"略"就是舍弃一部分东西。企业在经营的过程中，在决定做什么、不做什么的时候，一定要有所取舍；当市场形势不好的时候，要敢于抛弃一部分、重点聚焦一部分。

由此可见，战略的本质就是做取舍，只有有舍有取，才能集中兵力，这是战略的根本逻辑。聪明的企业懂得做减法，而不是做加法。

信息就是商机，任正非拥有很强的信息捕捉能力。1987 年，已过不惑之年的任正非集资 2.1 万元，在深圳创立了华为公司。对于做什么，任正非当时并没有很明确的目标，当他无意中得知一个朋友正在做程控交换机的生意时，对信息非常敏感的他便主动去了解。他发现，和传统的机电式交换机相比，美国于 1965 年研制的程控交换机速度更快、语音更清晰、工作效率更高，而且体积也小，是发达国家电信行业的主流设备。而当时我国对电话的需求非常迫切，但由于技术落后，不能自主生产程控交换机，需要从国外引进，国外对中国实行出口限制，并且价格昂贵，一台程控交换机在我国居然要卖到7.5万元。

商机如水流，抓不住就会转瞬即逝。发现这个商机后，任正非果断决定进军通信行业。他通过熟人介绍，联系了香港的鸿年公司，代理了他们公司生产的交换机，并争取到货物售出后再回款的优惠，从而解决了华为的资金周转问题。就这样，眼光独到的任正非靠代理香港公司的程控交换机获得了第一桶金。

面对国内在程控交换机技术上的空白，任正非意识到唯有走自主创新之路，企业才能长远地发展，于是他便将华为的所有资金投入了研制自有技术中。念念不忘，必有回响。此次的孤注一掷没有让任正非失望，华为最终研制出了交换机，掌握了技术上的主动权。

在做代理时，任正非就非常善于总结经验。他深知电信设备制造行业不是一锤子的买卖，在售后服务中，要花费大量的人力、物力来维护客户，于是他便提出了"客户第一"的理念，用心为客户服务。当时那些国际电信巨头在中国的分支机构最多只设立到中国的省会城市及沿海的重点城市，根本无暇顾及广大的农村市场，而这正是本土企业的"地利"优势。当然，眼高于顶的国际电信巨头根本不会把心思放在中国的农村市场，他们觉得农村市场的购买力低，即使是大幅降价，自己的电信产品也与农村市场的要求颇有距离，于是便舍弃了"油水"较少的农村市场。

军人出身的任正非善于从军事领域吸取管理经验。他对毛泽东思想活学活用，采取"农村包围城市"的销售策略：先占据国际电信巨头没有深入的广大中国农村市场，步步为营，最后占领城市市场。

这个英明的战略不仅使华为避免了在早期被国际电信巨头扼杀的命运，还使华为能够在自由广阔的农村市场不断积蓄力量，获得长足发展。就这样，一支强有力的营销队伍和精良的研发团队在中国广袤的农村地区蓬勃成长起来。而当年那些与华为一样代理他人产品的无数家公司，以及跟风研制类似程控交换机的新兴通信设备的厂商此时却纷纷倒闭，华为则在广大的农村市场如鱼得水，游刃有余。

点评

　　视野即价值，超乎常人的视野，铸造了华为超乎寻常的武器。任正非自主研制技术的策略，尽管是冒着极大的风险，但历来风险与创新相伴而生，不入虎穴，焉得虎子？对于创业者来说，有时候敢于冒险也是一种魄力。任正非的决策无疑是英明的，此举成功奠定了华为适度领先的技术基础，成为华为日后傲视同业的一大资本。

2. 好战略从战略洞察开始

战略是一种把握尺度和取舍的艺术。美国学者 F.S. 菲茨杰拉德有句名言："一流的智者能够同时在脑海中持有两种相反的想法，并且仍然保持行动力。"战略管理就是辩证法。企业在发展中会面临聚焦与多元化、竞争与合作、短期利益与长期利益等矛盾，如何把握恰当的尺度、如何取舍，就是战略。

好的战略会对企业发展起到至关重要的牵引作用。《孙子兵法》云："兵者，国之大事，死生之地，存亡之道，不可不察也。"战略是企业为实现长远目标所做的重大取舍和所采取的关键举措，好战略要从深刻的战略洞察开始。任正非说："没有战略洞察能力，就会事倍功半。"华为从成立起，就一直保持着持续快速地成长，背后的原因，正是任正非超乎常人的战略决策能力。在华为的发展中，花巨资引进国际商业机器公司（简称 IBM）管理咨询团队的决策非常关键，撬动了华为的发展，为华为的全球扩张、多个业务线射线型发展夯实了基础。

1999 年，华为和 IBM 达成重磅合作，由 IBM 派出咨询团队进驻华为，用师傅带徒弟的方式，手把手帮助华为改进公司的工作流程，完善华为的管理系统。

此管理升级项目历时 10 年，涉及公司研发、供应链、客户关系管理等诸多方面。在工作最为复杂的阶段，IBM 有多达 270 名咨询师常驻华为。整个项目更是花费 50 亿美元。决策背后是任正非对行业趋势的精准判断。任正非认为未来的通信行业将迎来爆发式的增长，"在 21 世纪初，也许会真正地产生一次网络革命。光传输与先进的交换技术，会使通信费用数十倍地降低。用户、业务的迅猛增长难以预计，必须规模化才能缩短对新产品的投入时间。"而华为要想在未来的市场里占有一席之地、迅速扩张规模，就必须增强对公司的内部管理，完善财务、人力、产品开发等各个流程，以适应公司的高速发展。

IBM 开发的"基于产品及生命周期优化法"系统，简称 IPD，为华为以后的快速扩张以及产品的研发打下了坚实的制度基础，提升了华为团队的管理水平。华为的规模从几百人扩张到十几万人后，依然能够高效有序地运作，可以说，任正非率领华为公司向大公司学习的这套管理系统居功甚伟。后来华为在全球与各大通信商业巨头抗衡，纵横驰骋，体现出的极强的产品研发能力，与 IPD 系统密不可分。

2012 年，华为轮值董事长徐直军表示，7 万多人的研发队伍能有序开展工作，这是我们与 IBM 合作开展变革的成果。即使再加 7 万人，我们也能有序地运作。

持续做出正确决策，是企业持续增长的关键要素。这次管理升级为华为以后的高速发展打下了坚实的基础。而这一切的背后，则是任正非能准确判断行业发展趋势和公司扩张瓶颈的能力，以及一掷千金的胆量和魄力。

在华为的成长历程中，外部"管理咨询"智囊团的作用不容忽视，比如 IBM、埃森哲（Accenture）、波士顿、普华永道（PWC）、美世咨询公司（Mercer）、合益咨询公司（Hay Group）、日立咨询等 17 家咨询公司。他们是华为成长中不可或缺的见证方。华为犹如一块吸水的海绵，源源不断地汲取着先进的技术和管理经验，持续地学习世界领先企业的经验和方法。华为的产品研发体系、供应链体系是 IBM 帮助设计的，人力资源有 Hay Group 的功劳，组织架构建设Mercer 功不可没，财务体系有普华永道的助力，销售体系有埃森哲的心血。华为也因此青出于蓝而胜于蓝，正是由于华为不断学习的精神，才使得华为在和世界级的公司竞争中，处于不败之地。

在技术方面，华为更是不断学习和进步的典范。有一次任正非去美国贝尔实验室参观，一下子被吸引了，待在贝尔实验室久久不愿离开，觉得有太多东西需要学习。回到华为后，任正非打造了类似的实验室。

2002年年底，徐直军受任正非委托，召开了手机立项讨论会。任正非平静地听完，表情镇定地对财务副总裁纪平说："拿出10个亿来做手机。"当年华为公司的净利润也就10个亿。这就是魄力，决定要做的事，会押上全部家当，破釜沉舟、全力以赴，不为自己留后路。任何大的机会必然是面向未来的，充满了模糊性和风险，需要决策者有过人的胆识和眼光，穿透层层迷雾，才能看清未来。未来往往充满了不确定性，需要决策者有强大的勇气和胆量，做出决策，大胆押注，并勇于承担失败的风险。远见和胆识，是成功者的关键素质，只有这样才能在机会来临时，把握机会，借势增长。正是因为任正非有着不断学习、自我超越的理念，华为才能因此成为一家重视学习和进步、重视科研投入的公司，才能创造出令人瞩目的成就。[1]

点评

远见、见识、胆量是一个企业领袖最为关键的特质。远见是指能够把握趋势、看到机会，这就需要创始人有长远的眼光、丰富的阅历。培养远见的一个重要方式，就是开阔眼界，了解行业最新、最前沿的动态。而胆量就是魄力，看到机会时，能够果断决策，破釜沉舟、全力以赴。任正非能够看到通信行业的趋势，与他的几次出国考察有关，走出国门，让他开阔了眼界，看到了通信行业前沿的信息，对通信行业有了清晰的认识，从而抓住了战略机会。

[1] 苏小妹频道 2022-01-01.

3. 战略思维：活下来，把寒气传递给每个人

任正非是一位居安思危的企业家，他在《整个公司的经营方针要从追求规模转向追求利润和现金流》一文中表示："全球经济将面临衰退、消费能力下降的情况，华为应改变思路和经营方针，从追求规模转向追求利润和现金流，保证渡过未来三年的危机。把活下来作为最主要纲领，边缘业务全线收缩和关闭，把寒气传递给每个人。"

"活下来"是华为一直在喊的口号，这并非杞人忧天，而是未雨绸缪、积极超前的危机意识。任正非曾多次敲响"寒冬"的警钟，使得奋斗中的华为人始终怀有一种危机感，并在危机感的无形鞭策下，让华为走得更远，变得更强大。

1993 年，任正非在《华为的红旗到底能打多久》中表示，一个企业怎样才能长治久安？华为的旗帜还能打多久？答案就是破釜沉舟，把危机意识和压力传递给每一个华为的员工，通过无依赖的市场压力传递，使华为的内部机制永远处于激活状态。

2001 年，任正非在《华为的冬天》中提到，他在德国考察时，看到德国在第二次世界大战后恢复得非常快，大受触动。德国的工人们团结起来，为加快经济建设，甘愿自降工资，因此战后德国的经济才能迅速增长。如果真正的危机来了，员工工资减半或者裁员能救华为公司吗？这不是危言耸听——狼真的会来。

任正非告诫员工："我们公司从上到下还没有真正意识到危机，

当危机来临时，我们可能就措手不及了。现在虽然是春天，但冬天已经不远了，我们在春天与夏天要念着冬天的问题。我们可否抽一些时间，研讨一下如何迎接危机？IT业的冬天对别的公司来说不一定是冬天，而对华为却可能是冬天。一旦华为破产，我们都将一无所有。"

而事实上，2000年的华为正处于高速发展期，年销售额达220亿元，利润29亿元，位居全国电子行业企业的百强之首。任正非深知，繁荣的背后充满了危机，这种危机不是繁荣本身的必然特征，而是被繁荣包围的人们的意识。努力工作必然会带来繁荣，但繁荣之后，不再努力就必然导致繁荣的丧失。因此，他告诫华为员工在一片欢呼声中要保持危机意识。同时，北美互联网泡沫破裂，任正非敏感地嗅到了危机——这必将对其后几年的通信和网络建设产生巨大影响，而表面的繁荣不过是网络股票大涨的惯性结果罢了。

果然不出所料，之后电信行业迎来了一次大调整，严峻的形势使朗讯、北电等知名企业都开始大规模裁员，元气大伤，走起了下坡路。而华为也遭遇了寒冬，销售额在2000年到2003年也因行业市场的调整而处于停滞状态。

2004年秋季，任正非在讲话中又高喊"寒冬"，他认为行业供给过剩，整个信息产业都处于"寒冬"。"这场生死存亡的斗争的本质是质量、服务和成本的竞争。"好在只是虚惊一场，这场市场的寒冬很快被春天吹散了，经济复苏，华为的营收不断增长。2007年，华为销售额首次破千亿元。

2008年，任正非再次提到冬天，要求华为"对经济全球化以及市场竞争的艰难性、残酷性做好充分的心理准备"。当时国际金融危机愈演愈烈，行业兼并不断，爱立信兼并马可尼，阿尔卡特与朗讯合并，诺基亚与西门子成立合资公司等。他提醒道，经济形势可能出现下滑，2009年、2010年还会更加困难。2009年，国内迟迟未发布的3G牌照终于落地，华为销售额同比增长19%；2013年，华为超过爱立信，成为全球最大的电信设备商。

2016 年年底，任正非又来喊"冬"了。他认为金融危机可能即将到来，一定要降低超长期库存和超长期欠款，并提出："未来五年，华为要自己实现 ROADS，实现数字化转型。"

这几次关于"冬天"的警告，并非在华为山穷水尽之时，反而是在外界看来业绩还不错的时刻，而任正非总是提前感知到了危机。而 2019 年，在华为被美国疯狂打压时，任正非对外界传递的却更多的是信心，而不是危机。[1]

任正非说："太平意识必须长期受到打击，否则公司就可能迈向没落。多年来，我天天思考的都是失败，对成功视而不见，也没有什么荣誉感、自豪感，而是危机感。为了强化员工的危机意识，让员工感受到'狼来了'，让员工体验到悬在头顶上的达摩克利斯剑，我们要让员工融入有序的折腾中，同时要让员工强身健体。当然，还要让员工看到未来的希望。"

✎ 点评

千古兴亡多少事，不尽长江滚滚流。数不尽的公司在还繁荣兴盛时便无声无息地倒下了，鲜花的背后也许是墓志铭。在通信领域，摩托罗拉、上海贝尔、阿尔卡特、西门子等都是在鼎盛时摔倒的。对于一个企业来说，衰变是一个永恒的主题，最终走向死亡是不可逆的。企业最终的命运一定是死亡，而华为想做的就是活下去，所以任正非提出："我们的最低纲领是活下去，我们的最高纲领仍然是活下去。"有胆识的企业家，要有预判风险的能力，在繁荣中看到危机的信号，在萧条中看到生命的线索。正是任正非的危机意识，让华为走到了今天。

---

[1] 新浪财经 2022-08-29.

4. 战略远见：不要在非战略机会点上，消耗战略竞争力量

有一次，任正非在飞机航空杂志上看到了一张极具冲击力的照片，画面上记录了瓦格尼亚人在刚果博约马瀑布附近捕鱼的瞬间。在刚果河边，生活着少数民族瓦格尼亚人，他们以捕鱼为生。他们在激流中搭起木架，将巨大的捕鱼篮放在每秒流量 2.8 万立方米的刚果河中，湍急的河水会把鱼推到篮里。险恶的环境使瓦格尼亚人在捕鱼时必须全神贯注，站在恰当的地点，用恰当的角度和力量开展捕鱼的工作，不然便会被湍急的河水卷走。这种古老的捕鱼方式已经持续了数百年，而这张照片则是 2010 年由爱尔兰摄影师安德鲁·麦康奈尔拍摄的。

照片上有一句广告语："不在非战略市场消耗战略竞争力量。"任正非大费周章地找到作者，买下了版权。后来，华为就用这张图片形容自己的聚焦战略，即聚焦于大数据洪流中的战略性机会，不在非战略机会点上消耗战略竞争力量。

在一次内部讲话中，任正非说："我们挡不住业务的客观发展，会冒出多棵树来。但是我们要首先着手总结经验教训，不允许杂草丛生，不允许盲目创新。在生物学上，人体的成长靠的是细胞的受控分裂，细胞分裂成新的脑细胞、红细胞等，吸收营养、滋养肌体、茁壮成长。而不受控的细胞分裂就是癌症，无限分裂的细胞疯狂消耗宝贵资源，带来的是肌体的必然枯萎与死亡。未来，公司的每棵树在全球市场上

的占有率都必须达到全球前三，达不到的要控制立项。内嵌式的业务改进，也许是战略；外挂式的产品研发，未必在主航道。坚决不在非战略机会点上消耗战略竞争力量，不仅是因为我们没这么多钱，也是因为我们管理不好这么多拖油瓶。"[1]

遇到危机，果断卖掉非核心业务，保住核心业务，是华为的"传统"。2019 年 6 月，华为海洋被卖给江苏亨通光电股份有限公司。2020 年 11 月，华为荣耀被卖给深圳市智信新信息技术有限公司。不在非战略机会点上消耗战略竞争力量的经营战略，被华为人称为"主航道"。

所谓主航道，就是在长江洪水发力时，长江中间水流速度最快、力量最大的那股水流。而靠在岸边缓缓流淌、卷着漩涡的地方，就属于非主航道。一家公司要像长江水一样聚焦在主航道，才能发出巨大的电来。华为主张将优质资源向优质客户的需求倾斜，给主航道的人更多肯定，合理评价他们的价值。而对于流到边缘的水以及漩涡，则要求其创造的价值要大于成本，不可以占用主航道的资源。

掌握准确的信息，并对信息进行快速判断和决策，对市场行情准确地作出预测，是企业获得成功的一条捷径。信息是通信技术行业的核心要素，行业中的各家公司围绕着信息的产生、传输、转换、存储、使用的全流程给出创新性的解决方案。由于通信行业涉及的范围广泛，技术变化瞬息万变，每家公司只要聚焦于其中一个环节，就能干出名堂来。信息的流动犹如水流，需要疏导管理，不然就会造成信息泛滥。

华为的"主航道"是攻克"大信息流量的疏导"，即数据中心解决方案、骨干网、移动宽带、固定宽带，以及华为的智能终端、家庭终端和物联网的通信模块。如果用一个"T"字型来形容华为的业务，那么"T"中间的竖线就代表主航道，不断纵深和聚焦；上面的横线则代表非主航道，是配套业务。非主航道的存在是为了让主航道的业

---

[1] 华为任总关于人力资源管理纲要 2.0 的讲话.

务发展更加迅猛，或者是阻击和干扰竞争对手。

华为的"主航道"业务是华为投资的重点，追求发展的可持续性和长期回报，因此也被给予更多的战略耐性。而"非主航道"上的业务，则追求以利润为中心，盈利能力必须大于"主航道"业务，否则就没有存在的必要，以此来保证华为"主航道"的业务能够更好地发展。

"将军赶路，不追小兔。"真正的将军从不被路边的一点小利益所惑，他盯着的永远是前方的胜利。公司高度的上限是由创始人的眼界、心胸和格局决定的。创始人能看到多远的未来，就会有多大的心胸和格局。在遍地机会的ICT行业，任正非从不在非战略机会点上消耗竞争力量，从不会因为追逐"非主航道"的蝇头小利，而占用"主航道"的战略竞争资源，而是通过不断提高"主航道"的能力，在"主航道"上拉开与竞争对手的差距。

第二章

组织战略：牧心者，牧天下

作为华为的领头人，任正非就如同前方一匹嗅觉敏锐、善于进攻的狼。任正非认为，只有带队伍的管理者搭配好了，队伍才会有战斗力，才会赢得胜利。

5. 打造"拧麻花"的矩阵组织

2014 年，任正非在参观埃及金字塔博物馆时，惊讶地发现展厅的橱窗里陈列着一根粗糙的麻绳。这根麻绳历史悠久，是从亚历山大港 4000 多年前的沉船中打捞上来的。麻绳粗细均匀，紧紧地扭结在一起，他不禁内心一动：麻绳能几千年如此紧密地扭结在一起，不正是两股对立的力量同时作用、相辅相成的结果吗？一股力量往左使劲、一股力量往右使劲，结果就使绳子越拧越紧，从而达到最佳状态。做企业，不就是拧麻绳的过程吗？任正非从这次展览中领悟出了"拧麻花"的平衡管理艺术。"拧麻花"不是平衡、不是妥协、不是折中，它是麻绳两边往相反的方向运动，当各自达到最佳状态时，一旦松开，就会产生一种新的力量。

于是，华为建立了"拧麻花"矩阵组织。现在，华为公司在"主航道"上的组织，都是"拧麻花"的矩阵组织，拧两头、挤中间。

华为"主航道"上的每个岗位都由两条线来管理，每个人都有两个主管，这就是华为矩阵组织的基本形态。一条线是部门主管（业务主管），比如某员工是俄罗斯代表处的员工，就由俄罗斯代表处决定该员工的绩效评价、奖金评定、股票授予，这就使得部门主管能对该员工下达工作目标和要求，并进行过程指导与监督。另一条线是行业线主管（专业主管），比如该员工属于俄罗斯无线产品行销部门，那么机关（地区部或深圳总部）就会有一个职能部门负责对该员工的专业技能培养、任职资格认证、全球调动等，这就使行业线主管能对员工下达行业线的战略要求，并在基层落地。

任正非表示，麻花的拧法有很多种，可以前后拧，增加一个时间的维度，在一个时期强调一种主要倾向，一张一弛，波浪式发展；也可以左右拧，在组织中建立扩张的部门和制约的部门，你扩张、我制约，你攻城略地、我管理经营；还可以上下拧，企业高层领导往战略方向上拧，中基层主管和员工往效率和利益上拧；更可以里外拧，在内部追求股东和员工利益，外部满足顾客和合作者利益，不论维护哪一方利益，都必须以其他方面利益的合理实现为前提，不论损害哪一方利益，都会损害各方面的利益。不断地拧，把水分挤掉，促使组织往前走，这样的机制使得华为的组织永远是扩张的、非平衡的，而不是某一个人说了算的。正是由于"拧麻花"的矩阵组织，才使得华为能在2019年遭美国打压后还能不断增长。

同时，矩阵组织还可以对任何一个岗位随时进行替换。在华为，任何一个人、任何一条线，都可能被取代，并且不会太长期地影响业绩。华为的任何一个岗位，甚至代表处代表、地区部总裁，都能说撤就撤，继任者也都能够在较短的时间内胜任工作，因为华为的能力是建立在组织上的。平常，华为公司由两条线管理、信息互通，所以华为的任何一个人都可以被替代，而组织却不会因此被绑架或者架空，这就是华为"拧麻花"组织的另一个效果。

任正非在20世纪90年代就已经形成了矩阵组织的思想与具体实践，这可能就是华为无论人员怎么变换、组织经受了多大困难，都能坚不可摧的根本原因。

 点评

　　华为通过"拧麻花"的平衡管理艺术，实现了持续有效的增长：平衡了销售收入与实现利润的矛盾，确保有利润的收入、有现金流的利润，以达成良好的财务指标；平衡了客户需求与技术创新的矛盾，以不断提升核心竞争力，更好地满足客户的当前需求和未来需求；平衡了短期收益与持续发展的矛盾，以营造良好的商业生态环境，支撑华为的商业成功与持续发展。在做企业的过程中，不可避免地会遇到各类矛盾，此时就要用"驾驭"的心态而不是"解决"的心态来面对矛盾，因为"驾驭"是超越"解决"的。驾驭，就是利用一对矛盾体之间的张力，在一个牵引力的作用下，让这两股力量合成一股新的饱满的合力。

6. 大雁矩阵系统

大雁飞翔在万里云天，是优秀的空中旅行家。孤雁长距离飞行会面临诸多风险，因此大雁在迁徙时，总是数百只、数千只会集在一起列队而飞，人们称之为"雁阵"。头雁扇动翅膀在空中划过，会产生一股微弱的上升气流，能逐步帮助后面的大雁减轻飞行负担，后面的大雁可以依次利用这股气流向前飞行，从而节省了体力。头雁受到的风阻很大，容易疲劳，因此在长途迁徙中，雁群需要经常变换队形，更换"头雁"。通过合作，整个大雁群可以减少一半的体力消耗，而且能够飞更远的距离。这样的"雁阵"成了自然界中协作密切、效率较高的一个群体。

受大雁群体飞行的启发，华为公司采用了矩阵管理系统，要求各个职能部门相互配合，并通过互助网络及时做出反应。

华为的营销人员在团队协作方面的效率常常让客户惊叹，更让竞争对手感到胆寒。当初为了迅速抢占河南市场，华为决定速战速决，并投入了比对手多数倍的人力。任正非一声令下，分布于全国各地、成百上千名华为销售人员全部停下手中的工作，千里迢迢奔赴河南支持开拓河南市场。如此声势浩大的队伍，在气势上就压倒了竞争对手，最后华为也顺利地占领了河南市场。

效率是企业的生命，是企业文化中最有价值的特质。在一般情况下，华为从签合同到实际供货只需要 4 天的时间，这种效率源于良好的协作能力。华为采用矩阵式管理模式，这个管理模式最大的特点就是灵活性比较高，企业内部各职能部门可以通过互助网络来实现相互配合、遥相呼应，从而在第一时间内就能对所要解决的问题做出回应。

除了市场营销之外，华为的客户服务水平也是国际一流的。任正非将华为的客户服务体系打造成了一个系统工程，客户工程部从来不是唯一一个参与接待工作的部门。为了提升服务的效率和质量，华为公司内部几乎所有部门都会参与接待工作，而且每个部门都有自己的职责分配。一切接待工作都在组织严密的流程下，有条不紊地轻松完成，各个部门之间相互配合、共同协作，将客户接待和服务工作做到完美。

有一次，华为准备开拓非洲一个小国家的市场，按照以往的经验，在非洲投资时会找该国最有权势的人，那便是总统。总统是三军首脑，权势滔滔，并且还往往是生意人。为了谈判能够顺利，华为事先做了很多功课，当了解到这位总统酷爱斗鸡，并且对此颇有研究时，华为便打算投其所好。可是如何才能收到良好的效果呢？当地经理开始制定"作战方案"，并将方案反馈到华为总部。华为总部收到信息后，马上安排相关部门邀请中国斗鸡专家研究中国斗鸡和非洲斗鸡的渊源，并且搜集了中国斗鸡的摄影集，还写了一本关于中国斗鸡文化的书，最后通过关系将此书赠送给了那位总统。总统看到书后非常高兴，以此为切入口，后面的谈判也就顺利多了，双方很快就达成了合作。在整个行动中，华为集思广益、群策群力，很多部门都参与进来进行配合，这样才确保了该市场经理能够快速地进入某国的市场。

在华为，员工之间互相"敞开心扉"展开合作，充分展现了信任的价值，犹如伙伴间"过命"的交情。这种"信任的生态"使得华为建立了一个打破组织围墙，让社会资源可以得到开放对接的"流动生态"。这个生态中，华为是河流，伙伴则是支流、湖泊、暗河。这些水域彼此相通，水资源可以相互流动补给，从而维持一个平衡、有活力的生态系统。"流动生态"体现了华为的"利他思维"，在生态系统中，所有伙伴都可以得到成长。

　　大雁之间同样具备相同的文化愿景，即使改变阵型与方向，每只大雁也都能够相互默契地调整自己的速度，使阵型保持优美、协调、充满活力，最终完成上千公里的飞行。

 点评

　　"雁群效应"在管理学中被广泛使用，头雁发挥带头作用，其他大雁跟随头雁的方向，分工协作、形成合力，目标一致地以最优化的飞行方式飞向目的地。在这个过程中，最重要的就是"协作"。雁群在天空中飞翔，一般都是排成飞得最快、最省力的"人"字阵或"一"字斜阵，并定时交换左右位置。在飞行中，后一只大雁的羽翼能够借助于前一只大雁的羽翼所产生的空气动力飞行，使飞行更省力、缓解疲劳。在华为，"胜则举杯相庆，败则拼死相救"的团队精神，就是在互帮互助、团结协作的传统文化基础上产生的，同时也是通过管理模式和管理制度的设定来保障的。正因为如此，华为为团队的合作精神打造了坚实的基础，也为华为的内部协作注入了文化基因。

7. 狼狈组织计划

贬词褒用是任正非经常用的一种重要的语言技巧，有化腐朽为神奇的功效。成语"狼狈为奸"这个贬义词，被任正非赋予了新的内涵。

狼是大家熟知的动物，狈则是传说中的一种兽。狈前腿较短，走路时需要趴在狼身上才能行动。狼善奔袭，狈善计谋，狼依靠狈的头脑，狈依靠狼的体能，二者完美组合、通力合作，干起事来无往不利。任正非旧词新用，只取其"通力配合"之意，收到了意外的效果。

这一切契机正源于华为的一个故事。1999 年 12 月，为了加强股权管理、理顺利益关系，华为决定成立董事会。任正非召集公司高管举行股东代表会，选举董事长和董事。在会上，任正非直接提议将孙亚芳列为董事长的第一候选人，因为孙亚芳的社交能力非常强，善于处理各种复杂的社会关系，而自己却没有太多的时间和精力去处理社会上的各种关系。还未等大家反应过来，任正非便开始介绍孙亚芳的简历和工作成绩，然后请大家投票表决。

一顿操作猛如虎，参会的高管们面面相觑：这分明是直接指定人选啊，根本没有提出其他候选人，原来设置这个董事长的职位是专门负责对外公关的。

看大家愣在那里，任正非接着给大家讲了"狼狈组织"的故事来活跃气氛。聪明的狈没有独立作战的能力，必须和狼结合在一起才有战斗力。狼和狈是一个优质的协作团队，进攻时狼在前面冲锋，狈抱着狼的后腰，在后面指挥；如果狈发现狼的方向错了，就屁股一摆，狼就对准了方向。"狼狈组织"是一种优化的组织结构，狼狈一体，默契配合、高效行动，才能让公司成长得更快。

高管们恍然大悟，很快就明白了任正非的良苦用心。最终，在那次无记名投票中，孙亚芳全票通过，成为华为的董事长。自此，华为的最高领导层就形成了外界所谓的"左芳右非"格局。

之后，华为在内部升华了"狼狈组织计划"，这是华为的管理智慧结晶。由于性格特质的差异，不是所有人都能成为"狼"，如果性格特质让你难以成为"狼"，那么做一只优秀的"狈"也不错。一只优秀的"狈"不仅需要承担副手或助理的角色，更应具备财务管理、市场营销、人力资源、心理学等方方面面的知识，做好精细化管理。市场机会稍纵即逝，当"狼"在竞争激烈的红海市场中撕开了一条口子、获取了市场份额后，就需要"狈"通过精细化管理来稳固江山，守住市场份额和利润。只有这样，"狼"才能无后顾之忧地继续扩张、攻占城池。

有人问任正非，如何才能发现企业的优秀员工？任正非说："我永远不知道谁是优秀员工，就像不知道在茫茫荒原上，到底谁是领头狼一样。"企业就是要发展一批狼，一批奋不顾身、拥有群体奋斗精神的狼。华为为大家构筑了一个宽松的环境，让大家努力奋斗，在新机会点出现时，自然会有一批领袖站出来去争夺市场先机。

作为华为的领头人，任正非就如同前方一匹嗅觉敏锐、善于进攻的狼。任正非认为，只有带队伍的管理者搭配好了，队伍才会有战斗力，才会赢得胜利。"狼狈组织计划"做好了，就等于抓住了问题的牛鼻子。

2000年，在任正非与客户的一次交流中，客户无意间谈到了边际网（覆盖城市边缘区县、乡镇、风景点和公路、铁路等交通线的GSM网络）的概念，并表示当前我国城市中心地区用户数量已渐趋饱和，而边际地区用户对网络建设的需求日趋强烈，边际网将具有极大的发展空间。客户的无心之语，引起了任正非的注意。从客户的办公室出来，任正非迫不及待地给华为的相关负责人打电话，要求他们马上关注、研究边际网。经过谨慎的调查研究，任正非发现边际网的市场前景良好，于是当机立断，建设边际网。"机不可失，时不我待。"2001年，当运营商开始建设边际网时，已提前布局的华为迅速抓住机遇，大力发展，在全国的边际网城市中，占有率高达70%。

任正非曾多次表示："我一个人是干不好的，正是有了大家的紧密配合，华为才有了今天。"正是因为有这种强烈的团队意识，有这种群体奋斗的"狼狈文化"，华为才有了今天的辉煌。

点评

"正职要敢于进攻，是狼的标准；副职要精于管理，是狈的行为。"狼具备"敏锐的嗅觉""强烈的进攻意识""团队合作的精神"，是组织开疆拓土不可或缺的力量。狈具备"执着坚持的态度""缜密严谨的思维""认真细致的习惯"，是组织在稳固后方时必不可少的能量。组织想要取得胜利，既要有"狼"负责打江山，又要有"狈"负责守江山，支持"狼"的进攻。"狼"与"狈"各司其职、互补互助，共同促进组织的良性发展。

8. 蓝军参谋部：华为的神秘组织

在华为的战略管理部门下面，有一个特殊而神秘的部门，叫"蓝军参谋部"。"蓝军参谋部"成立于 2006 年，隶属于华为公司战略 Marketing 体系。部门人少而精，皆为精英。该部门的成立是为了"构筑组织的自我批判能力"。

所谓"蓝军"，原指在军事模拟对抗演习中专门扮演假想敌的部队，蓝军通过模仿对手的作战特征，与红军（代表正面部队）进行有针对性的训练。

"红军"代表华为现行的战略模式，"蓝军"模拟竞争对手，用逆向思维论证"红军"在战略、产品、解决方案上的漏洞或问题。"蓝军"的主要任务是唱反调，虚拟各种对抗性声音，模拟各种可能发生的信号，甚至提出一些危言耸听的警告。

任正非是军人出身，酷爱研究军事史，很有危机意识。他表示，"蓝军"要想尽办法来否定"红军"，甚至要吹毛求疵、千方百计地钻"红军"的空子，拼命找"红军"的毛病。过一段时间，华为甚至会把原来"蓝军"中的战士调到"红军"中做团长。有些人特别有逆向思维，挑毛病特别厉害，就把他培养成"蓝军"的司令。而"红军"的司令以后也可以从"蓝军"的队伍中产生，所以要想升官，就先到"蓝军"去，不把"红军"打败，就不要升司令。"红军"的司令如果没有在"蓝军"的经历，也不要再提拔了。你都不知道如何打败华为，说明你已到天花板了。"蓝军"部门也是人才培养基地，"蓝军"的职责就是要推倒"红军"，考虑清楚在未来 3 年内，该怎么打倒华为。

华为对"蓝军"所代表的反对声音非常宽容。任正非说："不要怕有人反对，有人反对是好事。我们在华为内部要创造一种保护机制，一定要让'蓝军'有地位。'蓝军'可能胡说八道，有一些疯子，敢想敢说敢干，博弈之后要给他们一些宽容，你怎么知道他们不能走出一条路来呢？大家各抒己见可以，但也要能从善如流，人家好的东西要能渗透到你的脑袋里去。"

"蓝军"著名的战功之一，便是阻止华为出售终端业务。2007 年，苹果产品 iPhone 横空出世，但当时这个划时代的产品，并没有引起众多手机厂商的重视，就连诺基亚都没有把它当回事。但华为的"蓝军参谋部"却敏锐地意识到形势正在发生变化，终端将会起到越来越重要的作用，于是他们做了大量的调研工作。2008 年，华为开始跟贝恩等私募基金谈判，准备卖掉终端。华为在 2004 年开始做手机，目的是配合自己的无线 3G 网络的开发和测试，手机几乎完全是运营商贴牌，利润非常薄，所以华为就想把这个一直不赚钱的项目卖掉。当时买卖双方已经达成了共识，对方准备以 50 亿美元的价格收购华为的手机。此时，"蓝军"却拿出了早已经准备好的报告，用大量的事实数据进行分析：未来的电信行业将是"端—管—云"三位一体的，终端决定需求，放弃终端就是放弃华为的未来。任正非听取了"蓝军参谋部"的建议，最终没有卖掉终端。在华为后来的危急时刻，华为终端公司（尤其是中国区域的终端）给华为提供了大量的"过冬粮食"，同时也奠定了华为手机的辉煌，一跃成为世界知名的手机品牌。

随着华为成为全球智能手机市场的头部玩家，华为"蓝军"开始拿着放大镜查找华为手机存在的瑕疵。2015 年，华为有一款手机在高温环境测试时出现了胶水溢出的现象，虽然其概率只有千分之几，但"蓝军"部门经过评估后，还是极力阻止这批手机的上市。最后，华为因此损失了9000多万元，但"蓝军"对华为产品品质的苛刻要求及监督，却使华为的品牌越打越响。

　　"蓝军"背后是华为的自我批判与监督，自我批判是华为的内在基因。只有坚持自我批判，才能倾听、扬弃和持续超越，才能更容易尊重他人、同他人合作，实现客户、公司、团队和个人的共同发展。自我批判是华为超越竞争对手的内在驱动力之一，而"蓝军"思维就是其实现自我批判的重要抓手之一。正是通过不断地自我批判，华为公司才能走在正确的方向上。任正非曾说："假定是人类最伟大的思维方式。"文化的内核是基本假设，而华为的基本假设是："华为明天就会垮掉。""蓝军"部专门研究如何干掉"红军"，也就是干掉自己，以此倒逼着每个人做出多种危机预案。

9. 轮值 CEO 要做思想家

2004 年，美国顾问公司帮助华为设计公司组织结构时，认为华为还没有中枢机构，提出建立经营管理团队（EMT），任正非不愿做 EMT 的首脑，最终提议由八位领导轮流担任轮值 CEO，每人半年。担任 CEO 期间，要对企业的决策和绩效负有全部的责任。他们过去负责不同的业务，会彼此抱怨。现在坐在了对方的位置上，会抱着超越前任的心态去工作。经过两个循环，2011 年演变为轮值 CEO 制度。

2011 年，华为正式开始实行轮值 CEO 制度，由郭平、胡厚崑和徐直军三位高管轮流担任首席执行长一职，每 6 个月轮换一次。轮值 CEO 起源于华为公司的一种特殊企业文化，是国内极具特色的创新管理机制。任正非曾在《一江春水向东流》中表示，他相信华为的惯性，相信接班人的智慧。2012 年，他又在《董事会领导下的 CEO 轮值制度辨》中论证其必然性："过去的传统是授权予一个人，因此公司命运就系在一个人身上。成也萧何，败也萧何。非常多的历史证明了这是有很大风险的。"授权一些精英人才做轮值 CEO，让他们在一定的边界内有权力面对多变的世界做出决策，这就是轮值 CEO 制度。

轮值 CEO 制度规定，包括陈黎芳在内的 13 名董事在华为的董事会会议上拥有平等的投票权，不过三位轮值 CEO 对决策的影响力更大，因为他们还分管着负责公司政策设计的委员会。郭平担任华为财经委员会主任，胡厚崑担任人力资源委员会主任，徐直军担任战略与发展委员会主任，分别对应"钱""人""事"，统筹全局而各有侧重，最终带着华为这艘轮船驶向新征程。与此同时，任正非依旧保留了 CEO 职务，但区别于三位轮值 CEO 所代表的角色。2018 年，华为又开始实行轮值董事长制度。

轮值的作用主要是让公司长期保持新鲜感，保持干部的稳定性。轮值期结束后，为避免一朝天子一朝臣，前轮值董事长并不退出核心层。前轮值董事长有权利和义务协助做好对公司高层的管理工作，并对当值轮值董事长起辅助和制约作用。

轮值董事长不当值期间是很好的充电时间，以保持合理的循环。他们四处奔波去一线市场，了解市场环境和产品信息，对于公司业务的生存空间和成长机会要有清醒的认识；要参与多方面的指导工作，去各个部门座谈，进行充分的调研；要准备好改革的文件，对公司改进的方案要胸有成竹，为未来再次上台做好准备。

在其位时，谋其政；不在其位时，想其事。有了丰盈的能力储备，蓄势待发，这样上台之后便可以集中"释能"，处理各种棘手的问题时当机立断，雷厉风行。轮值董事长当值期间要大胆实现自己的想法，把能量和智慧在有限的 6 个月内，毫无保留地释放出来，将其落实为行动，转化为公司的成果。

轮值高管需要才能全面、适应能力强、综合素质高的人才。对于个人来说，轮值是一种能力的全面提升，为对最高层人才的培养和价值创造提供了土壤。相较于单一的董事长体系，不同的领导者轮流带队，既可以避免个人领导者缺乏远见，避免企业偏离战略方向，也能帮助企业培养具有相同价值观的下一代领导者，使高层机制的运转保持合理的循环。

对于华为来说，轮值制度的一个更重要的作用就是遴选未来的董事长。通过不断地轮值执事，轮值董事长的能力得到了锻炼，素质也全面提升了。如果华为通过轮值制度为华为找到了合适的接班人，那么轮值制度的历史使命也许会暂告一段落，这对华为、对任正非而言则为幸事。而对于中国企业而言，也是实业界对管理理论的一大贡献，至少在管理创新方面，华为走在了前列。

即使华为没有通过轮值制度找到合适的接班人，正如任正非所说："不成功则为后人探路，我们也无愧无悔。我们不要百般地挑剔轮值CEO制度，宽容是他们成功的力量。"

对于很多公司来说，在招人时并非一上来就能找到最合适的人选，往往是以一百分的标准，招到的只是七八十分的人。那就只能是一边使用，一边培养、提升。给他试错的机会和成长的空间。等他慢慢成长起来，达到了九十分，就可以视作公司的优秀人才。

2022年4月1日，华为公司发布公告，宣布完成了监事会换届选举，选举产生了监事会主席、监事，以及候补监事。原轮值董事长郭平当选为监事会主席；华为副董事长、CFO孟晚舟则接替郭平，成为新任轮值董事长。2022年4月1日至2022年9月30日期间，由胡厚崑先生当值轮值董事长。目前，华为的轮值董事长为徐直军、胡厚崑和孟晚舟。

轮值董事长在当值期内是公司的最高领导，拥有处理日常工作的最高权力，但受常务董事会的辅佐与制约，所有文件都要经过董事会全委会集体表决。三位轮值董事长循环轮值，避免了优秀干部和优秀人才的流失。每个轮值CEO在轮值期间牵引着公司前进，如果走偏了，那么下一位轮值CEO还能及时纠正航向、拨正船头，避免问题累积过重、不得解决。

点评

轮值CEO是起源于华为公司的一种特殊企业文化，是国内极具特色的创新管理机制。轮值制度是任正非首创。作为轮值CEO，需要站在更高的层面去考虑问题。从人才的培养角度而言，不仅让管理者得到了成长和能力的提升，更能激发企业内部的竞争意识，形成良好的人才培养的机制。

10. 四刀砍天下

任正非极具领导智慧,善于识人、笼人。华为的员工都是社会精英,如何才能把这一群聪明能干的人拧成一股绳,需要极大的智慧。要做到企业的长久繁荣,就要精准地明确企业中每一个角色应该承担的责任,去除冗余负担和低效付出,让公司高效运转。任正非用"四把刀"行走天下,砍出了华为的一片天。这"四把刀"分别为:砍掉高层的"手脚"、砍掉中层的"屁股"、砍掉基层的"脑袋"、砍掉全身的"赘肉"。

一是砍掉高层的"手脚"。高层有两大忌讳:一是滥用手里的权力,布局大量亲信;二是用"手脚"的勤快掩盖思想上的懒惰。高层的"手脚"就是他们的亲信。中国社会讲究裙带关系,很多高层管理者喜欢有自己的亲信,并把他们安插在企业的各个部门。如果高层管理者的亲信太多,就会给自己谋取私利,而且很容易假公济私,形成内部派别。因此要砍掉他们的"手脚",只留下"脑袋"用来运筹帷幄、洞察大局。同时,高层需要仰望星空、总揽全局,要把精力和智慧都放在指挥和掌舵上,而不是深扎到具体性的事务中。

二是砍掉中层的"屁股"。任正非曾经大声疾呼:"华为公司要强大,必须强腰壮腿。"中层是"腰",基层是"腿",腰是中枢。砍掉中层干部的"屁股",在华为有三层含义:一是打破部门本位主义,不能屁股决定脑袋,不能让每个中层干部都各人自扫门前雪,只从本部门利益出发开展工作。坚决反对不考虑全局利益的局部优化,坚决反对让没有全局观的干部主持工作。华为的中层干部不能只坐在办公室里打电话、听汇报，而要实行走动管理，下沉到市场，将指挥所建在听得见炮声的地方，亲赴一线，眼睛盯着客户和市场。华为的核心价值观就是始终坚持以客户为中心，快速响应客户需求。如果中层干部天天坐在办公室里喝茶，揣摩高层"旨意"，压制基层需求，粉饰太平，就会出大问题。

任正非经常下沉到一线体察市场行情，四处巡回督战。为了督促华为干部下现场和一线，任正非曾经买来一批皮鞋送给华为的一些干部，要他们不要吝惜自己的皮鞋，并把这个列入了年底评价标准，考核的依据就是看谁的鞋底磨得快。

三是砍掉基层的"脑袋"。华为公司的员工都是佼佼者，如何把这些清高的人才改造成能征善战的"兵"。任正非煞费苦心，他在各种场合中都强调要服从组织纪律，建设流程化组织，建立业务规则。基层员工最需要做的就是执行，一定要放弃各种胡思乱想。基层员工必须按照流程的要求，把事情简单高效地做正确，不需要自作主张、随性发挥，因此要砍掉他们的"脑袋"。

曾经一所知名院校毕业的高才生入职华为，刚到公司就洋洋洒洒地给任正非写了万言书，慷慨陈词，侃侃而谈，从公司战略到工作细节，事无巨细，针砭了华为的现状、所处的困境，言辞中洋溢着十足的自信，以为自己肯定会被提拔、委以重任。哪料想任正非看了万言书后，却毫不客气地批复："一派胡言！此人假若有神经病，建议送医院治疗；若是没病，建议辞退。"

年轻人有想法、有朝气没错，但是刚出校门的学生，没在基层摔打锤炼过，根基不稳，尚无实战经验，就对一个千锤百炼、历经无尽磨砺的企业评头论足，必然是贻笑大方，让人反感不已。

一个将军，没听过前线的炮声，何以指挥战斗？当你还是一名基层员工时，成长是第一要务，只需要默默努力，用执行能力来证明自己的价值。基层员工想法太多并非好事，对公司的战略指手画脚，只会让公司处处弥漫着负面情绪。

华为的基层员工也都是佼佼者，但不管是硕士、博士还是留学的海归，都必须遵守公司的各项制度，各司其职，不能自以为是、任性妄为、随性发挥。

四是砍掉全身的"赘肉"。只有砍掉了一个公司多余的"手脚""屁股""脑袋"，公司才能更加协调地运转。但要想使公司继续走向强大，还需要砍掉全体人员的"赘肉"。

华为员工的收入很高，当人的收入到一定层次后就容易产生懈怠心理，变得安于享受，不愿意再奋斗。因此，必须有一条无形的鞭子鞭策着大家以饱满的热情、不懈的干劲，策马扬鞭、勇毅前行。

中华民族是一个勤劳智慧的民族，奋斗精神是中华民族最重要的精神财富，也是中国复兴最核心的驱动力。但如果没有一条合理的机制把大家拧成一股绳，让大家劲往一处使，就会产生各种内斗和内耗。基层需要有执行力，中层需要有责任力，高层需要有决策力，只有这样，整个团队才能有奋斗精神。任正非绝不允许出现组织"黑洞"，这个"黑洞"就是惰怠，它会吞噬我们的光和热，吞噬我们奋斗的活力。

大家曾不止一次地拍到过任正非深夜赶飞机的照片，有一次甚至还拍到了任正非深夜独自一人在上海虹桥机场的寒风中排队等出租车的照片。只见任正非一手推着行李箱，另一只手打着电话。他站在等待出租车的队伍里，神态自若。2012年的时候，有网友爆料在机场摆渡车上偶遇任正非，他衣着朴素，拎着一个旧皮箱，和蔼可亲、谦和有礼。任正非没有专门的司机和专车，他不习惯出门的时候前呼后拥、浩浩荡荡地车接车送，他更不想让华为成为一个大车队。华为明文禁止上司接受下属的招待，哪怕是开车到机场接机，都会被认为是对资源的浪费："客户才是衣食父母，我们应该把时间和力气放在客户身上，而不是自我享受上。"

拥有这样的身份、地位，任正非完全可以选择助理、保镖、走VIP通道、豪车接送，但他却把自己当成普通人，排队等出租、独自坐地铁。他说："华为要静下心来做研发，绝不可以忽悠消费者。华为不能上市圈钱，不涉房地产。"在任正非看来，最不合理的事情便是光靠数字游戏就赚到了大笔财富，而真正挽起袖子闷头苦干的人却只能赚取微薄的工资。因此，他坚决不让华为上市，而是选择把98.99%的股权发放给员工；而作为华为的创始人，任正非却只拥有公司1.01%的股权，这种分配方式保障了华为所挣的每一分钱都是大家的。正是因为任正非的身上具有专注、自省、自律、艰苦奋斗、坚韧、淡泊名利、居安思危的精神品格，才成就了今天的华为。

点评

　　管理是一门艺术，职位不同，定位不同，要求也不同，高层干部要做决策，需要有决断力；中层对上要汇报，对下有分配任务，承上启下，需要有超强的理解力；基层员工作为任务的执行人员，唯有坚定不移地执行上司的命令，这就需要有很强的执行能力。所以，只有砍掉各自多余的脑和手脚，减少冲突，各谋其位，各司其职，才能形成攻无不克、战无不胜的优秀团队。

11. "苦难辉煌"：华为芭蕾脚

2015年1月4日，华为发布了一则广告，广告中有两只脚，其中一只脚穿着光鲜亮丽的芭蕾舞鞋，优雅地直立着，如蜻蜓点水；而另一只扭曲的脚则伤痕累累，丑陋地裸露着，令人唏嘘不已。美与丑、优雅与不堪，强烈地冲击着人们的视觉。照片旁边赫然写着："英雄相惜，与时空无关，与相识无关。"芭蕾脚广告在全球许多机场与媒体进行了投放，这正是华为精神的代表。华为光鲜的背后，是17万双"烂脚"孤独地行走在世界上。纵观华为的发展史，就是一部血淋淋的苦难史，正如华为形象广告中的那双芭蕾脚，一只光鲜亮丽，一只丑陋不堪，可谓是"苦难辉煌"。

这张照片出自美国摄影艺术家亨利·路特威勒之手，路特威勒已经持续拍摄了30年芭蕾舞的照片。他说："芭蕾舞不仅仅是舞蹈，它表达了人类情感的各种形态：爱、绝望、热情、希望，还有最重要的是快乐。"任正非第一次看到这张照片时便内心一颤：这正是华为"痛并快乐着"的真实写照。于是，他果断地买下了这张照片的广告播放权。一边是荣耀、伟大，一边是苦难、痛苦，精彩绽放的背后是默默无闻、孜孜不倦的"台下十年功"。华为也是如此，华为今天的强大，正是无数个华为人十年如一日的默默奉献与奋斗拼搏。

当客户来华为参观时，首先映入眼帘的便是华为大厅里的芭蕾脚照片。当他们看到解说，知晓华为的光鲜亮丽是穿着鞋的那只脚，而丑陋受伤的脚则代表的是华为的艰苦奋斗时，无不为之动容，对华为的敬意更是油然而生。

有一次，尼日利亚电力部长和夫人一行来华为访问，刚下飞机，便在深圳机场看到华为芭蕾脚的醒目广告，十分惊讶。随行人员解释说："华为是全球 ICT 领导者，我们今日的成功和辉煌的成绩，正如广告上芭蕾舞者的右脚，光鲜亮丽。但华为身处高门槛、竞争激烈的 ICT 领域，成功背后皆是艰辛，正如广告中的左脚。""这个广告太有意义了！为什么不在西非做宣传呢？我可以负责西非！我一定要把这个故事讲给大家听。"尼日利亚的电力部长深受触动，主动请缨做华为的宣传大使。

芭蕾脚的广告不仅是华为的精神与写照，也是任正非经历的侧影。一只伤痕累累的脚，正代表着任正非的人生：痛，并快乐着。

任正非于 1944 年 10 月出生于贵州省安顺市镇宁县黄果树瀑布附近一个贫困山区的小村庄，父母是乡村教师。任正非兄弟姐妹七人，全靠父母微薄的工资来生活，家里节衣缩食，每顿饭都要限制食量，以保证人人都能活下来。任正非是家里的老大，高三在家备考时，他实在饿慌了，就用米糠掺着菜，烙成菜团子吃。缸里盛放着一家人的口粮，但孩子们都不会随便去抓，否则兄弟姐妹就要饿肚子。临近高考，任正非的母亲经常会在早上塞给他一个小小的玉米饼，这是从父母与弟妹的口中抠出来的。任正非上大学要自带被褥，可是家里都是几个人合盖一床被子。无奈之下，母亲只得从旁边一所学校捡来毕业生丢弃的破被单，拆洗缝补，给他做了一条新被单。

1987 年，在南海石油集团下属的一个电子公司当经理的任正非，由于在一笔外贸生意中操作失误，被骗了 200 万元的货款，并因此被南油集团开除。之后，在南油集团当高管的妻子也与他离婚了。

43 岁的任正非变得一无所有，丢掉了工作，背上了 200 万元债务，还要养一家人。面对生活的压力，任正非集资了 2 万元，在深圳湾畔一个偏僻荒芜的地方，创立了华为公司。公司主要代销香港的一种 HAX 交换机，靠打价格差获利。之后，任正非把赚到的钱继续投入公司的发展中。在卖设备的过程中，任正非意识到整个市场都被外企把持，国内企业在这个行业中完全没有立足之地，便决定自主研发，这是一条充满风险的技术自立之路。

1991 年 9 月，华为开始研制程控交换机。任正非破釜沉舟："研发失败，只能跳楼。"靠着自主研发的交换机，华为终于有了起色。后来，任正非带领华为先后在瑞典斯德哥尔摩、美国西雅图、日本东京等地建立了研发中心，并利用技术优势配合市场，挺进俄罗斯、进军欧美、征战亚非拉，终于把华为带到了通信行业里的世界第一位。

任正非居安思危，时刻思考着华为的前途和命运，他说："华为没有成功，只有成长。华为总会有冬天，准备好棉衣。十年来，我天天思考的都是失败，对成功视而不见。"

2001 年 1 月 8 日，任正非身在昆明的母亲，在买菜时遭遇车祸。当时，任正非正跟随国家领导人在伊朗访问。得知消息的他心急如焚，多次转机才回到昆明，可是等他回到昆明时，母亲却已然撒手尘寰。失去至亲的任正非，在工作上也面临着重重磨难，加上当时华为公司的发展内忧外困，各方的压力让任正非患上了抑郁症，身体上也得了多种疾病，甚至还因为癌症动了两次手术。烧不死的鸟是凤凰，此时的任正非就感觉自己正被聚焦在太阳底下烤。

孟晚舟出事初期，网络上一张华为"芭蕾脚"的图片被迅速传播，这既是任正非传达给华为人的工作理念，也是他帮助女儿在异乡坚持下去的强大精神动力。2019 年 4 月，任正非在谈到女儿孟晚舟被加拿大羁押时，说："我认为这个磨难对她本人也是巨大的财富。经过这些困难，有利于让她意志更加坚强，对她的成长更加有利，就让她继续煎熬吧。"

一路走来，伴随着华为的是风霜、血泪与泥沙……华为用伤痕累累的双脚蹚出了一条血路。

任正非说，华为在茫然中选择了通信领域。实业的难度是所有行业中难度最大的，而电子信息产业是所有实业中最艰险的。面对挑战，华为既没有背景，也没有资源，华为人尤其是领导者注定要为此操劳，付出更多的汗水，经受更多的煎熬。

华为的庞大事业是无数华为人奋斗的结果，包括任正非等创业团队的人员，甚至牺牲了健康和对家人的陪伴。华为在开拓海外市场时的艰辛程度超乎想象，华为的市场人员备受疟疾、抢劫、毒蛇、猛兽等危险的侵袭，很多年轻人在异国他乡饱尝孤独、痛苦、压力、被拒绝……

点评

罗曼·罗兰在《约翰·克里斯多夫》一书中写道："人们总是崇尚伟大，但当他们真的看到伟大的面目时，却却步了。"罗曼·罗兰的这句话，在中国、在华为，找到了最契合的注解。一只芭蕾脚，一只很烂的脚，就是痛并快乐着的华为人。它解释了华为是如何从弱小走向强大，如何从一家小小的私有企业走向了广阔的世界……是无数华为人筚路蓝缕、奋力开拓，才为华为赢取了市场，让公司活了下来。

12. 消灭组织"黑洞"

生理学家认为，每个人都是带着病毒来到这个世界上的。马克思说："人从出生之日起，就大踏步地向坟墓迈进。"企业也是如此，当它生机勃勃时，腐蚀、侵袭这个组织的各种病症也会相伴而生。组织的病症源于人、源于人性。西方组织管理学认为，人从出生就携带着自私、贪婪、惰怠的基因，因此当人构成一个组织时，这些也就构成了对组织从发生、发展到终结的全部生命过程的挑战。其中，最大的挑战就是疲劳。一个人想要保持阶段性的活力与激情并不难，保持2年、3年、5年的活力也相对容易，但难就难在持久地保持激情与活力。

在谈到"耗散理论"时，任正非以"运动"作比喻："一个人要想活得健康，就得跑步、游泳、跳绳等，同时还要吃五谷杂粮补充营养，但五谷杂粮又在体内积累了毒素。因此，保持有节奏、有规律的体能运动，就是对自身发展过程中所携带的病毒基因进行不断的清洗。"他把组织的"惰怠"现象称作"组织黑洞"，类似于宇宙中的"黑洞"，任何接近天体"黑洞"的物质与能量都会被瞬间吞没。因此，组织要远离"黑洞"，通过强健组织的正能量，战胜"暗能量"。

任正非就是通过不断学习来消除那些负能量的。出差坐飞机时，任正非会利用飞行时间看书，他说："人浮在白云上，心情放空，心静神宁，是看书绝佳的环境。"任正非一辈子都没有打牌消遣的习惯，也不跳舞、唱歌。在华为初创时期，任正非每天都要工作16小时以上，吃住都在办公室，没有周末和节假日，过得像个苦行僧，但他仍不忘学习与修行。

有一次，任正非在华为一个办事处见客户，由于见客户的时间比预计时间长了40分钟，而他还要赶去另外一个城市参加会议，时间紧迫，他必须马上打车去机场，便让办事处的同事回宾馆帮他收拾行李，然后让司机直接把行李送到机场。当办事处的同事赶到宾馆任正非的房间时，被眼前的景象惊呆了：床上放着六七本书，翻扣在床上。同事想起，昨天晚上9点多的时候任正非还在会谈，今天一大早又从酒店出发去见客户了，这中间这么短的休息时间，任正非仍在争分夺秒地看书，他的勤奋可见一斑。

华为的一名员工阿宁在谈到老板任正非时，曾讲了一个故事。1995年他在中试部工作，接到通知去北京参加一个为高端客户准备的设备展示会，由他负责在现场调试设备并讲解。展示会结束后，任正非与参加展示会的人座谈，问道："人如何提高自己？"有的说是通过学习，有的说是通过实践，阿宁则回答通过充分的练习。任正非说："提高自己要靠总结，不管你的起点在哪里，只要按一个方向前进，在前进中每天总结自己，找到自己提高的地方，就能进步得最快。"

任正非就是个非常喜欢读书、学习，并善于总结的人。每当见到一个新鲜事物时，他都会怀着开放的心态去认识它，从中总结规律，并有效地将规律应用在实践中。事实上，任正非管理公司的很多措施和想法都是在他不断地总结中产生、成熟和应用的。后来，他把总结升华为自我批判。

华为越成功，任正非就越担心员工会懈怠、懒惰。一个企业运作的时间长了，员工就会自动产生惰性，这是人性。为了让华为活下去，任正非一直在为杜绝人性中的懒惰而奋斗。他有一句广为流传的经典名言："真正的人力资源策略都是反人性惰怠的。"

任正非表示，没有什么能阻挡我们前进的步伐，唯有内部的惰怠与腐败。而惰怠就是一种最广泛、最有害的腐败，人人皆有可能为之，而置公司于死地的就是这种惰怠。

在华为发展的过程中，随着公司一起创业的那批人才职位越升越高。但高处不胜寒，越往上，空气越稀薄，发展的空间也就越小。一部分高管的创业激情慢慢被磨损了，人也懈怠下来，失去了进取心。很多人走入了舒适区，甚至开始"躺平"，这极大地影响了员工的积极性，使华为的发展进入了瓶颈期。为此，任正非以雷霆手段，果断地做出决定：所有员工全部"归零"，通过竞聘上岗，能者上、庸者下，跟不上形势发展需要的，转换岗位或下岗。为了公司的长治久安，任正非决定壮士断腕，裁掉那些丧失斗志、整日碌碌无为的"沉淀阶层"，提拔和引入一批勇于承担责任、富有进取精神的优秀人才。

点评

一个新员工在刚进公司时，总是满怀激情、积极向上的；而当新兵变成"兵痞"时，就缺乏了活力与激情，懒于作为。当一匹战马变成懒马、病马时，整个马群就会被惰怠与散漫的情绪所笼罩，而比员工疲劳症更可怕的是领袖疲劳症。领袖必须是富于妄想的冒险家，企业家精神中最重要的就是冒险精神。一个企业的领袖必须像永动机一般永葆激情与活力，善于思考和行动，有持续的奋斗精神，这才是一个组织的关键。同时，领袖还必须拥有号召力和感染力，才能点燃大家的激情与梦想。

13. "钱分好了，管理的一大半问题就解决了"

华为在成立之初，没有资本、没有人脉、没有资源、没有技术、没有市场经验。此时，精通经济学的父亲任摩逊便告诫任正非，公司要想发展，就要懂得散财之道，学会让利，财散人聚，舍得了钱财，得来的是人才与人心。父亲给他讲了在清代盛极一时的山西票号——日升昌票号的故事。日升昌票号是中国第一家专营存款、放款、汇兑业务的私人金融机构，由平遥富商李大金出资30万元成立，由大掌柜雷履泰负责经营。根据惯例，东家除了挑选大掌柜、根据银股参与分红外，没有其他权力，由大掌柜全面负责票号的日常经营，票号所有的人事、行政、财务大权均由大掌柜说了算。日升昌票号的大掌柜不仅可以拿高薪，还可以依据身股拿分红。票号的股份分两类，东家的叫"银股"，工作人员叫"身股"。中国古代的大掌柜和他的团队没有出钱尚要参与分红，更何况是如今呢？父亲让任正非仔细琢磨琢磨怎么利用分红模式发展公司。任正非听后觉得豁然开朗，更加坚定了跟员工共富贵的想法。

1990年，华为首次提出了员工持股的概念，当时参股的价格为每股10元，以税后利润的15%作为股权分红。任正非激励员工："大家加油干，将来你们都是要买大房子的人，买三室一厅、四室一厅的房子，一定要有大一点的阳台，因为我们华为将来会分很多钱。钱多了装麻袋里，塞在床底下容易返潮，要经常拿出来在大阳台上晒，这样才能让你的钱不变质。"虽然公司当时并没有多少营收，但任正非非常善于给员工"画饼"。他就用这种"吹牛"的方式给大家鼓劲儿，大家听了就一笑了之，也没有人真的当回事。但是任正非经常说，说多了，这个诱人的画面就刻在了员工心里。

华为要研发，就需要找高水平的员工，自然也需要匹配相应的高工资。为保证在研发上的不断投入，华为员工的工资常常发一半欠一半。任正非创造性地将欠员工工资的白条，转换成了员工持有的股份，这就把所有人的利益和华为的利益捆绑在了一起，一荣俱荣、一损俱损。后来当华为出现资金困难时，任正非甚至利用股份向员工举债。众人拾柴火焰高，这些小小的办法，在关键时刻，却能发挥神奇的作用，救公司于水火。

任正非可不是只会画大饼的企业家，而是真的舍得把真金白银给员工，把公司的成果毫不吝啬地分到员工手上，让他们真切地感受到企业对他们的关怀。不少华为的老员工深有感触地说："那时候薪水涨得很快，有人一年涨了7次工资，刚进公司时月薪560元，年底就加到了7600元；有人一年涨了11次，最多的是一个研发部门，所有人一年加了12次工资……"1993年，当时的华为并不富裕，但任正非宁愿贷款，也要给员工发工资、涨工资。他说："不奋斗、不付出、不拼搏，华为就会衰落！拼搏的路是艰苦的，华为给员工的好处首先是苦，但苦中有乐，苦后有成就感，收入有提高，员工就会对公司的未来更有信心。"

很多人感叹："只有华为能搞狼性文化，因为真的给肉吃。"一个曾在华为任职的老员工表示，当年他们部门临时接到一个紧急任务：因为客户对原本属于友商区域的产品的交付质量不满意，因此要求华为即刻接手，全盘替换。华为首席代表连夜召集内部会议，明确下达了任务，同时允诺：一旦事成，职级至少升一级，奖金至少翻一倍。

当时项目组里有三个刚进来没多久的新员工，工作起来都很拼命，每天自发加班到深夜，成长速度非常快，很快就能独当一面了。他们说："氛围在那儿，觉得不拼命都对不起自己，也有奔头，并且干好了公司也不会亏待我们。"所有人都连续加班两个月，项目终于得以顺利完成，首席代表也兑现了承诺。即便是级别最低的新员工，也都分到了将近3万元。任正非通过利益分享，凝聚了员工。

"钱给多了，不是人才也是人才。"高待遇的背后，是相应的才能，和与之匹配的德行。华为的招聘是出了名的严格，都是高门槛筛选，即便通过了面试，还有统一的大队培训，对各位候选人进一步进行观察和筛选。各方面不过硬的人，很难进华为。华为奉行"奋斗者文化"，绝不会亏待奋斗者，所有人的付出都会配得上你的收入！

华为CFO孟晚舟曾表示："以前，我们是按学历定薪；现在，我们是按价值定薪。牛人年薪也不封顶。你有多大雄心、有多大能力，我们就给多大的薪酬。"

当然，在华为想要持续获得高收入，需要有持续的贡献。在公司混日子、躺在功劳簿上不思进取，以及没有在工作中使出全力、与公司价值观不符合的人，统统都要淘汰出局。

在华为，能获得股票分红和高额年终奖也并非易事。能在华为拿分红的员工，职级至少需要在15级以上，同时当年的考核还需要达到B+以上。《华为基本法》中的绩效考核规则，将华为员工的绩效考核分为A、B、C三个档次：5%的A档、80%的B+/B档、5%的C档。如果员工连续多次被评为C档，就会面临降级或淘汰，职位和奖金也会大幅降低。即便是管理岗，每年也有10%的末位淘汰率。一旦能力不足或有所懈怠，要么回到普通岗位，要么直接被清退走人。

华为曾有过两次重新竞聘上岗的"血洗"事件。很多拿了丰厚的补偿金却不甘心被清退的人抱怨道："我们也是为华为做过贡献的，没有功劳也有苦劳，不能卸磨杀驴，寒了人心。"

华为从来不是个适合混日子和养老的地方，一旦有所懈怠，便必然会身处险境。在华为，无论你身处什么位置，没有谁是绝对"安全"的。任正非表示："苦劳就是无效劳动，无效劳动就是浪费！企业要让价值创造者幸福，让奋斗者因成就感而快乐。华为的薪酬制度就是要把懒人、庸人挤出去，给优秀的人涨工资。"

任正非从来不忌讳与员工谈钱："我希望华为员工能够对钱产生饥饿感。华为之所以要艰苦奋斗，就是为了挣更多的钱，让员工分到更多的钱，让员工及其家人过上高品质的生活。"

华为也是经过 30 多年的摸索才构建出比较完善的奖励机制，华为员工的收入主要来自三个方面：工资、奖金、分红，基本上各占1/3。为了分好钱，华为建立了科学、合理的薪酬制度和激励机制，与员工共同分享公司的发展成果。

"我只是一个形式上的管理者。既不懂技术，也不懂 IT，甚至看不懂财务报表。我只有靠利益分享机制把 19 万人黏在一起，把钱和权分好了，管理的一大半问题就解决了。少谈情怀多给钱，谈钱是对员工最好的尊重。要让员工活得体面、有尊严。给员工分足够多的钱，他一个人就能让全家过上优越的生活。"任正非表示，做企业和打仗是一个道理，打下的地盘越多、缴获的战利品（利润）越多，大家能分到的战利品就越多，队伍就越有战斗力。

华为大概是全球 500 强企业中"最穷的高科技企业"。华为每年都会"养猪杀猪"——年初"养猪"，年底"杀猪"。即年初定目标，十几万人在 365 天里齐心努力，把"猪"养肥；年底先分奖金再分红，利润几乎全被分光，公司就又变成了"瘦猪"……

多劳者、贡献者则发财，这条准则从华为创立之初到如今，始终被贯彻得很彻底。要想快速进步，到非洲去，到艰苦的地方去；要想做将军，到上甘岭去，到主航道去。华为很少讲培养干部，任正非倡导的是"将军是战场上打出来的"。任正非持股仅仅 1.01%，有高管劝他增加，任正非却坚决地拒绝了："我多要，谁还去拉车？"

点评

华为从不吝于提高优秀人才的待遇。正是因为任正非懂得与员工们共同分享公司的发展成果，聚集了众多优秀人才，才使各路英才的聪明才智都在华为得到了充分的发挥，给华为注入了强大的生命力，大家"力出一孔，利出一孔"，将华为推上了世界之巅。

14. 让听得见炮声的人来呼唤炮火

"让听到炮声的人呼唤炮火。"此概念来自美军。在伊拉克战争中，美军在推翻萨达姆政权后，其主要对手就变成了伊拉克的"基地"组织。但这场本该速战速决的战役，美军却迟迟打不赢。复盘后，美军发现前线的连长指挥不了炮兵，需要报告师部请求支援，接到师部命令后炮兵才会行动，作战效率很低。而"基地"虽然没有传统意义上的组织架构，但信息的分享传播极快，无论是头目还是成员，都具有同样的威胁性。为了解决这种弊端，美军建立了"呼唤炮火"体系，一名信息情报专家、火力炸弹专家和战斗专家，组成前线三人组。三人小组彼此熟悉，在发现目标后，信息专家先利用先进的工具确定敌人的集群、目标、方向、装备等；炸弹专家配置炸弹、火力，计算出必要的作战方式，按授权许可度，用通信呼唤炮火，不再通过上报等待上级决策。美军把各军种全部平台化为支持部门，同时实现了高度的信息化。让一个前线的连长都能指挥的炮火，成了整个伊拉克战场司令员能指挥的炮火。

军人出身的任正非深谙其中的厉害，将其运用到企业战略中：在后方配备的先进设备、优质资源，在前线一发现目标和机会时就应及时发挥作用，提供有效的支持，而不是仅仅让拥有资源的人来指挥战争、拥兵自重。谁来呼唤炮火，就该让听得见炮声的人来决策。当然，炮火也是有成本的，谁呼唤了炮火，谁就要承担呼唤炮火的责任和炮火的成本。

2007 年，任正非在华为英国代表处讲话时提到，"为了更好地服务客户，我们把'指挥所'建到了听得到'炮声'的地方，把计划预算核算权力、销售决策权力授了一线，让听得见'炮声'的人来决策。打不打仗，客户决定；怎么打仗，前方说了算。"

在华为，"一线炮声"是指来自市场一线的客户需求、竞争对手的情报和资源，以及市场环境等。"炮火"是指华为的各种资源，包括团队人员、支撑人员、成本、物流、设备等。而"听得见炮火的人"则指的是与客户紧密接触的团队，包括销售人员、售前技术人员、售后技术人员等。一线市场部门为了拿到大单，当人手不足时，会向二线部门要专家进行项目支持或要资源进行交付等，被形象地称为"一线呼唤炮火"，后来演变为"让听得见炮声的人做决策"。

在华为，有很多"呼唤炮火"的真实案例。有一次，华为一个 13 级的一线员工，因为需要项目资源，在深夜打越洋电话，联系"机关"（任正非要求华为人称深圳总部和松山湖总部为"机关"，因为"总部"会给人一种高高在上的感觉）里一个并不认识的 21 级干部，那位 21 级干部迅速接听，但他只能提供部分资源，其他资源还需要另外部门的配合。于是，那个 13 级员工立马组织电话会议，根据 21 级干部提供的信息，将另外部门的负责人也"拉上线"，当下就把资源确定了下来。当这个电话会议快结束时，13 级员工说："感谢家里各位兄弟的支持，我稍后写一份纪要，抄送给各位，大家明早回到部门，就把资源落实一下。"在华为，有一个不成文的规则：会议纪要具有法律效力，电子邮件就是命令。

那么，是谁赋予一个 13 级员工这样的"越级"指挥权呢？当然是组织！

在华为，13 级是华为知识型员工的起点，比如通过校招进入华为的应届生，工作满一年后，职级就可默认调为 13 级。而 21 级则大多是在华为有 15 年以上的历练，且为华为做出了卓越贡献，才能达到的级别。在华为，"总部人员"是二线人员，又被称为"机关人员"；遍布在全球各地的办事处销售单位，在华为被统称为"一线"。任正非说华为"家里没有矿"，所有的价值都是客户创造的，必须给予一线足够的权力；二线只能是服务一线的"机关"，二线员工不能高高在上，更不能指手画脚，要在心理上把二线人员的自豪感打掉。

同时，华为有一个心照不宣的"秘密"：在"一句话证明你是华为人"的论坛回帖中，"Welcome to join the conference（欢迎加入电话会议）"是绝对的魁首。据统计，在 2017 年，华为员工平均每天要开 2.5 个会。华为人在全球开展业务，一线和后端沟通只能通过越洋电话会议，华为人拿起电话，"Welcome to join the conference"便传入耳膜，华为的电话会议特别有趣，一开始可能只有三四个人在开会，2 小时后，在线的可能已经有十几个人了。

任正非说："我也不知道一线要多少资源合适，只能让'听得见炮声的人呼唤炮火'，因为他离客户最近，大家先听他的，先选择相信他。我们事后复盘时，如果发现浪费'弹药'了，再'秋后算账'，总结经验就好。"

同时，以此为鉴，任正非建立了"华为铁三角作战单元"。以北非地区部为例，华为借鉴"美军三人小组"模式，在一线形成面向客户的"铁三角"作战单元。"铁三角"模式的精髓就是为了目标而打破功能壁垒，形成以项目为中心的团队运作模式。所谓"铁三角"，表现为由客户经理、解决方案专家、交付专家组成工作团队，在授权范围内，"铁三角"不需要代表处批准就可以执行。

通过这种模式，华为将公司的主要资源用在了找目标、找机会，并将机会转化成结果。后方的先进设备、优质资源保障了前线在发现目标和机会时能够及时发挥作用，并提供高效支持，改变了拥有资源的人指挥战争、拥兵自重的弊端。

华为强调"让听得见炮声的人呼唤炮火"，期待在资源有限的情况下，优先、科学、快速地发射炮火，为公司获取最大收益，而不是简单地对一线团队进行放权。

点评

"让听得见炮声的人呼唤炮火"，既是对基层员工的信任和尊重，也是一种科学高效的工作方法。是对公司转入高速成长期时，从上到下权力分配、资源流转、支撑服务、考核评价等一系列机制体制的重新构建，是对每一个功能节点职能的重新定位和赋予责任。

15. 华为集体大辞职：烧不死的鸟是凤凰

传说，每500年，凤凰就会集于梧桐枝自焚，经历烈火的煎熬和痛苦的考验，重获新生后，使其羽更丰、其音更清、其神更髓。凤凰涅槃不是死亡，而是为了更好地翱翔九天、奔向自由。伟大的背后都是苦难。在总结华为1996年"集体大辞职"事件时，任正非说："烧不死的鸟是凤凰。"

1995年12月，华为市场部开展了历时一个月的市场部整训活动。在会议上，任正非提出："市场部从现在开始要转变销售思想，树立战略营销思想，贯彻全面的顾客服务意识，要实现从观念到组织的五个转变：从公关到策划的转变，从推销到营销的转变，从小团队作战到营销兵团作战的转变，从局部市场到大市场的转变，从产品营销到战略营销的转变。"为了适应公司大市场、大科研、大结构、大系统的发展需要，这次市场部的全体正职在递交述职报告的同时，将全部递交辞职报告，接受组织的评审，表现了华为市场部大无畏的英雄气概。

"市场部作为公司的先锋队，6年来建立了不可磨灭的功勋，受到了全公司员工及用户的信任与尊重。我与他们朝夕相处，是充满了感情的。我热爱他们，特别是那些牺牲自己、为公司明天铺路的员工；但我也热爱明天，为了明天，我们必须修正今天。他们集体辞职、接受组织的评审，表现了他们大无畏的、毫无自私自利之心的精神，他们将光照华为的历史，是全公司员工学习的楷模。"在1995年12月

28 日，华为市场部整训结束日的大会上，任正非讲道。

在这次大会上，所有华为市场部的正职干部，从市场部总裁到各办事处主任无一例外，都向公司提交了两份报告，一份是述职报告，主要检讨 1995 年的工作，提出下一年的工作计划；而另一份是辞去正职的报告。在两份报告中，公司会根据个人的实际表现、发展潜力，以及公司市场发展的需要，批准其中一份。

"主动辞职、重新竞聘上岗"的内部整训活动持续了一个月左右，孙亚芳带领团队的 26 个办事处主任，同时向公司递交了两份报告——一份辞职报告，一份述职报告，由公司视组织改革后的人力需要，具体决定接受每位递交报告者的哪一份报告。在竞聘考核中，大约有 30% 的干部被替换下来，就地下岗，择优录用。由此，华为也开启了对大规模人力资源体系的建设。

在市场部集体大辞职中，毛生江是受挫折最大的一个人，经历的时间也最长，但是他在这 4 年中得到了很大的锻炼，也有了很大的成长。毛生江、纪平等都是那个时期典型的波浪起伏的人物。

在竞聘考核中，包括市场部代理总裁毛生江在内的大约 30% 的干部被替换了下来。在市场部集体大辞职中"受伤害最大"的代理总裁毛生江的话道出了大家的心声："我想，任何一个人从很高的位置上退下来，都难免会有很多想法，总会有一段心理调整期，说不在乎是不真实的。我想，不会有人心甘情愿地为自己制造磨难，如果是这样说，只能是在给自己脸上贴金，也是不真实的。我更在乎的是华为的兴旺和发展；更在乎的是一代华为人付出的青春、热血和汗水；更在乎的是我能够继续为华为做些什么；更在乎的是自己从工作中不断磨炼出来的自信心；更在乎的是战友们的期望和嘱托。面子、位置，这些虚的东西，我真的不在乎。"

当时，市场部做出了很大牺牲，"只要有益于华为的发展，个人的利益损失点又算什么呢？""作为华为的一名市场人员，为了公司能发展壮大，我可以离开心爱的岗位、熟悉的市场、亲密的战友，接受公司对我的选择。"这是当时市场部对公司的表态。

孙亚芳表示："我们已做好准备：再次选择烈火，再次承受炼狱，再次升华、再次腾飞，那时我们将做得更好！"

市场部成立5年，为华为的原始积累立下了汗马功劳，称得上是一支雄狮劲旅。为什么公司要将这支"铁血部队"全部换血呢？华为决策层的观点是："我们的对手足够强大，强大到我们还没有真正体会到。我们和竞争对手比，就像老鼠和大象，我们是老鼠，人家是大象。如果我们还要保守、还要僵化、还要故步自封，就像老鼠站在那里一动也不动，大象肯定一脚就把我们踩死了。但是老鼠很灵活，可以不断调整方位，一会儿爬到大象的背上，一会儿钻到大象的鼻孔里，大象老踩不到，它就会受不了。我们必须有灵活的运作机制和组织结构体系。"这是华为创业以来一直面对的现实，是现实逼出了市场部的变革。显然，市场部集体大辞职只是个切入口，华为决策层期待的是搅动整个公司变革的旋风，使得更多部门都能有一种面向市场、面向客户的紧迫感。

2000年12月8日，在市场部集体大辞职4周年之际，华为召开纪念大会，向当年参与集体大辞职的所有人员颁发了金质纪念牌。在这次大会上，任正非做了《凤凰展翅再创辉煌》的讲话，这次市场部大辞职纪念大会的主题是：烧不死的鸟是凤凰。他指出："我认为你们的精神是至高无上的，没有人可以来评论你们，你们过去行为的检验是不需要任何人来评价的，你们的精神是永存的。市场部集体大辞职对构建公司的今天和未来的影响是极其深刻和深远的。我认为任何一个民族、任何一个公司或任何一个组织，只要没有新陈代谢，生命就会停止。只要有生命的活动，就一定会有矛盾、一定会有斗争，也就一定会有痛苦。如果顾全每位功臣的历史，我们就会葬送公司的前途。公司要有前途，我们每个人就必须能够舍弃小我。4年前的行为在隔了 4 年后，我们来做一次评价。事实已向我们证明，那一次行为是惊天动地的，否则也就不可能有公司的今天。"

市场部集体大辞职开创了制度化干部能上能下的先河。华为通过集体大辞职，以制度的方式一揽子解决了干部能上能下的问题，这是一种管理上的创新。许多企业都面临着如何解决功臣和干部沉淀的问题，而这些问题如果解决不好，就会引起企业内部的动荡。

集体大辞职磨炼了干部的意志，提升了干部的抗压能力。好的干部是折腾出来的，"用兵狠，爱兵切"一直是任正非干部政策的基本主张。让不称职的干部下来，实际上也是对干部的爱护，也是重新考验干部的方式。华为打造的"铁军"，由"土八路"演变成"正规军"，可以说就是以"集体大辞职"事件为开端的。

16. 机会是企业扩张的动力

人生的成功，80% 在机会。在《华为基本法》里，明确注明了华为的发展原则和逻辑：公司成长的主要牵引力是机会、人才、技术和产品，这四种力量彼此作用：机会牵引人才，人才牵引技术，技术牵引产品，产品牵引更多、更大的机会。加大四种力量的牵引力度，促使它们之间良性循环，会加快公司的成长。很多企业强调资源、资金对企业的重要性，但华为更强调"机会"的不可替代性。

1994 年冬天，任正非出访美国，路过费城时，他拜访了一对中国留学生家庭夫妇，他们已经工作，年收入 4 万美元。虽然不算富有，但也不至于贫穷。美国费城的冬天寒冷潮湿、多雨雪，和中国北方冬天的寒冷气候有些相似，这个中国留学生家庭尽管有稳定的收入，却依然非常节俭，连暖气都舍不得开。留学生的太太对任正非说："不开暖气的话，一年才能节约 100 美元。"任正非有些纳闷，留学生太太继续说，他们的收入除了要支撑他们在美国的生活，还要支援国内的亲戚。国内的亲戚一开口就要他们寄 1 万美金，导致这对留学生夫妇不敢轻易回国，而且他们平时吃的食物、用的东西，也都是能省则省，过得十分俭省清苦。

任正非感慨万千，他说，中国人一向以勤俭节约为美德，省吃俭用，留给后代，中国人永远陷在中国人的圈子里，跳不进钱窝，哪怕在富裕的美国，却仍然贫穷。而美国人狂花乱花，广交朋友，朋友越交越多，机会越来越好，钱也越挣越多。

成功是需要机遇的，机遇来源于有价值的信息，而有价值的信息，则需要有价值的朋友圈。而要获得有价值的朋友圈，是需要付费的。人的成功，80% 在于广交朋友，最终获得有价值的信息，并获得成功的机会。一些人连一杯咖啡都舍不得请别人喝，一件漂亮的衣服都舍不得买，人人对其保持距离，甚至敬而远之，最终就会让自己的社交空间越来越局限，机会越来越少，人生之路就是这样越走越窄的。

钱是赚不完的，相比赚钱，任正非更重视机会和成长。在华为，从技术试验到管理咨询，只要是正确的事，任正非从不吝于花钱。他曾说："这世界上最不值钱的是金子，最值钱的是未来和机会。"只要抓住战略机会，就能有更好的未来，赚钱就是一个附带的自然结果。

任正非很重视"机会窗"的作用，他也愿意给别人机会。任正非看得很透彻，企业的持续发展离不开源源不断的人才，而人才的发展则是马太效应，所以华为必须保持一定的成长速度，"没有合理的成长速度，就没有足够的能力给员工提供更多的发展机会，从而吸引更多企业所需的优秀人才"。

特别是对于精英人才来说，给钱不如给机会，他们到哪里都能赚到钱，他们更渴望的是好的发展机会。赋予员工好的发展机会才是更高的价值分配方式。华为通过对人才、管理、研发等的投入，赢得了机会和未来。

华为的成功，是在外部抓住了西方国家电信网络改造的机遇，在内部遇上了电信网络和移动网络的发展。未来的社会是全联接智能社会，这曾是华为面临的最重要、最好的机会。

20 世纪 90 年代，中国成功接入了国际互联网，拥有自主知识产权的中国，在通信领域也有了话语权，迎来了"零的突破"。在中国通信行业不断发力的推动下，ADSL/VDSL 等新技术不断普及，"宽带"走进千家万户。运营商的代际更迭不仅推动了国家网络基础设施的建设，也为设备商"弯道超车"的发展提供了机遇。任正非敏锐地嗅到了这个商机，把数字世界带入每个人、每个家庭、每个组织，构建万物互联的智能世界，作为华为的初心和使命。

从 2005 年开始，敏锐的华为就将目光投向了手机等 C 端业务。在 5G 智能手机大战中，华为抢占先机，推出了搭载麒麟 990 芯片的华为 Mate30 系列，成为国内最早将 5GSoC 应用于手机的企业，消费者业务也逐渐被华为所接收。

如今，华为已经在全球 170 多个国家和地区织就了一张精密的网络，拥有了 1500 多个运营商网络，占据着绝对的市场份额。

点评

"寻找机会，抓住机会"，是追赶者的名言。"创造机会，引导消费"，是先驱者的座右铭。企业战略有个基本的矛盾，就是利润与增长。任正非说："抓住了战略机会，花多少钱都是胜利；抓不住战略机会，不花钱也是死亡。节约是节约不出华为公司的，当公司出现机会与成本冲突时，我们是要机会还是要成本？首先要抓机会，对高科技企业来说，机会大于成本，只要符合机会，成本的增长是可以理解的。"因为只顾眼前的短期利益而失去长期利益和未来，是不明智之举。任正非希望大家能够放眼长远，既仰望星空，又脚踏实地，厚积薄发，不断塑造更好的未来。

17. 要给孙悟空戴紧箍

俗话说，慈不带兵，仁慈的将领不适合带兵打仗。"强将手下无弱兵"，如果一个将军不能杀伐果决，那么稍有不慎，便会导致全军覆没。在管理中也是如此，管理者如果没有原则性，对待员工的错误太过仁慈，就会导致自己犯下更为严重的错误。在《西游记》中，孙悟空刚皈依佛门的时候桀骜不驯、不听管束、随意妄为，所以观世音让唐僧给孙悟空戴上了紧箍，这才收服了他那颗狂野的心。

企业中不乏这样一类员工，个人能力强、业绩出众，但是桀骜不驯、个性强、情商低，为人不符合公司的价值观，人品不是很好。但是鉴于他们能够做出业绩，有些领导就对其放任姑息，不对其进行改造，最后反而被动无奈，被其"绑架"。如同没戴紧箍的孙悟空一样，虽然能力出众，却不敬畏规则，没有伦理观念、不服管教。孙悟空虽然是团队里最优秀的"员工"，能够做出大业绩，把大客户搞定，但是他不尊重领导，在组织里唯我独尊、破坏团结，最后可能会导致"能者破窗"（"破窗效应"是指当一所房子里的所有窗户都完好无损时，窗户就会一直保持完好；若一个窗户破了却没及时修补，那么其他窗户也会很快被人打破）。如果员工都能遵守规章制度，那么就会形成良性循环；如果一个员工违反了规章制度，却没有得到应有的惩罚，那么久而久之，就会有更多的员工违反规章制度。领导者只有及时刹住这种风气，才不会被能人绑架，甚至最终导致公司无人可用。

任正非也吃过这种亏。他曾经非常重用一个出类拔萃的年轻人李一男。李一男 15 岁时就考进了华中科技大学的少年班，在技术上属于非常厉害的天才型人物，研发能力很强，开发的产品在技术方面很先进。李一男 27 岁时就被提拔为华为的常务副总裁，被认为是任正非的接班人。然而此后，年轻气盛的李一男却不甘于寄人篱下，并开始在公司里拉帮结派。

任正非深知这个年轻人桀骜不驯、高傲自负，但是考虑到他做事能力强，为公司的研发部门立下了汗马功劳，所以也就没有重视，更没有及时地去教育、纠正他的不良行为。任正非的姑息，反而让李一男越走越远，最后直接带走了公司的一批业务骨干，成为华为强劲的竞争对手。任正非对此非常失望，他自己精心培养的得意人才，器重他、给他成长的机会，在他身上倾注了那么多心血，最后居然把他培养成了自己的竞争对手。

正是因为任正非没有在员工的成长过程中及时做好预警，纠正员工的行为，才导致这样一个严重的后果。这件事情发生后，任正非吸取教训，开始在公司长期坚持自我批判的文化，以避免有些员工在立下功劳之后，就自以为了不起，居功自傲，做出破坏组织的行为。

企业"以人为本"并不意味着对人才的迁就和纵容。实际上，铁打的营盘流水的兵，一个健康的企业从来不能把希望寄托在某个人身上。

任正非说："我们坚持人力资本的增值大于财务资本的增值。我们尊重知识、尊重人才，但不迁就人才。不管你有多大功劳，绝不会迁就。我们构筑的这种企业文化，推动着员工的思想教育。"在华为的管理大纲《华为基本法》中明确规定，华为不搞终身雇佣制，"我们通过建立内部劳动力市场，在人力资源管理中引入竞争和选择机制"。华为提倡能上能下，在大浪淘沙中，把确有作为的同志放到岗位上来，而不管他的资历深浅；把有希望的干部转入培训，以便他能担负起更大的重任。华为要坚定不移地淘汰不称职者，即便是公司的要害岗位，也不会严重依赖于这个岗位上的负责人，如果他犯错，更不会姑息迁就。在华为，绝对不会出现一个人明明犯了错，却仍然不得不用的情况。

任正非说，华为的干部不是终身制，华为公司要坚决把"夹心阶层"消灭掉。"夹心阶层"指的是那些既没有实践经验，又不理解华为的企业文化，还要被安置在较高职位上的人员。"夹心阶层"的存在必然会形成不良文化，这种文化最终将导致公司失败。华为公司不会迁就任何人，末位淘汰是日常绩效考核工作体系，烧不死的鸟是凤凰。华为的干部不是终身制，要能上能下，一定要成为华为永恒的制度，成为华为公司的优良传统。

华为公司一定要铲除沉淀层、铲除落后层、铲除不负责任的人。那些不适合公司发展的人，一定要下去。这种制度面向华为所有的高级干部，华为绝不会姑息养奸，大树底下并不好乘凉。华为实行任期制，在任期届满后，干部要通过自己的述职报告，以及下一阶段的任职申请，接受组织与群众评议，以及重新讨论薪酬。长江一浪推一浪，没有新陈代谢就没有生命。必要的淘汰是需要的，江山代有才人出，要一代代去巩固。"如果有一天，我不在华为了，华为依旧是现在的华为。"

点评

一个企业最宝贵的财富来自20%的关键骨干员工。少数的关键员工，对整个公司来讲都是无价之宝。但正因为他们有骄傲的资本，所以管理起来更要费一番心思。风筝飞得再高，也得有根线拽在手里，千里马再好也得拽着缰绳。要管好企业中的"孙悟空"，管理者要在某一方面强于他，才能让他信服，同时要知人善任，选拔他到领导岗位，发挥他的特长。更重要的是要经常进行感情交流，对错误的言行及时、坚决地给予纠正。

第三章

人才战略：将天下英雄尽入吾彀中

　　任正非尊重知识，尊重人才，任人唯贤。华为早期的成功，就在于"不懂技术"的任正非用对了技术人才。任正非曾说："华为公司最宝贵的财富是人才，其次是产品技术，再次是客户资源。"只要拥有一批不断进步、不断成长的人才，华为就一定能够做出任何一项技术，也一定能够攻下任何一个客户。

18. 人才在哪儿，商业的先机就在哪儿

什么都可以缺，人才不能缺；什么都可以少，人才不能少；什么都可以不争，人才不能不争。对人才的重视，任正非是发自肺腑的，这是因为任正非吃过"技术不如人"的亏。

华为最早在做数据卡的时候，需要用到美国高通公司的基带解决方案。为了制衡华为，高通同时也在扶持中兴。有很多次，由于高通层层加码，供货不及时，使华为陷入了两难的境地。任正非痛定思痛，决心要摆脱这种被动的局面，这就有了华为重仓人才的一系列举措。

任正非深知，在经济全球化竞争、技术高速革新的今天，世界上任何一家企业如果想要拓展更大的市场，创新是不二的选择，而创新的关键就在于人才的竞争。对于华为而言，核心技术优势已经成为华为在市场竞争中的重要竞争力，也是华为快速发展的主要推动力。华为要想拓展更大的市场，就必须抢人才。

任正非曾多次谈到二战时的德国和日本。二战的时候，德国因为不投降，遭到了猛烈的轰炸，除了雅尔塔会议留下准备开会，其余地方全被夷为平地。日本大量的工业基础已被摧毁，如果继续顽固抵抗，美军也要将日本全部炸平，最终日本妥协，保留天皇。日本投降后，一些设施才得以保留下来。当时德国和日本有一个口号："什么都没有了，只要人还在，就可以重整雄风。"德国和日本的设施很快被重建，经济也快速恢复了，这得益于他们的人才、他们的教育、他们的基础。

所有一切都失去了，不能失去的是"人"。人的素质、人的技能、人的信心至关重要。

"不管是求生存，还是谋发展，人才最关键。"华为是中国较早将人才作为战略性资源的企业，其人力资源管理体系更是华为 30 多年来持续发展的动力源泉。为了学习先进的管理理念和管理方法，华为不惜重金，先后与 17 家咨询顾问公司进行合作，特别是 IBM 公司，华为更是花费重金聘请专家指导。同时，还聘请了包括市场营销、产品开发、供应链管理、人力资源管理、财务管理等多个领域的个人专家顾问进行指导。

随着企业的发展，华为逐年引进大量的新员工，并对新进员工进行高效的选拔和培养，为进行有效的人才管理打下了坚实的基础，促进了华为的可持续发展。30 多年来，华为在学习和实践中，终于形成了一套完善的人才管理体系。华为的成功靠的不是能人、不是英雄，而是体系与平台的支撑。

华为员工的高薪资有目共睹。多年来，华为始终用开放的用人态度，吸纳来自全球的优秀人才。华为近 20 万员工中，研发人员占比近 50%。

任正非非常重视和尊重人才。有一次，他路过华为实验室，无意中看见一名工程师正坐在电脑旁，旁若无人地打游戏。对此，任正非非常生气，但考虑到自己对技术并不十分了解，便压住内心的火气，忍不住问道："这是什么游戏？电脑打游戏会不会卡？"

没想到工程师不慌不忙，气定神闲地回应："任总，这里是研发重地，非请勿进，请您不要随意进来。"这个工程师的霸气回应，让任正非感到哭笑不得，华为员工为什么敢这么和任正非说话，是谁给他的勇气呢？要知道，这份勇气是任正非自己给他的。华为实验室是华为的核心部门，任正非对这个部门非常重视，这里面最珍贵的宝贝有两样：人才和设备。所以，任正非也没生气，他无可奈何地笑了笑，便离开了实验室。

随后，任正非便接到了总工程师郑宝用的汇报电话。原来任正非离开后，工程师便直接向郑宝用报告了这件事情。郑宝用和气地说："任总，我们工程师说话有点直，您别放在心上，员工上班玩游戏的事情，我给您汇报一下。等待实验结果是一个非常漫长的过程，在等结果出来的时候，我们所有工程师都会玩一会儿游戏来纾解压力，这也是研发部默认许可的。并且工程师们玩的是系统自带的游戏，并不会影响电脑的运行。"

任正非听了后哈哈大笑，说："我怎么可能把这件小事放在心上，他说得挺对的，要是让人随便出入我们的实验室，那才是管理出了问题。实验室居然没有贴'非请勿入'的标语，这是我的失职。"于是第二天，"研发重地，非请勿入"的标语便贴在了华为实验室的门口。

1997 年，在《华为基本法》起草的过程中，一位教授曾经问任正非："人才是不是华为的核心竞争力？"任正非的回答出人意料："人才不是华为的核心竞争力，对人才进行有效管理的能力，才是华为的核心竞争力。"

任正非经常对员工破格提拔，他希望每个人在最佳的时间，以最佳的角色，做出最佳的贡献。金字塔塔尖那么小一点，能站几个人？把塔尖削平，平台大了，可以容纳的专家自然也就多了，边界消失了，能量交换也更容易实现。这对企业来说，一定是件好事。[1]

 点评

　　任正非曾说过，华为的成功在很大程度上是人力资源的成功。人才在哪儿，商业的先机便在哪儿。对于每一个科技公司来说，要打赢未来的技术与商业竞争，必须有世界顶尖人才。

19. 建立三大人才梯队

唐太宗李世民励精图治,知人善任,广开言路,开创了"贞观之治",呈现出政治清明、经济复苏、文化繁荣的局面,为后来全盛的开元盛世奠定了重要的基础,将中国传统农业社会推向鼎盛时期。他曾大气磅礴地发出"天下英雄尽入吾彀中矣"的感慨,诚然,将天下英雄尽揽囊中,谁还能与之为敌、撼动其江山呢?可见人才对国家的重要性,企业是作为国家的核心竞争力之一,企业强大了,才能铸造国家的强盛。而企业的强大,正依赖于人才。

华为对人才非常重视。早在1996年,任正非邀请中国人民大学的教授撰写《华为基本法》时,就创造性地提出了"知本家"的概念。华为早期对于技术人才的招聘可谓不惜一切代价,对国内重点理工大学的应届毕业生更是采取了"掠夺式"策略。1998年,华为招聘的应届毕业生超过3000人,其中硕士研究生占1/3。对于西安电子科技大学、成都电子科技大学、华中理工大学等重点院校的通信工程与计算机等相关专业的研究生,华为采取了"一网打尽"的招聘策略。

2000年,一家电信系统软件公司的人力资源经理满怀信心地去北京邮电大学招人,结果垂头丧气地回来了。他抱怨说:"就晚了一步,被华为抢了先,华为下手也忒狠了,整班整班的毕业生都被华为拉走了。"据说当时的教育部长在听到许多关于华为的传闻之后,让下属将所有被华为录用的毕业生名单打印出来,结果发现:全国前20所重点高校的计算机与通信相关专业的毕业生,有将近30%去了华为。

技术领先的关键在于人才。任正非认为，华为需要尽快建立三个人才梯队。

第一个是"黑天鹅"梯队。高科技领域的创新日新月异，速度飞快，很容易出现各种黑天鹅事件，比如手机巨头诺基亚在短短几年时间内被干掉，就是非常典型的例子。而在任正非看来，"黑天鹅"可以出现，但是必须出现在华为的"咖啡杯"中，不能在别人的湖里游泳。华为要扩大"蓝军"的编制，不仅集团要有研究战略的"蓝军"，各大业务线和产品线也都要有自己的"蓝军"。而"蓝军"存在的目的，就是颠覆和打败"红军"。只有当华为努力自己颠覆自己时，才不会被别人颠覆。

第二个是预备梯队，主要指未来接班的年轻人队伍。任正非提出，未来的华为管理层和骨干层至少要有两个梯队。第一梯队的人如果只是忙于公司业务，没时间读书，不汲取新知识，能量很快就耗尽了。此时就需要由第二梯队的人递补上去，他们将带来新的思想和方法，而不是重复前人的做法。如果第二梯队的人能够做到这一点，那么华为在未来也将会将星闪耀。

第三个是能工巧匠梯队。生产系统要以技术为中心，很多事情是手艺功夫，生产系统要招收大量的高端技师，这些人有手艺，是各方面尖子型的工匠。华为要提高大专生和中专生的起薪，这个梯队不仅要招中国人，还要招来自全世界的能工巧匠。华为要在全球制造业高地建立精密制造中心，高薪招进能工巧匠。

华为可以招一些有歧见的科学家，支持他们做研究。这些科学家如果不愿意加入华为，那么只要他们能够把研究过程和阶段性成果拿到华为讲课也行，其目的还是培养华为员工对未来的敏感性。

任正非说："我们唯一的武器是团结，唯一的战术是开放。"1993年，华为在美国硅谷成立了芯片研究室；1999年，又设立了达拉斯研究所，意在提升华为的技术水平和软实力。1994年年底，华为派人在北京筹建北京研究所；1996年，刘平被派往北京，担任研究所所长。任正非没有给研究所下达明确的指示，刘平也就没有多招人。一次，任正非在视察完研究所后，问刘平："这里怎么冷冷清清的，你招的人呢？"刘平说："数据通信做什么产品还没确定下来，招那么多人来没事做。"任正非生气地说："先把人才招来再说，没事做，招人来洗沙子也可以。"

于是，刘平在北京研究所的一个重要工作就是通过各种手段招人。那招来的人没产品做怎么办呢？刘平就在北研所设立了一个协议软件部。因为不管将来要做什么数据通信产品，通信协议都是少不了的，而协议软件部就是研究各种通信协议，这就是任正非所说的"洗沙子"。

后来，这个部门开发出了华为的通信协议软件栈，成为华为各种数据通信产品的平台，也为华为后来从窄带向宽带过渡打下了坚实的基础。潜龙勿用，世上的成功从来不是一蹴而就的，而是需要沉淀与积累。从1995年成立到1997年，北研所一直处于漫长的积累期，一直没有重大的研究成果。但即便如此，任正非每年不计成本地往里面投资，毫不手软。1996年华为拿出一个亿，在北京海淀上地买了一栋6层的大厦，又花了将近一个亿来装修，直到1999年才全部完工。由此可见任正非在研发上的大手笔和豪迈的魄力。

华为在慕尼黑招募芯片工程师，在伊斯坦布尔招聘软件开发人员，在加拿大招聘人工智能研究人员，其实这些年华为的发展一直都在受不可抗因素的影响，这些行动表明华为正决心寻找新的增长途径。在慕尼黑，华为正在招募几支无线芯片组和汽车芯片的开发团队，而这座德国城市，也正是豪华汽车制造商宝马的所在地。依托华为全球的研发中心，华为在法国组建了美学研究所，在日本、俄罗斯、德国、芬兰等地建立了能力中心，利用全球智慧解决问题。

点评

　　敢于投入，坚定不移地用全球的优秀人才和研发团队投入构建华为手机的核心竞争力，是华为长期坚守的战略，更是华为能够不断强大、走向全国、影响世界的根本。

20. 华为人才战略的八次进阶

任正非尊重知识，尊重人才，任人唯贤。华为早期的成功，就在于"不懂技术"的任正非用对了技术人才。任正非曾说："华为公司最宝贵的财富是人才，其次是产品技术，再次是客户资源。"只要拥有一批不断进步、不断成长的人才，华为就一定能够做出任何一项技术，也一定能够攻下任何一个客户。

人才的发展潜力是最重要的。华为在招聘时，要看一个人的成长潜力，注重未来员工的素质、潜能、品格、学历，然后才是经验。任正非认为：一个可发展的人才更甚于一个客户或一项技术，一个有创造性的人才可以为公司带来更多的客户，我们宁愿牺牲一个客户或一项技术换一个人才的成长。1991 年，胡红卫从中国科技大学精密仪器专业毕业后进入华为工作，对于主要做通信产品的华为来说，胡红卫的专业并不是很对口。但专业问题并没有成为胡红卫晋升的阻碍，他从基层做起，以技术员和助理工程师的身份参与了华为"C&C08"数字程控交换机的开发，其后又先后担任了产品试制段长、计划调度科长、仓库部主任、生产部经理等职务。因头脑聪明、才学渊博、能力出众，胡红卫在 1995 年荣任华为副总裁。

华为十分注重人才培养，并广泛吸纳人才。华为的人才战略有多次进阶。

第一次，主动出击的校园招聘，像对待客户那样招聘大学生。

1997 年，华为成立了以常务副总裁为组长的校园招聘工作组，针对重点院校、对口专业，开展了主动出击的校园招聘。为了吸引学生来深圳参观公司并选择加入，华为对于愿意来深圳参观华为的学生提供了免费机票，并且开出了本科生 4500 元、研究生 5500 元的高工资，这个工资水准一直保持了 12 年，一度成为中国企业校招工资的标杆。这也是华为自 20 世纪 90 年代开始直到今天，在应届生招聘中主要的人才获取通道。

东莞在 IT 界享有"无论你在哪里下订单，都在东莞制造"的美誉。2004 年 5 月 15 日，华为在东莞举办了一场现场招聘会。东莞也是珠三角重要的通信电子生产基地，诺基亚的手机生产基地就设在那里。华为在东莞投资建设了手机业务总部。并多次在东莞举办现场招聘会吸纳人才。2004 年 5 月 22 日，华为在东莞、惠州分别举办了现场招聘会，一次开列了上千个空缺职位，其中大部分与手机设计、制造等专业有关。惠州也是珠三角重要的信息产业基地，而这些人才大部分集中在 TCL 移动公司。华为来势凶猛的招聘让 TCL 惊诧不已，尽管当时 TCL 正处于某项研发项目的紧急关口，研发人员正为了赶工分秒必争，但是为避开华为的强势来袭造成的人才流失，TCL 突然组织起了惠州本部的主要技术、管理骨干及全体研发人员，前往距惠州大约 150 公里处的南昆山旅游。

华为给了当地众多潜在的求职者们一个强烈的信号：华为的大门随时向他们敞开。在"人才战略"上，华为毫不吝啬。在许多企业还在纠结是否给员工增加工资时，华为以高于普通企业数倍的高薪"囤积"了一大批重点院校的优秀毕业生。

第二次，为迎接国际化管理的需要，从 2005 年开始，华为从外企引入了高端专业人才，以便借力全球优秀企业在商务、财务、供应链、战略等方面的高端人才，快速提升华为的国际化管理水平，弥补华为在国际化管理方面的短板。为了引入高端优秀人才，华为突破性地实施了年薪制，并不断加大海外员工的聘用率。此后，华为海外员工的聘用率以每年 15％的比例增长。到 2008 年年底，华为海外机构的海外员工已占总人数的 57％。

第三次，2006 年，华为在校园招聘中引入"领军人才"的五项基本素质作为选拔标准。招聘来的人到底能不能在未来堪当大用？其中有什么底层规律？华为前董事长孙亚芳开始带队寻找：华为早期 100 位成功的商业领袖身上究竟具有什么样的特殊潜质——其中的共性，便形成了华为"领军人才"的五项素质。这是华为人才招聘历史上一次突破性的进展，就是一定要找到未来可以成为优秀人才的关键要素。成熟的管理，一定要形成清晰明确的标准，才能定义人才、认知人才、识别人才，使人才为我所用。

第四次，2009 年校园招聘。此次，任正非提出招人要不拘一格，找偏才、怪才、奇才，科研人才不能求全，一定要找偏科的人、有一技之长的人。由此，华为校招创新地开启了软件大赛和实习生计划。学识渊博、堪当大任者自然是人才，但身怀绝技、术业有专攻的"奇才""偏才"和"怪才"更是人中龙凤，他们将更有可能在世界舞台上大放异彩。

第五次，2010 年，华为启动了全球能力中心建设，喊出"全球人才为我所用"的口号，在全球各个人才聚集的地方布局能力中心，将组织建到了人才的家门口。比如，华为原来的美国研究所定位在商业模式创新上，印度研究所定位在软件创新上，工程技术中心则设在了瑞典研究所，产品投标中心放在了马来西亚等。华为把全球那么多国家要做的动作共享起来，由各类中心去实现，让各类优秀人才集中起来为我所用。这是华为第五次变化中一个尤其突出的特点。

第六次，华为于 2016 年启动"少年天才计划"，从高校博士中选拔优秀的研发精英，并开出了 200 万年薪的天价。从 2009 年开始尝试找偏才，到 2016 年"天才计划"的兴起，华为获取了越来越多追求极致的研发创新人才。这是特别关键、特别重要的一批人。

第七次，华为在 2020 年启动基础科学家来华的计划，吸引物理、数学、化学等基础科学家来华开展对基础科学的研究。在 2019 年被美国封杀的背景下，华为只能把科学家引入中国来进行技术开发。华为形成了一个"明白人带领聪明人"的格局。华为在人才战略里面特别强调的是，华为人的主体一定是一群聪明人。从第一次的校园招聘，到后面通过五项素质去筛选领军人才，到之后的偏才，再到天才，都是超级好苗子。同时，从2005年开始寻找国际化的专业人才，到后面全球能力中心的建设，再到基础科学家来华，华为一步步构建起了强大的技术研发能力，这就是华为在重要人才建设上打下的牢固基础。

第八次，2021年组建"华为军团"，形成ICT（信息与通信技术）与细分场景的一体化，把某些具有特定行业特征、市场巨大的业务单独拎出来，从而实现高效率。这就要求华为坚持压强原则，将基础研发和商业应用人才集中起来。

军团制的逻辑其实就是把基础科学、应用科学、销售交付和运营放在前端，形成一个强大的军团，来实现对单点的突破。要实现军团制，就要有一批善打胜仗的将军。从2006开始，华为就不断地招募极为优秀的领军人才，不断积累，如今华为的军团制已全面开花。[1]

点评

经过多年的建设，如今华为的人才招聘已经形成了三条主线：一是有一批优秀的年轻人，聪明能干、拼搏进取；二是集合了全球范围内从商业管理到全球技术管理、业务管理乃至基础科学的一批思想达人；三是能领兵打胜仗的将帅，也就是能在企业中独当一面的商业领袖。由这三条主线构建起的队伍，不仅有商业的高度，还有能干的主体。这三个方向、八次升级，构建了华为强大的人才队伍。

---

[1] 资料来源：《华为的人才密码：既要"聪明人"也要"明白人"》中外管理传媒 2022-04-29 .

21."殚精竭虑，比不上孙亚芳思考片刻"

在华为，孙亚芳是任正非不可替代的完美搭档，她参与了华为每一次的重大转折。百炼钢化为绕指柔，她与任正非携手打造了一个"左非右芳"的时代，被称为"华为女皇"。孙亚芳曾在哈佛商学院进修，能说一口流利的英语，沟通能力极强。

孙亚芳 1955 年出生在贵州，1982 年从电子科技大学毕业后进入河南新乡国营燎原无线电厂担任技术员。一年后，能力突出的她便去了中国电波传播研究所。1985 年，凭借出色的能力，孙亚芳进入北京信息技术应用研究所担任工程师。

任正非于 1987 年创办了华为，走得跌跌撞撞，四处借钱筹资，正是在北京拉投资时，认识了孙亚芳。任正非踌躇满志地向她描绘着华为的未来，并表示华为日后要做中国通信的龙头。孙亚芳在了解到任正非的战略布局后，觉得任正非有魄力和大志向，将来一定能干一番大事业，于是决心帮助他。在孙亚芳的努力下，任正非筹集了一大笔投资，华为渡过了难关。孙亚芳过硬的技术本领，以及出色的沟通和管理能力，让任正非非常欣赏，便邀请她和自己一起创业。

1992 年，孙亚芳丢下"金饭碗"，从北京的研究所辞职，南下深圳加入华为，担任市场部工程师。当时华为正在研发 C&C08 产品，根基尚浅，尽管做出的产品很专业，客户还是一直拖欠货款，任正非忧心如焚。他放出话说，谁能给公司拉来 1000 万元投资，就可以带薪休假一年。

关键时刻，还得强将出马，又是孙亚芳为华为拉来了投资。华为处处需要用钱，是先结供应商的款，还是先更新生产线，抑或先发工资？大家都在观望领导的决定。孙亚芳找到任正非说，我们作为科技企业，供应商没了可以再找，生产线停了可以再开，但人才走了、人心散了，华为就没了。我们当下要解决的问题是稳固军心。任正非茅塞顿开，将这笔钱优先发给员工。

解决了人才的工资，背后所有的难题都迎刃而解了，华为由此士气大振，一线技术人员积极投入研发中，一个个研发项目都得到了突破。公司内部恢复了正常运作，货款、供应商、生产线都恢复了正常，而且任正非坚持做的 C&C08 也始见曙光。1993 年，华为第一款用 EDA 设计的 ASIC 芯片破土而出。同年，华为 JK1000 成功发布，并在当年拿到了邮电部的入网证书。

1996 年，华为初露峥嵘，自主研发的数字交换机在市场上的销量可观，公司盈利走上正轨，在业内已小有名气。随着华为内部团队的日益壮大，很多"功成名就"的老员工开始躺在功劳簿上，居功自傲，意志消沉，坐在办公室里"纸上谈兵"，不再前往一线，甚至还出现了"坐吃山空"的现象。任正非心头着急，如果团队氛围继续按照这样发展下去，公司很快就会出现亏损。孙亚芳建议，为了让员工时刻保持"狼性精神"，必须在华为内部重新洗牌，竞聘上岗。于是，1996 年 2 月，孙亚芳带领华为 26 个办事处主任，提交了两份报告书：一份述职报告，一份辞职报告。他们主动为公司的体系改革做出了牺牲。

经过这次大洗牌，华为内部淘汰了 30% 的营销员工，直接促成了后来华为干部"能上能下"的局面。其中有 6 名办事处主任被置换下来，由新员工走上领导岗位。这种自我否定的形式也强行推动了华为的市场策略，使之完成了从"公关型"到"管理型"的过渡。同年，《华为基本法》确立，华为不再使用传统的工号制度，而是以"以奋斗者为本"的企业文化，让每一位员工都能深刻记住华为的精神，同时还将其计入了员工的业绩考量中。

孙亚芳实力超群，出手便一鸣惊人，这波操作堪称华为管理战略之经典。这是华为历史上第一次大规模的人事改革，也是华为两大支撑体系的转折。出众的能力让孙亚芳在华为脱颖而出，作为公司改革推动者，孙亚芳获得了公司的金牌奖项，升职为华为市场常务总裁，成为任正非的"左右手"。

1999 年，任正非意识到，事事亲力亲为，会把领导累死；把权力上移，利润下放才是根本。于是华为推出"轮值董事长制"，孙亚芳成为首任董事长，负责市场和人才板块，任正非负责技术板块。由此形成了"左非右芳"的局面。

孙亚芳升任集团董事长。当集团再次出现部分中层干部安于现状、缺乏斗志的情况时，管理层建议重新启用竞聘上岗方案，孙亚芳坚决反对："竞聘是当年我们在无法判断一个人的时候，不得已而为之的特殊做法。现在我们的评价系统已经相对完善，公司要做的是通过运作体系来考察干部，而不是通过施加压力形成竞聘。"大家费尽心思考虑的办法，孙亚芳瞬间就发现了其中的破绽，可见其敏锐的思考力。孙亚芳随之提出了"狼性文化"，旨在让华为员工接受"狼性"训练，将每个人都打磨成不屈不挠的进攻者。

孙亚芳是一个组织的修正系统，她会在操作层面艺术化地处理老板过于偏激的思想。对于一贯雷厉风行的任正非而言，孙亚芳相对和风细雨、细腻并且讲求平衡的行事风格，这令她在华为的管理层独树一帜。

一次，市场部高层正在开会讨论市场策略以及人力资源的相关事宜，会议室的门被推开了，任正非走进来说："你们市场部选拔干部应该选那些有狼性的干部。比如 ×××，我认为就不能晋升。"

全场顿时鸦雀无声，孙亚芳当即反驳说："任总，您对他不了解，不能用这种眼光看他。"任正非竟哑口无言，"哦哦"了几声，故作随意地说："不用管我的意见，那你们接着探讨吧。"然后怏怏地离开了会议室。

2002 年，这名被任总点名唱衰的办事处主任，不负孙亚芳的期望，成功升任了集团的高级副总裁。

除了管理，孙亚芳对任正非思想的领悟与契合，无人与之匹敌。她身兼女性特有的细腻柔和，于公于私都全力辅佐老板，让人信任、放心。

2003 年左右，全球 TI 产业泡沫破灭，华为收入下滑，大家备受打击。同时，思科指控华为"抄袭代码"，要求华为立即停止销售并赔偿，并出巨资肆意抹黑华为，试图一举置华为于死地。任正非承受着巨大的压力，徘徊在抑郁症的边缘。为排解心中苦闷，任正非经常给孙亚芳打电话倾诉。孙亚芳用她的细腻温婉开解任正非，并为他出谋划策。在孙亚芳的建议下，华为选择了采取迂回战术对抗思科，跟思科的对手 3Com 展开合作，聘用顶级的律师事务所，邀请他们来华为工厂参观。律师们被华为的研发实力所震撼，相信华为一定是清白的，于是决定以控告思科垄断作为反击。打蛇打七寸，出其不意的一招让思科招架不住，主动找华为求和，最终达成和解。

这一战虽然胜利了，但内部的种种纠葛，依然让任正非感到压力重重。但不管什么时候，孙亚芳都坚定地站在任正非的后面。2001 年，任正非的母亲出车祸时，任正非正在伊朗出差，是孙亚芳第一个赶到现场处理照料。可以说，任正非的许多重要事情都离不开孙亚芳的陪伴。任正非患癌需要做手术时，为防走漏消息引发企业震动，孙亚芳安排任正非从飞机上一下来就直接到医院。病床前，也唯有孙亚芳静静地陪着。

在华为内部，任正非和孙亚芳被称为"左非右芳"。在华为人的往来邮件上，所有领导都要出现全名，只有任正非和孙亚芳才能被称为"任总""孙总"。

2018 年，华为公布 5G 技术，孙亚芳功成身退，由"老将"梁华接替孙亚芳出任华为的新董事长。2020 年，孙亚芳更是卸任了华为公司的法定代表人，用半生的光辉完成了自己在华为的谢幕表演。虽然她已退居幕后，但是华为的光荣史上会永远留下"孙亚芳"这个名字。

点评

人生的智慧在于知进取、懂退让，具有对外的分寸感和对内的克制力。在集团危难之际，孙亚芳当仁不让地扛起重责；在该退时，她审时度势，卸位让贤。对于华为，她用自己的才能推动了每一次重大转折；对于任正非，她是其创业路上最佳的拍档。华为的"芳非时代"虽然落幕，但江山代有才人出，没有谁能够永远立于舞台中央，万年长青。孙亚芳"化作春泥更护花"，一直滋养着华为继续迎难而上、砥砺前行。

22. "大嘴"余承东：把吹过的牛都实现

华为藏龙卧虎，英雄悍将无数，但要论知名度最高、最广为人知的，除了创始人任正非，便是华为终端 BG CEO 余承东了。在某种程度上，任正非和余承东，是华为形象的一体两面："传递寒气"的任正非，负责人间清醒，低调做人；激情澎湃、打着鸡血的余承东，负责高调行事，"向上捅破天"。

1969 年出生于安徽省六安市霍邱县的余承东，从小就有股子狠劲。小痞子欺负余承东，他反手就打过去，从此便无人敢惹。凭借着这股狠劲，余承东凡事力争第一。1987 年，他以全县理科第一名的成绩考入西北工业大学的自动控制系，毕业后留校任教。两年后，他又考取了清华大学无线通信系的研究生。

1993 年，余承东研究生毕业后来到深圳，被任正非的凌云壮志所折服，一腔热血加入华为，成为华为真正的创业元老和嫡系部队。有人问他为什么进入华为，他说："因为华为有一个伟大的老板。"

余承东不服输，是个技术狂，也是华为的福将。不管余承东在哪个部门任职，他总有能力将"清水衙门"变成"流油部"。又因他口无遮拦、"爱吹牛"，人送外号"余大嘴"。但余承东的大嘴，从来不是信口胡说，有其边界和分寸，言于当言时，止于当止处。

余承东初入公司，当时华为正在研发程控交换机，专业对口的余承东很快就成为项目骨干，与团队一起研发出了华为第一代 C&C08

程控交换机。余承东是多面手，为了将研发的产品销售出去，他自告奋勇，坐着长途车，前往东北的一些县乡，向企业客户推销产品。

20 世纪 90 年代，中国内地在移动通信技术方面还一片空白。那个时候，在农村装一部电话需要装很多电线杆，余承东认为只需要一个无线通信终端产品就能解决时，便想到了在农村开拓 3G 业务。但是这需要资金，任正非二话没说，当即就给他批了经费。余承东立即组建起了无线通信部门，经过没日没夜的奋战。1997 年，余承东团队研发出了华为的无线通信设备。1998 年，在余承东的推动下，华为参与 3G 标准的制定。但内地还没发放 3G 牌照，于是余承东便曲线救国，先是前往香港，后又进军欧洲市场，来到 GSM、3G 的发源地，就意味着华为要与爱立信、诺基亚、阿尔卡特等国际巨头对抗。

2003 年，余承东被派往海外开拓市场。当时，国际上的 3G 基站体积庞大，十分笨重，一般直梯都塞不进去，安装时甚至需要使用吊车。这种设计增加了成本，让许多打算升级设备的国外企业心生顾忌。余承东认为这是华为难得的机会，立即要求公司研发体积更小的分体式基站。但华为高管都不赞成，任正非相信余承东的眼光，他力排众议、一锤定音，批准了分体式基站的研发工作，支持余承东冒险。

半年后，余承东果然不负所望，带领团队研发出了体积小、重量轻的分体式基站，而且信号更强。虽然分体式基站研发出来了，但要让客户接受也并非易事。余承东领着团队死磕全欧洲最有价值和潜力的 15 家重点运营商。这是一招"擒贼先擒王"的战略，只要拿下了这些大运营商，就等于拿下了欧洲市场的半壁江山。余承东四处奔走游说，多方拜访，坚持了 3 年，谈下了 12 家大运营商，扫清了华为进军欧洲市场的障碍。2006 年，沃达丰采用华为的分布式基站，在西班牙将当地龙头运营商 Telefonica 击败，令华为在欧洲名声大振，分体式基站更是连续斩获大单。2012 年，华为在整个欧洲无线通信市场的占有率从 9% 飙升到 33%，稳居欧洲市场前列。与此同时，华为的 4G 技术也被国际认可，成为 LTE 标准组织大家庭的一员。

华为之所以能打下通信业务的半壁江山，与余承东敏锐地洞察到全球移动通信即将大爆发密切相关。由消费端到运营商，再到上游通讯基础设施搭建，余承东以逆向思维，切入产业链上游，打通了公司产业全链路。

虽然中国的 3G 牌照姗姗来迟，直到 2009 年才发放，但彼时的华为已是通信市场的一只巨鳄，具备超强的竞争力。

2011 年，华为手机部门正处在最困难的时刻，手机业务一直没有起色，余承东迎难而上，接下了这个"烫手山芋"，上任后迅速决策，砍掉了 70% 贴牌业务，转而做华为品牌高端手机，并打造自己的芯片。这让手机部门的业绩在短时间内大幅下滑，员工们意见很大。而余承东接手后推出的两款手机 P1、D1，销量低迷。华为内部发起了"倒余运动"。2012 年，因部门业绩不佳，余承东的年终奖为零。

余承东自我反思，他认识到 B 端客户更注重实效和功能，而 C 端要的是感觉和体验。意识到营销的重要性后，技术出身的他，开始发微博、学习演讲，身体力行宣传华为手机的目标和愿景。

他说："华为手机在 3 年之内必将成为世界领先的手机终端产商。"同时，他激励团队去对标三星的 GALAXY 团队。随着发的微博越来越多，夸下的海口也越来越大，"余大嘴"的名号不胫而走。

2013 年，华为 P6 大获全胜，全球销量达到 400 万台。之后，华为 P7 也取得了成功。

2018 年，余承东夸口说："华为在今年年末到明年，市场份额可以做到全球第二，未来成为全球第一。"就在大家纷纷观望，看余承东如何收场时，华为像匹黑马，一骑绝尘，将大多数手机商家远远地甩在了身后。

2019 年，在全球手机销量排行中，三星排名全球第一，出货量为 2.95 亿台，占市场份额为 20.9%；华为排名全球第二，出货量为 2.40 亿台，占市场份额为 17%；苹果出货量为 1.97 亿台，占市场份额为 14%。实力担当的余承东兑现了曾经夸下的海口。

余承东最擅长的就是从零开始。很多做技术出身的人，思维都呈链条状延伸，环环相扣，但余承东的思维却很跳跃，呈发散状，而且能看到很远的地方和未来。

就在华为手机蒸蒸日上、如日中天时，却遭到美国的制裁，华为消费者业务收入直线下滑。负责消费者业务的余承东忧心如焚，要养活上万名员工，还要稳定经销商的情绪。无奈之下，华为开始进军汽车领域，通过所卖产品搭载华为技术从中收费和销售提成来养活研发人员。

很多人对余承东的造车行为提出了质疑，毕竟造车不同于造手机，汽车圈有汽车圈的特质，和手机这类消费品是不一样的。但余承东依旧"大放厥词"："华为进军汽车行业就是要做到第一。"在问界 M7 交付仪式上，余承东再次语出惊人："我用问界 M5 淘汰了家中的宝马，又用 M7 淘汰了保时捷。我朋友原本打算买宝马 X5、奔驰 GLS、保时捷卡宴等车型的，都转而购买了问界。但是有朋友说这个车有很大的缺点，就是价格太便宜了，希望能够卖贵一点，以体现他的身份，因为他过去都是买一两百万以上的车，不会买那么便宜的。但他开了后，觉得我们这个车非常物超所值。"

点评

"大嘴"或许只是余承东的营销手段，真正的勇士敢于扛下所有，一直向前冲。任正非曾说："让余疯子去做黑与白的事，我们在后面做一些灰度的事。"华为对余承东的定位就是开路先锋，为华为开疆拓土，华为需要他做得更极致。

23. 郑宝用：一个顶一万个

华为创业之初，国内的通信市场正处于"七国八制"时代——当时中国通信市场上有来自7个国家的8种制式的机型：日本 NEC 和富士通、美国朗讯、加拿大北电、瑞典爱立信、德国西门子、比利时 BTM 公司和法国阿尔卡特。中国电子工业中，唯有程控交换机有可能成为中国的拳头产品。

没有任何一个国家有像中国这么多的交换机生产厂家，各厂家各自为政，很难使国产交换机的整体水平提高档次。华为最初代理香港一家公司的交换机，经过几年的销售，华为建立起了全国性的销售网络。由于华为重视客户服务，在市场上占的份额越来越大。香港交换机公司觉得华为不能一家独大，便一度暂停了其现货供应。任正非认识到，只有加快研发本公司的交换机，才不会被卡脖子；只有掌握核心技术才能使企业更加强大。

于是只能算是半个技术人员的任正非便开始"借力"，他和清华大学一个教授签订了合作开发用户交换机的协议。清华大学的教授便派他的博士生郑宝用帮忙牵头开发。任正非非常认可郑宝用的才干。

1964 年出生的郑宝用比任正非小 20 岁，福建莆田人。他从小就很有天赋，高考成绩为莆田第一名。因为受电影《珊瑚岛上的死光》影响，对激光非常向往的郑宝用报考了华中工学院（华中科技大学）激光专业，高考成绩比班上同学高出 100 多分。在大学，觉得学习太轻松的郑宝用选修了计算机、自动化、无线电、固体物理等专业的课，这在后来的工作实践中都派上了用场。毕业读研后，郑宝用留校教书，之后，又考取了清华大学的博士。

1989 年，华为面临困境，极度缺乏技术开发人才。任正非四处搜罗人才，却一直遇不到特别满意的，于是他想到了正在清华读博士的郑宝用。郑宝用十分为难，再有半年就可以毕业了，他已经写好了毕业论文，正在等待答辩。任正非三顾茅庐，并推心置腹地说出了自己的苦衷，自己对技术一窍不通，可是作为公司老总不懂技术总是会矮人一截。郑宝用是技术高手，只有他才能镇住场子，解决所有的技术难题。面对任正非的真诚相邀，郑宝用答应再考虑考虑。于是任正非便和郑宝用同吃同住。

他的软磨硬泡，让郑宝用无力招架。任正非为人真诚、低调，现在肯放下身段和一位学生朝夕相处，那么今后自然也会坦诚相待。于是郑宝用放弃了博士学位，答应加盟华为。郑宝用的决定，让同学们深感惋惜，大家觉得得不偿失：拿到博士学位，何愁没有好工作，何必为了一家名不见经传的小公司，放弃唾手可得的学位呢？

科技公司最缺的是高级技术人才，郑宝用的加盟对任正非来说是如虎添翼。他如获至宝，亲昵地称郑宝用为"宝宝"，毫不掩饰其赏识之心。华为的老人也都习惯叫郑宝用"阿宝"。

郑宝用负责华为模拟程控交换机的设计与开发，凭借着高超的技术，带领华为工程师研发出了 HJD48 小型模拟空分式用户交换机。这是华为第一款自主研发的产品，也是郑宝用的开山之作。HJD48 进入市场后，迅速为华为带来了可观的利润，在不到一年的时间里销售额达到一个多亿。这个开门红，让华为尝到了自主研发的甜头。HJD48 交换机研发成功之后，郑宝用被任命为华为的总工程师。

HJD48 是公司用的交换机，客户不集中，零散分布，单个采购的金额不大。而交换机的重头在电信市场，当时中国移动尚没有成立。HJD48 交换机只有 48 口，最多接 48 个用户，显然不能满足电信市场的要求。要想进入电信市场，就必须开发出更多口的交换机。

经过市场调研并结合本身的技术能力，郑宝用带领团队又开发出了 1000 门的模拟交换机——JK1000。但由于外国很多企业纷纷研发出了数字交换机，挤占了模拟交换机的市场。JK1000 最后以失败告终。

郑宝用并没有灰心气馁，他带领团队继续研发。之后，对华为，甚至是对中国通信产业都产生了很大影响的华为 C&C08 万门数字程控交换机的研发成功，郑宝用功不可没。

C&C08 交换机是华为自主研发的第一台数字程控交换机。C&C 有两个含义：一是 Country&City（农村 & 城市），农村包围城市；二是 Computer&Communication（计算机 & 通信），数字程控交换机就是计算机和通信的组合。

可以说，C&C08 是任正非和华为的一场豪赌，他为此不惜背负高利贷，押上身家性命。任正非说："这次研发如果失败了，我只有从楼上跳下去，你们还可以另谋出路。"

郑宝用负责统帅研发 C&C08，他给团队打气说，你们好好干，开发出来我保证卖出去 10 台、8 台的（C&C08 机柜是个大家伙）。研发的主力人物是顶着天才名头初出校门的李一男。用大半年的时间做成了 C&C08 万门数字程控交换机，这成了李一男被火箭提拔的最大资本。而 C&C08 项目组的其他成员也纷纷锻炼了出来。

1995 年，技术水平达到业内先进水平，又符合市场行情的 C&C08 销售额高达 13 亿。继 C&C08 程控交换机之后，郑宝用在 C&C08 一体化网络平台、用户光纤接入网、TW 宽带交换机、SDH 传输设备、数字微蜂窝和移动通信等领域不断进军，并取得了优异的成绩。

郑宝用非常大气，将李一男培养起来后，便主动让贤，让李一男扛起技术大旗，而自己则开始转向管理和战略。当时任正非说："郑宝用和李一男，一个是比尔，一个是盖茨。只有两个人合在一起才是华为！"

1996 年，郑宝用开始担任华为战略规划部主任。2008 年的时候，任正非差点卖掉终端业务，还好郑宝用力挽狂澜，才保住了华为消费者业务。

任正非对郑宝用非常器重。有一次，任正非在办公室对着几个管理能力让他头疼不已的高管怒气冲冲地发火："郑宝用，一个人能顶一万个。你们，一万个才能顶一个。"

惺惺惜惺惺，郑宝用拼命努力工作来回报任正非的知遇之恩。2002 年，因为工作时间过长，郑宝用晕倒在了公司，最后被查出患有脑瘤。病愈后郑用宝依旧坚守在华为的岗位上。

点评

郑宝用不仅是华为第一代研发领导者，还多次将华为从悬崖边缘拉到安全地带。遇事沉着冷静、胆大心细的郑宝用，在华为最困难的时候，像一个盖世英雄，解救华为于苦难中，为华为立下汗马功劳。功成名就后，却不骄不躁，静静地关注着公司的发展。

24. 有营养的黑豆芽菜

有的人一出场就光芒万丈，犹如耀眼的太阳，让人不能忽视。回顾华为30多年的发展历程，李一男是不可忽视的存在，业界有"一个李一男，半部华为史"的说法，更有"一个李一男，半部中国通信史"之称。当年李一男与郑宝用开发的万门机所使用的"准SDH技术"，至今仍然是国际通信技术的最高标准，无人能超越。

1970年，李一男出生于湖南，天资聪颖、领悟能力超强的他，少年得志，15岁便考入华中理工大学少年班。学校的录取条件之一，便是智商超过130。而这一人群，仅占总人群的2.2%。

1992年，正在读研二的李一男来到华为实习。郑宝用看到实习生李一男戴着眼镜，长得清秀斯文，瘦得跟豆芽似的，便问他："你初中毕业了吗？"李一男说："我马上研究生毕业了。"郑宝用惊讶不已，便热切地跟他聊起来，发现他居然是自己的小师弟。别看他长得瘦削秀气，但思路清晰、思维开阔、想法丰富。实习期间，李一男便展现出惊人的天赋。他做事认真，热衷于技术研发。郑宝用非常器重他，便向任正非力荐李一男。

李一男这种人才正是当时华为最稀缺的人才。他在设计领域展现的才华，让任正非欣慰不已。或许是预感到这个年轻人可能会改变华为，任正非为其挑选了公司最顶尖的技术人员，搭建了研发团队，并让李一男挑大梁，主持研发新项目。不仅如此，任正非还按照李一男的方案，订购了 20 万美元的开发板和工具。但研究了几个月后，大家发现这套技术并不适合万门机，因为华为根本没有能力实现如此快的总线，20 万美元打了水漂。当时华为财务吃紧，很多急需的元件都因为缺少资金而无法进货，这件事让李一男被推到了风口浪尖。

这次失败让李一男压力很大，愧疚不已。任正非从不以一时的成败来论英雄，他似乎并不在意，表现出了极大的宽容与气度，力排众议，替李一男说话："通信研发本身就是个烧钱的活儿，成本高昂，如果对研发人员有过多的责任要求，必然会令其束手束脚、畏首畏尾。要让研发人员大胆地去试错，后果由我来兜着。"

正是任正非容忍试错的宽大胸怀和强烈的冒险精神，让李一男的能力在华为得到了充分的发挥。1993 年 6 月，李一男研究生一毕业便加入了华为。在华为期间，李一男果然展现出了非凡的能力，采用 SDH 技术主导研发了华为首个万门机——C&C08 数字程控交换机，迅速为华为 打开了市场，并使之快速进入黄金发展期。他研发出的 GSM 更是主导了全球 2G 的发展，奠定了华为在业界的地位。

任正非太需要优秀的技术人才了，他对李一男的喜欢溢于言表，给了他超常的升迁和施展才能的空间：两天升任工程师，半个月升任主任工程师，半年升任中央研究部副总经理，两年就被提拔为华为公司总工程师、中央研究部总裁。在华为，李一男如鱼得水，自由腾挪，27 岁时便坐上了华为公司副总裁的宝座。在当时华为所有高层中，李一男是最年轻的。这样火箭式的提拔，在华为可谓空前绝后。任正非任人唯贤，从不讲究资历、资格。他也从不掩饰对李一男的重视与喜爱，亲切地称他"红孩儿"。有人说李一男是任正非的"干儿子"，甚至还一度被传为"华为太子"。

任正非曾评价李一男：25 岁身轻如燕、骨瘦如柴的李一男，担负起了华为中央研究部总裁的担子，担子之重，难以想象。中央研究部团队的几百名年轻人，将永远载入华为的史册。

在华为，李一男风光无限，在技术上的地位无人能敌，但人无完人，"天才"李一男也有其短板——缺乏情商，锐气太重，不懂得处理关系，没有管理技巧，因此团队人心不稳。心理学表示，情商高的人，会太在意别人的想法、考虑别人的感受，因此自我发展容易被禁锢；而那些天才则完全尊重关系中的自己，酣畅淋漓地表达自我，无法顾及别人的感受，社会关系则因而受限。李一男就是典型的高智商、低情商的天才。

这一点让任正非头疼不已。千里马要放在大草原。为了锻炼李一男的管理能力和磨炼他的锐气，1998年，任正非把李一男调到大有可为、广阔无边的市场部磨砺。就像被拔了刺的荆棘，放进树丛中再也引不起人们的注意一样，特点突出的李一男在市场部根本腾挪不开，这里不是他的战场！李一男情绪低落，他认为，让从事技术的人做市场，是对自己的打压和放逐，于是便有了心结，和公司渐渐离心。

2000年，全球IT泡沫破灭，电信业进入寒冬，华为面临严峻挑战。为帮助公司度过寒冬，任正非鼓励内部员工外出创业，代理公司产品，为上下游产业链拓展更多空间，但同时也要求所有离职员工不得从事核心产品研发项目。郁郁不得志的李一男提出了离职创业的申请。任正非挽留无果后，带着公司所有总监级别以上的干部，在深圳五洲宾馆为李一男举行了盛大的"欢送仪式"。

李一男将手中的股权，兑换为价值1000万的设备，成立了港湾网络，并顺势挖走了一批华为的研发和销售人员。港湾网络第一年销售额便高达两亿，之后，更是风头日盛，获得了10亿元的风险资本。港湾网络风生水起，逐渐由代理华为的产品，到生产类似产品，后来直接成了华为的竞争对手。

得知昔日最得意的门徒如今成了最强大的竞争对手，并欲与自己一较高下，任正非痛心疾首，懊恼不已。最终，任正非采取雷霆手段彻底将港湾收购，才泄了心头之恨。

> 李一男对华为的贡献是有目共睹、不可磨灭的，他为华为的发展创造了滔滔不绝的动力。可以说，没有李一男就没有华为后来的辉煌。但年纪轻轻的李一男一毕业就进入华为，快速的升迁使得他出道即巅峰，接触的又多是比较单纯的工程师，谈的都是上亿的项目，缺乏社会磨砺和经验积淀，容易使人陷入个人英雄主义，这也成了华为发展史上一个阶段性的问题。华为董秘江西生曾说："华为太年轻了，发展太快了，有些人可能就膨胀了，这些是存在的。30岁不到就承担那么重要的职责，可能觉得自己很了不起，但过了那个阶段，人慢慢沉淀下来就好了。"

25. "福将"曹贻安：你给我 50 万，我能做出 2000 门的数字交换机

C&C08 万门数字交换机是华为发展史上的里程碑产品，很多人都以为这是在郑宝用、李一男领导下取得的成功，但又有谁知道 08 机其实还有个幕后功臣呢？实际上，没有曹贻安，可能就没有 08 机，或者说华为数字交换机和 08 机的出现就要推迟，会让华为错过大发展的时机。

曹贻安 1961 年出生，在北京邮电大学读了 6 年函授。1988 年，曹贻安从长沙邮电局出来，并于 1991 年加入华为。曹贻安的想法很简单：只要能赚到 10 万块，就走人。曹贻安并没有郑宝用、李一男、余承东等人华科大、中科大、清华的高光学历，甚至被华为前高管刘平称之为工人出身，却偏偏心高气傲。任正非就对曹贻安说："煤是洗不干净的，你不是牛吗？那你就去洗煤吧。"于是安排曹贻安去维修电路板，结果只花了半天时间就修完了。后来没事干，曹贻安就去装洗澡用的热水器，切管、攻丝，再装上。

当时华为在代理鸿年的交换机，郑宝用根据客户的需求改进了鸿年交换机的功能，销路很旺。1991 年，鸿年觉得华为发展得太快，有意限制它，便设置种种条件，限制其代理设备的数量。非常有忧患意识的任正非开始研发模拟机，其中 HJB48 是模拟用户交换机，JK1000 是农话模拟交换机。HJB48 做出来以后，在市场上很受欢迎，华为一

年的销售就全靠它支撑。

华为一直在做模拟机，而模拟交换技术正处于淘汰的边缘，"如果沿着这个方向走下去的话，华为很快会被淘汰"。曹贻安看到了数字交换机的前景，坚持要研发数字交换机。有一次，曹贻安在给市场部做培训时说："数字技术只不过是一层窗户纸，捅破了就能够上道，没有捅破这层窗户纸时，觉得神秘莫测。一旦抹抹口水，往里一看，原来不过如此。"曹贻安一度狂热到了如果不做数字交换机就要辞职的地步，甚至他还真跑去珠海应聘了一家做数字交换机的公司。

曹贻安的话很快传到了任正非那儿，他从行业内部和市场人员的反馈中也意识到形势变了，如果错过了数字交换机，华为可能就失去了战略机遇。于是任正非找到了曹贻安，曹贻安说："你给我 50 万，我给你做个 2000 门的数字交换机出来！"

"你研制出来，我给你扔海里去。50 万你能干什么？要做就做最好的，我要的是一流的设备。人，一个也没有，你自己招；钱，你不用操心，公司想办法！"任正非一锤定音。

曹贻安在公司外面单独租了一处办公室，开始招兵买马，挖来毛生江、杨汉超等人，团队达到了 20 多人。大家全身心地投入数字交换机的研发制作中。每人每天基本只睡四五个小时，困了拉开垫子就睡，饿了爬起来就去食堂吃饭，吃完饭就干活，没有周末的概念。办公室楼下就是证券交易所，每天熙熙攘攘，前来买股票的人络绎不绝，但曹贻安的团队里没有一个人动心，大家目标明确，心思全在工作上。深圳夏天暑热，大家觉得住公司很方便舒服，既可以吹空调，又节省了通勤时间。没有人刻意提加班，真正做研发的人是不在乎上班时间的，只要做出东西就有成就感。

在团队坚持不懈的努力下，一年半之后，华为第一台自主研发的2000 门数字交换机正式诞生。在完成了对大型数字程控交换机的基本模块的研发与生产后，正好赶上邮电部最后一批数字机入网证，曹贻安被提升为副总工程师。

在模块、大容量交换机和网络方案出来后，还需要大型的、实时的、多任务的操作系统，于是曹贻安又开始招聘软件人才。此时，在郑宝用的引荐下，李一男进入曹贻安团队。刚进项目组时李一男还不懂交换机，但他天资聪颖、一点就透，很快就上手了。曹贻安的英文水平不好，觉得在研发方面有限制，便想去做市场。临走前，曹贻安将自己手写的做万门机的总体方案交给了李一男，并向任正非推荐李一男做万门机的负责人。

华为从模拟交换机到数字交换机的转型，从2000门数字机到C&C08万门数字机，曹贻安都是关键人物。从某种意义上讲，曹贻安可以说是任正非的一员"福将"。

转型做市场后，曹贻安如鱼得水，丰富的研发经历更为他的业务锦上添花。面对邮电系统客户时，曹贻安总能有理有据地突出华为产品的强项，让客户信服不已。

曹贻安的技术销售做得很优秀，华为培训部还专门把他的讲解做成胶片，用来培训市场员工。

在1996年华为的"市场部大辞职"时，曹贻安的销售情况非常不错，一年有高达一个多亿的销售额。但由于没完成年初立下的一年做50亿的军令状，便主动退了下来。他略带幽默地说："烧不死的鸟是凤凰，我是属鸟的，被烧死了。"

但曹贻安觉得自己能做好技术支持工作，便去北京书店，一口气买了1000多块钱的书，把重点放在技术交流与投标上。

1997年，曹贻安被派往拉美地区负责开拓市场。曹贻安带着几个小伙子来到巴西圣保罗，组织参加了南美最大的通信展，认识了南美很多电信运营商，然后开始拜访。之后，市场开发从巴西利亚、哥伦比亚的首都波哥大，到秘鲁的利马、智利首都圣地亚哥。但由于人生地不熟，市场开拓起来难度太大，一直攻坚不下来，而曹贻安也已生倦意，于是放弃在海外的奔波，回国和华为公司的高级副总裁陈黎芳结婚了，并辞职离开华为，过上了相妻教子的家庭主夫生活，偶尔在网上写一些杂记。

点评

"英雄不问出处"，曹贻安能在名校云集的一群博士、硕士中，关键时刻带队为华为交换机研发杀出一条血路来，与任正非对通信行业的前瞻性和识人用人的果敢分不开。曹贻安的成功，离不开任正非给予的信任和无条件的支持。其实要想让员工全心全意地为公司工作，除了把钱给够外，还应该给予员工充分的信任，让人才放手去拼搏，正因为有任正非这样有格局的领导，华为才能涌现出无数人才。千里马需要的不是草料，而是草原。有了草原，千里马自然会驮回草料。优秀的知识型人才，有能力干事，也愿意干事，他们看中的并不是钱，而是成就事业和成就自己的权力，他们更想得到领导的授权去做事。

26. 徐直军：贡献了华为 50% 利润的男人

在华为有个段子，说当年华为研发失败，烧掉了 1000 亿，于是任正非在公司走廊里碰到徐直军便问他："我的 1000 亿，你什么时候还给我？"徐直军回答道："现在已经是 2000 亿了。"

徐直军 1967 年出生在湖南益阳，1993 年加入华为。近 30 年的时间里，徐直军帮助华为无线事业部打开了欧洲市场，又让华为的移动终端业务跻身全球前三。华为内部名头最响的"神终端、圣无线"，便是徐直军的杰作。

当年在国内交换机市场上，华为被诺基亚、爱立信、北信等国际巨头降维打击，败退到了农村。后来华为被迫出海"亚非拉"的时候，正是徐直军掌管的终端、无线两个部门为华为打开了局面。余承东当年便是跟着徐直军开疆扩土的。

徐直军是华为初创期市场一线冲锋陷阵的猛将，也是华为遭遇磨难时，在誓师大会上和任正非一起振臂呐喊的兄弟。徐直军堪称"贡献了华为 50% 利润的男人"。任正非说，徐直军鼻子尖尖的，像只小狐狸，总能比别人先嗅到机会。

徐直军人如其名，性格直率，敢怒敢言，有大智慧和大谋略，武能上马定乾坤，文能提笔安天下。创业时能开疆拓土，管理上能独当一面。

2002 年 9 月，松下和爱立信测试通过了华为的彩信业务。国庆节时，一部松下 GD88 彩信手机一机难求，卖到了 8000 元。徐直军看到了手机这个新利润增长点，便向任正非提议做手机。任正非敲着桌子说："华为不造手机内部早有定论。谁再说，谁就被撤职。"

当时，中兴通讯和 UT 斯达康在小灵通手机市场肆意发展，而任正非误判了小灵通的发展潜力。投入上百亿资金研发出来的 3G 技术，却由于电信主管部门迟迟没有发放 3G 牌照而举步维艰，华为为此承受着巨大的资金压力，处境艰难。任正非每次看到徐直军都问："我的钱你什么时候能挣回来？"徐直军说："我的解决方案便是开发华为的移动终端业务——华为手机。"

任正非终于不再坚持己见，他沉默了一会儿，说："给你们 10 个亿，做个手机出来看看。"

从 2011 年到 2020 年，10 年间，华为手机业务从"行业新人"做到了全球前三，仅次于苹果与三星，力压小米、OPPO、vivo 等国内同行，直接贡献了华为超 50% 的利润。

如果没有当年徐直军等人的坚持，估计后来也不会有"余大嘴"余承东带领华为手机夺得世界第一的辉煌，余承东见到徐直军都要恭恭敬敬地称呼一声"老领导"。

在一次会议上，一位国外女分析师问徐直军："华为如何在几年内超越苹果和三星？"徐直军语带幽默地说："这个问题我也问过余承东，他说采访时说的是在中国超越苹果和三星，后来稿子写出来时忘了写'中国'，意味着是在全球。我和任总坚信不是媒体忘了写'中国'，是他没说（这两个字）。当然，怎么超越是他的事情，我不知道。"

任正非说："随着华为的不断发展，我越来越不懂技术、不懂财务。唯一能做的就是团结各路英雄，发挥他们的才干。"

有一次考察团来访，在接待客人时，对方向任正非问及 IPD 改革，徐直军笑着摆手说："老任懂什么 IPD，他就知道那 3 个字母。"大家不由得一愣，任正非却哈哈大笑，他开启了坦然"自嘲"的模式："的确如此，引入 IBM 体系我签字和付款就行啦，其他的交给他们做。"

一般人不敢直言老板的缺点，更不敢在公开场合中否定老板的"专业技能"。但徐直军却是个"直肠子"。当然他的"敢"也是因为任正非有大气度和对他的绝对信任，以及敢于放权。

有一次，华为召开常务董事会，有人提议对任正非进行评价并投票，设置了三个评价问题："老板懂技术吗？""老板懂市场吗？""老板懂管理吗？"前两个问题，均有 7 人持否定票，但最后 1 个问题，只有徐直军投了否定票。

2012 年华为开启了轮值董事长制度，徐直军与胡厚崑、郭平并列"三大轮值董事长"。从职级上讲，只有现任华为董事长梁华和前任华为董事长孙亚芳是徐直军的上司，其他人都算是下属，包括身为总裁的任正非。

有研发员工吐槽华为食堂的伙食差、价格贵、服务不好。一个研发部门主管"为民请命"，将报告打给了徐直军。徐直军写了封《告研发员工书》，要研发人员戒骄戒躁，不能要求别人过度服务；建议中层干部抽调帮厨 3 个月，等满足了研发员工的要求再回到原岗位；提高食堂价格，食堂外包商收入提升后，伙食和服务质量也一并提高了。

徐直军有管理策略，很多公司棘手的事，只要他出马，保管能处理得妥妥帖帖。马来西亚电信公司作为华为的合作伙伴，70% 的通信设备都是通过华为采购的。有一次，他们向华为董事长孙亚芳发送邮件，投诉马来西亚华为办事处没有满足他们的升级需求。邮件言辞礼貌，但透露着失望，要求华为一天内给出解决方案。孙亚芳向远在美国出差的徐直军求招。徐直军了解事情原委后，火速召集华为精英工程师制定方案，交给了孙亚芳，使"马电事件"得以完美解决。

华为人才济济，任何一个人单拎出来都是人中龙凤，但就是不懂"管理"的任正非，凭借着自己的个人魅力和精神感召力将他们凝聚到一起。所谓英雄惺惺相惜，徐直军敢言直谏，任正非却赞其"总能先于他人闻到任何机会"。如果没有任正非对徐直军的绝对信任与权力下放，又哪来徐直军的直来直往、骁勇善战呢？

27. 让"歪瓜裂枣"有用武之地

任正非向来将人才视为华为最大的战略资源。他将华为人才分为：99%的职能型人才和1%的开创型人才。职能型人才也就是大多数普通人，华为以其特定、成体系的培养方法培养这99%的人才，把他们安排在各个部门进行锻炼，让其成长。而任正非则将剩下1%的开创型人才诙谐地称为"歪瓜裂枣"。他们属于"天才"，天赋异禀、凤毛麟角，具有常人难及的开发能力与创造力，往往能在某一个点上有所突破，可以像"泥鳅"一样钻活企业的组织、激活企业的队伍、为企业注入创新思维，从而为企业做出特殊贡献。

任正非对他心中的"歪瓜裂枣"十分偏爱。他表示："枣是裂的甜、瓜是歪的甜，它们不是传统意义上的'好果'，却口味独特，让人大为惊叹。"就好比"天才""怪才"，他们是世俗人眼光中的"异类"，特立独行、不愿意被束缚、喜欢自主研究或蜷缩在自己的小天地中潜心钻研。企业应该保护这样的人才，最大限度地给他们自由。

因此，任正非不仅筑巢引凤，甚至还会在有凤凰的地方筑巢。

早在20世纪90年代，当华为技术部在国际科技论坛上看到一篇俄罗斯数学家发表的论文时，他们一致认为该论文将对华为当时正在进行的3G技术研究发挥关键作用。当任正非了解这件事后，他认为这位数学家一定是一位不可多得的旷世奇才，因此任正非立刻派遣一个HR团队去俄罗斯，不惜一切代价也要争取这位数学家。

好事多磨，华为的 HR 团队与俄罗斯数学家见面那天因为道路不熟而迟到了 10 分钟，使得这位数学天才大为光火，当下直接表示："我不和没有时间观念的人合作！"为显诚意，华为 HR 团队"三顾茅庐"，与此同时，还开出了 200 万美元的天价年薪。但这位数学家却依旧不为所动。

这位数学家强烈的时间观念背后，是其作为数学家严谨、认真的科研态度，是真正的"成大事者也"。这更加坚定了任正非将这位数学家招至麾下的决心。

于是，任正非直接给老将陈珠芳下达了死命令："不把俄罗斯数学家带回来，你就别回来了！"

当得知数学家以"家人都在俄罗斯，不愿意去中国"为由拒绝加入华为时，任正非直接在俄罗斯成立了"华为俄罗斯研究所"。

最终，这位俄罗斯数学家被任正非的魄力所震惊，正式加入华为。

然而，天价聘请的所谓"人才"却像一直放在匣子里的名琴，声名在外，却没人知道它到底有多"动听"。入职华为十几年，这位数学家一直寂寂无声，别说做出让人刮目相看的成绩，甚至一度连普通员工的贡献都比不上。他每天面对电脑，旁人根本不知道他到底在忙些什么，也不与同事沟通。领导和同事们都在嘀咕："就这？花大手笔就请来尊佛供着？"

而任正非却始终相信自己的判断。他给予这位数学家极大的自由与尊重，还为其提供了舒适的工作环境。他说："要给科学家科研空间，板凳甘坐十年冷，我相信他一定会不负所望的。"

就在华为上下对这位"天才"提出质疑之时，2008 年的某一天，这位数学家却突然拿出了一套算法，用于当时刚出现的 3G 通信。这是 2G 到 3G 的关键算法，经华为上海研究院测试验证，该算法完全正确，大幅提升了 3G 运行速度。

从此，华为突破了 2G 到 3G 的难关。此次突破使得华为的产品成本整整降低了 30%，同时，华为也凭借此技术领先世界。

"从 2G 到 3G 的突破，再到 4G、5G，这个俄罗斯数学家功不可没。他的突破直接打开了一个崭新的局面。"任正非由衷地赞叹。

十年冷板凳未见任何成果，这样的情况在华为这样的企业难以想象，由此可见任正非对人才的重视。或许，这就是华为能够快速发展的重要原因，这一切都离不开惜才的任正非。

任正非在招揽特殊高端人才上不拘一格，对人才给予充分的尊重和灵活性。尽管在某种程度上，这一作为增加了企业的运营成本，但从企业发展的长期目标看，任正非却为华为继续招揽科研人才铺平了道路。这为数年后在遭美国围追堵截时，华为能将俄罗斯市场发展为第三大海外研发中心集中地、疏解困局埋下了精彩的伏笔。

点评

玉藏于石中，不凿石则不能得美玉。任何技术上的突破、新技术的产生都离不开技术、人才。一家科技公司最重要的就是技术型人才，否则想要有大的突破是非常困难的。华为的独到之处则在于，不仅积极地寻找行业人才，而且一旦遇到对的关键岗位的人才，还会不惜一切代价，从人才个体的需求出发，为人才创造个性化条件，吸引人才加入。

28. 天才少年："向上捅破天，向下扎到根！"

2019 年 6 月，华为提出"天才少年"招聘计划。这是一个用顶级挑战和顶级薪酬吸引顶尖人才的项目。任正非说："我们要自己创造标准，只要能做成世界最先进，那我们就是标准，别人都会向我们靠拢。今年我们将从全世界招进 20 ~ 30 名'天才少年'，明年我们还想从世界范围招进 200 ~ 300 名。这些'天才少年'就像'泥鳅'一样，钻活我们的组织，激活我们的队伍。"

2019 年 7 月，任正非签发《关于对部分 2019 届顶尖学生实行年薪制管理的通知》，称要想打赢未来的技术与商业战争，首先就要用顶级薪酬吸引顶尖人才。"天才少年"年薪分为三档，分别是：182 万 ~201 万元，140.5 万~156.5 万元，89.6 万 ~100.8 万元。

2022 年 4 月 25 日，华为再次发布面向全球招募"天才少年"的招聘计划。2022 年 7 月 22 日，华为招聘官微发布"天才少年"招聘计划："欢迎来自全球的天才少年加入我们，拖着世界往前走！"

华为"求贤若渴"，这项向外界招募高层次新鲜血液的计划，无疑为无数"寒门学子"打开了向上晋升的大门，不限学历、学校，科技无国界，这项计划也不限国籍。但要求应聘者在数学、计算机、物理、材料、芯片、智能制造、化学等相关领域有特别的建树并有志成为技术领军人物；需要有重量级科研成果、论文、专利加持；顶尖实验室、尖子班毕业或者国际顶级竞赛获奖都将是加分项。华为渴望有能力、有意愿挑战世界难题的人才，将提供大牛导师，全球化的视野、平台和资源，以及"5+"倍的薪酬。

"天才少年"进入华为之后，分布于各个业务线，参与解决难题。2021 年 8 月，任正非表示，华为正在对难题进行逐个攻破，在一个一个地解决难题，一批批有扎实的理论基础的人正走向实践。"比如，有几个天才少年加入了华为煤矿'军团'，反向使用 5G，使井下信息更高清、更全面。"

在百万级年薪的背后，"天才少年"们也从事着具有创新意义的工作。

2018 年毕业于电子科技大学信通学院的彭志辉，在 2020 年以"华为天才少年"计划加盟华为上海 AI 研究所，年薪百万。他正是 B 站"网红""野生钢铁侠"——"稚晖君"。2021 年 6 月，一场大雨导致自行车不慎翻车的事故，使他萌生了制作自动驾驶自行车的想法。他利用周末的时间，耗时 4 个月，打造出了全新项目 XUAN（轩）。这辆可以自动驾驶的自行车，配备了激光雷达，能通过 AI 进行操控。2021 年 8 月，稚晖君又用华为鸿蒙处理器打造出了一条机械臂，远程控制这条手臂对一颗破损的葡萄进行了表皮缝合，而成本只用了一万块钱。凭借这条视频稚晖君火爆全网，他表示这个项目跟华为没什么关系，领导还鼓励他，问他需不需要报销制作费用。

任正非说："对于 2012 实验室，公司从未给过过多约束。有人研究自动驾驶自行车，公司不会去约束。虽然我们不生产自行车。但这是他掌握的一把'手术刀'，或许以后会发挥作用，产生巨大的商业价值。"

华中科技大学博士研究生张霁，在 2020 年拿到了华为"天才少年"

最高一档年薪：201万元。2020年毕业时，他同时拿到了很多知名企业的录用信，其中有家大企业给他开出了360万元年薪，但他都放弃了。他喜欢华为的企业文化，认为在华为最艰难的时候加入，可以为华为做贡献，同时呼吁更多的青年才俊加入华为。目前，张霁在华为公司数据存储产品线工作，任务是造一个全知全能的存储系统智慧"大脑"，实现存储系统的智能化。

从清华大学自动化系毕业后考入香港中文大学多媒体实验室读博士的黄青虬，于2020年入选华为"天才少年"计划。加入智能汽车解决方案事业群不到两年，黄青虬就从新员工迅速成长为带领近50人团队的负责人。2021年4月，在上海车展前夕，黄青虬带领团队做的自动驾驶激光感知算法搭载在了极狐阿尔法S.HI版上，项目演示视频在互联网上受到大家的热捧。黄青虬说："我们在一个月内把激光感知算法模块性能提升了一大截，解决了多个严重问题，准时完成了任务。当我看到极狐演示的视频被刷屏时，觉得所有披星戴月的努力付出，都是值得的。攻关过后，我成了激光感知团队的负责人，带领着团队在这个领域冲锋陷阵。"

任正非表示，进入华为公司，就没有"天才少年"这个名词了。"天才少年"是进入华为之前的标签，进入华为后，"天才少年"不可能永远当少年，他们最终还是要看自己实际发挥的价值和贡献。

2020—2021年，华为招募的应届毕业生有2.6万人。如今，华为"天才少年"计划已招募有300人，并且还在持续执行中。任正非表示："我们要敞开胸怀，敢于吸引全世界最优秀的人才。目前，公司正处在战略生存和发展的关键时期，冲锋没有人才是不行的。不要过分强调专业，只要他足够优秀，愿意来华为一起奋斗。我们一定要开阔思想，多元化地构筑基础，避免单基因思维，更要允许偏执狂存在。要转变过去以统一的薪酬体系去招聘全球人才的思路，要对标当地的人才市场薪酬，对高级人才给出有足够吸引力的薪酬包。想吸引美国的顶尖人才，就要遵循美国人才市场的薪酬标准。我们未来要胜利，就必须招到比自己更优秀的人，要和国际接轨，并且在当地国家要偏高，这样才能吸引到最优秀的人才。"

点评

　　人才、科研投入和创新精神是华为赖以生存和发展的基础。任正非深知，只有优秀的人才能解决关键问题，才能让华为的发展更进一步。他不惜"千金买马骨"，不计成本、不计回报、不计投入大笔资金吸引人才。江山代有才人出，不拘一格降人才。对90后、95后的人才来说，兴趣带来的内在驱动力超过外在激励带来的驱动力，他们更希望自己能够到华为这个广阔的平台上来锻炼，假以时日，双向奔赴，一定会产生最大的效果。

29. "钱给多了，不是人才也变成人才"

"重赏之下，必有勇夫；赏罚若明，其计必成。"意思是在丰厚赏赐的刺激之下，一定会有勇敢的人接受挑战。对此，任正非说得更直接："钱给多了，不是人才也变成人才。"

2017年，一个在华为工作了19年的员工发帖"炫富"，有人问他，在华为工作19年到底赚了多少钱？他说："粗略算了算，全部家当包括公司股票、房子应该有1900万。感恩公司让我拥有这些财产，现在估算了一下，在公司应该有700万不到800万的纯收入，主要收入还是房子和其他非公司内的投资所得。"

下面的跟帖纷纷表示羡慕。可是紧接着下面又有了一个跟帖："小弟34+，入职华为10年，北京两套房产，上海一套，现金1000万，下一个10年的小小奋斗目标是一个亿。"

华为是一家股权比较分散的企业。据资料表明，华为投资控股有限公司工会委员会在华为的持股为98.99%，而任正非的持股为1.01%。华为员工的高工资早就声名在外，职场人提起来，无不是一脸羡慕。华为一直提倡公司要有狼性文化，据悉，华为目前每年都会启动底层员工加薪制度，这样逆势加薪，公司每年都会多付大概10亿元，但是，华为依然乐此不疲。这个举措在于"瘦腰强腿"，优化中层，留住一部分有能力的中层，通过薪酬倒挂，挤走另一批KPI低下的中层。

"钱给得多了，不是人才也是人才。"一是人才是需要培养的，而培养的方式之一就是激励，只有通过不断的激励，人力资源部才有更大的权限更好地去招揽人才，也会有更优秀、肯做事的人才来公司；只有不断激励，才能激发人的潜能，从而让他们为公司创造更多的价值，这是一个良性循环。每年年终，华为都会开始新一轮的激励制度。

二是英雄不问出处，只要有能力，小员工也可以拿到百万奖金。不拘一格降人才，华为每一个员工都有一种使命感与存在感，并发现企业对他们的重视。只要敢于拼搏、肯于吃苦、勤于努力，就能看到一片新的天空。

三是海阔凭鱼跃，天高任鸟飞，只要你有进取心，公司将给你提供无限的发展平台。很多华为员工愿意去条件艰苦的非洲工作，那里既锻炼人，又可以得到更多的报酬。

华为是以狼性文化著称的，高薪之下，也有高要求。据华为人称，在华为工作需要随时待命，接到同事的工作电话必须无条件配合，随时提供技术支持，而早出晚归更是华为人的日常。一个朋友在北京海淀区清河租房时，隔壁住着一个在北京海淀区上地华为公司上班的男生。那个男生每天早出晚归，几乎看不见他的人影。后来楼下来敲门，说："你们楼上怎么回事，总是半夜洗衣机轰隆隆地响？"原来，因为那个男生经常半夜下班回来，白天他根本没时间洗衣服。有一次房东要加房租，那个男生大手一挥，毫不在乎地说："哦，这点儿钱，我加个班就出来了。"后来，那个男生买的新房装修完毕，他就搬走了。

华为就连保安都是"优中择优"。华为早期招保安，只有三种人可以面试成功。一是8341部队的退伍战士，就是中央警卫团的退伍战士；二是国旗班的退伍战士，那些年所有国旗班的退伍战士都进了华为；三是驻港部队的退伍战士。

人才是可以培养的，但是并不是所有的人都能培养成人才，首先你得具有培养成人才的潜质。如果是金子，到哪里都可以发光，如果是一块烂泥，那怎样也不会被扶上墙，所以钱给得多少，还是要看是不是有潜能的人。如果确实有能力，需要的只是后期的激发，那么只要公司大，就不怕培养人，再加上好的激励制度，也不怕留不住人。

点评

在人力资源上的节省，是最大的浪费。《荀子·富国篇第十》中说："不利而利之，不如利而后利之之利也；不爱而用之，不如爱而后用之之功也。"舍不得给钱的企业，哪来的员工格局？华为敢于先给予，再让他去创造价值。任正非将对劳动者的认识建立在智慧人的假设之上，而不是简单地将他们视为经济人，体现了他对员工的充分信任。在人才上，任正非从来就没有"物美价廉"的想法，想要马儿跑，还要马儿不吃草，那是行不通的。人才从来就是高价值的。当然，在此前提下，华为对人才的选拔也是高规格的。

30. 争夺未来人才的机会窗

当年朱元璋起义时，他让学士朱升对他平定天下的战略方针提出意见，朱升说："高筑墙，广积粮，缓称王。"朱元璋深表认同，这也是他后来一贯实行的方针，在这一方针下，朱元璋一步步完成了统一中国的帝业。熟读历史的任正非，善于以史为鉴、以史为师，他将这九字方针活学活用，表示企业的人才便是"粮"，核心技术就是"墙"。

从华为创立的那一天起，任正非就一直尊重知识、尊重人才、任人唯贤，从不求全责备。华为早期的成功，就在于"不懂技术"的任正非用对了技术人才。他说："华为没有可以依存的自然资源，一切工业产品都是人创造的，唯有在人的头脑中挖掘出'大油田''大森林''大煤矿'。"创立初期的华为对于技术人才的招聘可谓不惜一切代价，对国内重点理工大学的应届毕业生甚至采取了"掠夺式"的策略。

1998 年，华为招聘的应届毕业生超过 3000 人，其中硕士研究生占 1/3。对华中科技大学、西安电子科技大学、成都电子科技大学等重点院校的通信工程与计算机等专业的研究生，华为采取了"一网打尽"的招聘策略。

据说有一年，华为去西南某大学招聘电子通信专业的学生，几乎没有任何筛选模式，就是一刀切：将整个专业的学生一锅端，差点将老师都招走。这就是华为招聘的顶级手段。

任正非说："21 世纪什么最贵？人才！抢人就是抢未来！我们可以在世界各国网罗最优秀的人才。比如在英国建芯片工厂，我们从德国招博士过去，因为德国博士动手能力很强；我们可以在新西伯利亚大学里面把世界计算机竞赛的冠军用五六倍的工资招进来，我们在俄罗斯提高了工资待遇，俄罗斯很多博士科学家就会争着到我们这里来工作。"

的确，只有高度重视人才、引进人才、培育人才，才能真正造就一种海纳百川、兼收并蓄、有容乃大的大国气象，才能换来民族的强大和复兴，才能让中国在技术方面永不遭受别国的霸凌！

这种做法哪怕在全世界巨头中也是凤毛麟角。华为之所以受到打压，不单是因为拥有当下的核心技术，更可怕的是华为的技术储备和研发能力。华为有强大的人才整合与激励模式，聚集了这样的一群人，就可以攻克世界上任何高科技技术。

任正非不懂技术，也没有特殊的客户关系，但他善于用人。30 多年来，华为培养选拔了两万多名干部。

自古以来，求贤若渴、礼贤下士的人必定能成就一番事业。只有谦恭地推崇人才、优待人才，才能招徕人杰、云集才俊，从而集思广益，凝聚力量成就伟业。三国时期的曹操求贤若渴，礼贤下士。许攸深夜前来投奔，曹操来不及穿鞋便光着脚丫去迎接，并谦卑问计。曹操采纳了许攸之计，取得了官渡之战的胜利。对于人才，任正非也会谦卑地把姿态放得很低。

2011 年，孔令贤加入华为，成为一名程序员。3 年后，凭借着优秀的能力，孔令贤连升三级，成为部门主管。成为管理层后，孔令贤发现自己离技术越来越远，团队管理和业务纷争让他感到身心疲惫。因为无法沉下心来做技术，他感到了无措，于是萌生退意。孔令贤向往自由美好的生活，希望能陪伴在家人的身边，特别是当时他家里的亲人去世，让他更觉得要珍惜生活，而且他的孩子马上就要出生了，于是孔令贤离开华为移民去了新西兰。孔令贤在社交平台上表明了自已离职的原因：连升三级，让他有了令人窒息的压力，并且随着华为业务的发展壮大，一些岗位出现流水线的模式，让他有一种上不去下不来的尴尬。2017年9月6日，任正非在给华为内部的公开信中写道："加西亚，你回来吧！孔令贤，我们期待你，是公司错了，不是你的问题，回来吧，我们的英雄！"由于任正非的道歉，孔令贤被誉为华为最牛员工。由此可见任正非的爱才之心。

谦虚来自自身的强大。管理者有时候需要像姚明一样蹲着说话。任正非强调："要用人所长，不求全责备，不拘一格降人才。华为要创造条件使优秀人才和专家快速成长，让天下英雄尽入吾彀中。"

在员工福利和健康保障上，华为除了提供"五险一金"之外，还给员工建立了商业保险和医疗救助保障机制，为全球员工构筑起了全覆盖的"安全保护伞"，消除员工的后顾之忧。尤其是对于奋斗在国外的员工，华为将提供稳定的后勤保障与保险。任正非多次表示："只要我还飞得动，就会到艰苦地区来看你们，到战乱、瘟疫……地区来陪你们。我若贪生怕死，怎么让你们去英勇奋斗？"

点评

没有人才的支持，无论怎样宏伟的蓝图、怎样引人注目的企业战略，都无法得到真正的实施，无法取得最终的成果。资源是会枯竭的，唯有文化才会生生不息。一个企业的强大，不在于收入高，也不在于是不是世界500强，而在于它能不能凝聚全球最顶尖的人才。人才如海啸般向华为袭来，再加上强大的华为文化，什么技术瓶颈、市场难关，终有一天都会被攻克。

31. 敞开胸怀吸引全世界最优秀的人才

2021年9月28日，任正非在华为心声社区刊发了文章《敞开胸怀，解放思想，敢于吸引全世界最优秀人才》。文章表示：公司处在战略生存和发展的关键时期，华为要进一步解放思想，敢于敞开胸怀吸引全世界最优秀的人才。不仅要引进来，还要激发好，更要能干出成绩。华为要主动拥抱不同国别、不同种族的优秀人才，加强对跨专业、交叉学科人才的获取与使用，不断提升创新能力。

1996年，《华为基本法》中提出了"知本主义"：知识就是资本。华为的资本是靠"知本"积累起来的。要让员工为客户创造价值，就应该承认知识的价值及其具有的巨大力量，让知识能够不断增值。"人才是华为决胜未来的底牌。"华为是中国最早将人才作为战略性资源的企业之一，任正非前瞻性地提出了人才是第一资源，是企业最重要的资本，人力资本的增值要优先于财务资本的增值目标。

在招聘中，华为坚持舀到最上层的那瓢油。任正非说："华为海外研究院要承担为公司招贤纳才的责任和使命，持续发现和吸引优秀人才，全球获取、全球使用。在学术交流、科研合作、国际竞赛等过程中，发现了优秀的'高鼻子'，就和他们建立感情，将他们吸引过来。尤其是在美国、欧洲留学或工作过的各国优秀人才，都吸引来中国工作。"

2022年，法国顶级数学家、菲尔兹奖得主洛朗·拉福格加入华为法国公司。洛朗·拉福格被称为"世界级"顶级数学家。2017年，洛朗·拉福格就曾与华为研究人员有过交流合作。

2019年5月，任正非表示，华为在全世界有26个研发能力中心，拥有在职的数学家700多人、物理学家800多人、化学家120多人。华为还有一个战略研究院，拿着大量的钱向全世界著名大学的著名教授"撒胡椒面"。华为对这些钱没有投资回报的概念，而是使用美国的"拜杜法案"原则。也就是说，在这件事情上，受益的是大学。这样，从"喇叭口"延伸出去的科学家就更多了。

任正非强调，我们未来要胜利，就必须招到比自己更优秀的人，薪资待遇要和国际接轨，并且在当地国家要偏高。对高级人才，要给出有足够吸引力的薪酬包。同时，面试考核不要教条，不要拿一个标准来筛选，让我们的专家去沟通，专家如果从面试中看到了火花，就把这个人招进来，特别是跨专业人才。

华为主张吸收宇宙能量，将研发中心开设在每一个人才聚集的国际大都市，实现全球人才的就地接入。从2019年起，华为就发出了全球招募令，在全世界范围内招聘天才少年，探索未知，尤其是致力于对前沿科技研究。俄罗斯是一个盛产数学家、科学家的国度，帮助华为打通网络算法的，就是一个俄罗斯天才。2022年，两位来自俄罗斯的"天才少年"加入华为俄罗斯下诺夫哥罗德研究所。其中，20岁的伊里亚从事算法和机器学习领域的研究，他认为："在华为这样的大公司工作，将有机会影响科技发展的进程。"22岁的女孩瓦莱里娅被誉为数学天才，中学就参加了编程竞赛，曾连续两年夺得计算机方面的大赛冠军。目前，瓦莱里娅在华为从事对智能计算应用加速技术方面的研究，她表示："我喜欢解难题，并且从中找到乐趣。希望我能够为公司创造价值。"

华为一直将人才作为华为最重要的战略资源，任正非表示，要让科学家成为明星，请科学家走上红地毯。在华为有一条规定，就是高层出差只能坐经济舱，但科学家、专家们出行却可以乘坐头等舱，以示对人才的重视。有一次，一个华为的科学家在飞机上碰到了任正非，科学家一看，任正非坐经济舱，自己却坐在头等舱，便要和任正非换座位，但被任正非拒绝了。

竞争的本质从来都是人才的对抗。要创造适合人才成长的土壤和机制，破格提拔优秀人才，敢于吸收全世界的优秀人才，"让天才成群而来，以人才的浓度对抗技术的难度。"华为的终极杀招便是要把财富耗尽于人才，用财富炸开人才金字塔的塔尖。

32. 网罗全球数学人才

1997年12月，任正非来到美国考察。与1992年他第一次来美国时的路线一样，任正非在一周的时间内考察了休斯、贝尔实验室、惠普、IBM等公司。踏入贝尔实验室时，任正非感慨万千："自年轻时，我对贝尔实验室的仰慕之情便远超爱情。"贝尔实验室是美国朗讯公司的研发中心，后并入法国阿尔卡特公司，通信卫星、计算机、信号传输、有声电影等技术都出自贝尔实验室。不仅如此，这里还曾诞生了7位诺贝尔奖获得者。

任正非认识到了巨大的差距，为何美国公司能研发出震惊世界的产品呢？因为这里犹如磁铁一样，吸引着全球的顶级人才。任正非决心，要让华为也像磁铁一样，将那些熟悉欧美管理经验、亚洲文化的科技精英们聚在一起。

任正非表示，在过去20多年中，凡是我们在数学和算法上投资比较大的、有专门团队在做工作的领域的产品，在全球都逐渐走向了领先；而凡是不重视在数学和算法上的投资的产品都是落后的。高科技的本质是数学技术，中国将来要和美国竞赛，唯有提高教育，尤其是数学教育的重要性。用物理方法解决问题的研究已趋近饱和，现在要重视数学方法的突起。造芯片光靠砸钱不行，得砸数学家、物理学家、化学家，因为当今核心的密码学、图像学、数据压缩存储等技术，都与数学密切相关。

未来，信息爆炸会像数字洪水一样，因此华为要想在未来生存发展，就得构造自己的"诺亚方舟"。于是，一所为基础科学而奋斗的实验室——"2012实验室"应运而生。2012实验室的主要研究方向是以数学、物理等基础学科为基础的新一代通信、云计算、音频视频分析、数据挖掘、机器学习等。

任正非一直强调数学在华为起了关键作用，未来很多技术和解决方案都要通过数学来解决。华为终端每3个月换一代得益于数学家的贡献。2000年左右，华为2G到3G的算法就是被俄罗斯数学家突破的，这一研究曾使华为一举反超爱立信的基站，占领了整个欧洲市场。"现在的照片不是照出来的，是数学算出来的。"P30手机的照相功能依靠数学公式的分解与还原，华为手机照相技术全球最好，但AI技术离不开法国的数学家。人的眼睛相当于有一亿个镜头，相机就一个镜头。我们手机通过一个镜头进来的感光点，将用数学的方式分解成几千万个视觉镜头，再重新还原出来。华为公司数学家的口号是："把手机做得比人类眼睛还好。"俄罗斯数学家最先发现钻石切面有隐身功能，但俄罗斯研究半天也做不到，可当数学家的论文公开发表后，美国人读了却如获至宝，花了20年时间做出了F22隐形飞机。

华为最引以为傲的5G领先标准，是以土耳其数学家埃尔多尔·艾利坎教授的一篇数学论文为基础突破而来的。华为研发团队发现这篇论文后，很快便拨出款项与艾利坎教授共同研发，最终得到了领先全球的5G编码方案。如今，华为的5G专利数量排名第一，技术处于绝对领先地位。

在招募人才方面，除了直接招聘，任正非还采用"喇叭口"策略，将资金投向全世界著名大学的著名教授。任正非投资这些钱图的不是投资回报，而是人才回报。与艾利坎教授的合作，华为采用的正是"喇叭口"策略。

目前，华为已将4位世界顶级数学家招致麾下。这4位顶级数学家均为菲尔兹奖得主，加入华为后，他们也将继续进行各自领域的数学基础研究。

任正非曾说："人工智能的根本是数学，而世界上数学最发达的两个国家是法国和俄罗斯。"于是，华为就在这两个国家设立了数学研究中心。据了解，目前华为已经在法国、德国、印度、美国等全球多个国家设立了 26 个研发中心、36 个联合创新中心。其中，华为于1999 年在俄罗斯成立了专门的算法研究所，招聘了数十名全球顶级数学家；在法国，华为开设的 6 家研发中心中有两家数学研究中心。2016 年，华为在法国布洛涅市开设了数学研究中心，招聘了超 80 名研究人员，全部为博士及以上学历，致力于通信物理层、网络层、分布式并行计算、数据压缩存储等基础算法研究等。2020 年，华为又在法国巴黎成立了拉格朗日研发中心，集结了 30 余名科研人员，从事数学与计算领域的科研工作。

点评

国家若要强盛，数学是基础。数学正是华为实现多项技术突破、挺进无人区的法宝。他山之石，可以攻玉。华为聚集"高鼻子"人才，是在积累技术、积累经验。最终，来自不同文化、学科的人才将打破固有的学术壁垒，实现全球精英的思想解放，而思想的解放，必然会迸发无尽的创新。

第四章

产品战略：生存第一，没前途的要裁掉

　　任正非说："战略战略，只有'略'了，才会集中、聚焦，才有竞争力。"企业发展要有所为，有所不为。要敢于在"战略机会点"上聚集力量，不在"非战略机会点"上消耗力量，不要盲目做大、盲目铺开，要把时间和精力聚焦在少量有价值的客户上，在少量有竞争力的产品上形成突破。

33. "鸿蒙系统"：百忙之中，下一步闲棋很有必要

"手中有粮，心里不慌"是一条颠扑不破的真理。落后就要挨打，就会随时被卡脖子。不想被卡脖子，就得大力发展自己的相关产业，拥有话语权，华为发展鸿蒙系统便是如此。任正非早早就意识到，如果哪天别人断了华为的粮食（手机操作系统），那华为的手机就没有了出路。因此，华为绝不能依赖别人的优势。

2012 年，华为开始规划自有操作系统"鸿蒙"，并于 2019 年 8 月 9 日在东莞正式发布。

说到鸿蒙系统，就不得不提诺基亚。诺基亚手机曾经是全球最大的手机生产、制造商，在智能手机到来之前，几乎人手一部诺基亚。有着如此辉煌历史的诺基亚，最后却待在了自己的舒适区，守旧、不思进取。在智能手机刚兴起时，诺基亚还没有预见问题的严重性，依旧觉得自己的产品才是人们的主要消费品。殊不知，"忽如一夜春风来"，2011 年，作为新生事物的智能手机迅速崛起，当时的苹果手机更是在智能手机市场上一骑绝尘，市场份额迅速攀升到了 61%，几乎完全垄断了高端手机市场。

就这样，曾经风靡一时的诺基亚专属系统塞班系统也隐入了尘烟。本来塞班系统的流畅度并不亚于 iPhone 开发的操作系统 iOS，运行塞

班系统的内存开销也不大，但是诺基亚的守旧却导致塞班系统注定被潮流所抛弃。另外一边的安卓手机阵营也异军突起、趁势而上，在中端市场所向披靡，已然超过诺基亚，成为智能手机销量的榜首。诺基亚在中端市场上又被安卓阵营挤出。而低端手机市场领域，则早已被林林总总的"山寨机"所占领。

持续走下坡路的诺基亚已是日薄西山，等回过神来，发现自己已经失去了半壁江山，便开始大刀阔斧地改革。但尾大不掉，机构过于臃肿。于是诺基亚便开始大量裁员，公司的塞班操作系统惨遭解体，研发塞班系统的许多原班人员都作鸟兽散。

爱惜人才的任正非将被诺基亚裁掉的许多研究塞班系统的原班人员招入麾下，开始规划研发自有操作系统，备用名为"鸿蒙"，英文名HarmonyOS，意为"和谐"。"鸿蒙"是中国特有的文化因子，代表未被开辟的原始状态，是华为自主研发的、特有的。同时，"鸿蒙"也代表着广大，对操作系统来说，就是开源。

2012年，华为在芬兰赫尔辛基设立智能手机研发中心，在竞争对手诺基亚的"老家"招募手机操作系统架构师等技术型人才。这样一来，原来生活在这里的技术人员就不用大举搬迁了。当时华为这一团队只有20名工程师，随后华为在芬兰，逐步于赫尔辛基、奥卢、坦佩雷三市扩充研发团队。

当时的手机操作系统市场已经被安卓占据了大半，余下的则被苹果的iOS和微软的WP瓜分殆尽。所以其实此时，智能手机操作系统领域几乎已经尘埃落定，华为没有任何机会。在系统研发初期，华为没有任何技术经验，系统上刚刚蹒跚起步，而自研系统难于上青天，几乎没人相信华为能够研发成功。业内一番热议后，华为研发系统逐渐淡出了人们的视野。[1]

2018 年 4 月 16 日，美国宣布将禁止中兴通讯在未来 7 年内向美国企业购买敏感产品。这让同为通信公司的华为嗅到了危险的味道。

而此时，经过 7 年的蛰伏，在华为研发人员孜孜不倦的努力下，鸿蒙系统从无到有，从襁褓中的孩童成长为有为青年，随时待发。2018 年 8 月，华为正式在国家知识产权局商标局网站公布"华为鸿蒙"的注册信息。在谷歌对华为停用安卓之后，"鸿蒙"犹如平地惊雷，横空出世，震惊世界。

鸿蒙 OS 是华为公司开发的一款基于微内核的、耗时 7 年、由4000 多名研发人员投入开发、面向 5G 物联网、面向全场景的分布式操作系统。华为宣布，鸿蒙操作系统将向全球开发者开源，并将推动成立开源基金会、建立开源社区，与开发者一起共同推动鸿蒙的发展。

鸿蒙系统不是安卓系统的分支或由安卓系统修改而来的，而是与安卓、iOS 不一样的操作系统。鸿蒙系统在性能上不弱于安卓系统，而且华为还为基于安卓生态开发的应用能够平稳迁移到鸿蒙 OS 上做好了衔接——将相关系统及应用迁移到鸿蒙 OS 上，差不多两天就可以完成了。同时，鸿蒙操作系统不只局限于智能手机操作系统，而是一款多元化的操作系统，是贯通平板、手机电视、汽车和智能穿戴等的一个多平台、统一的智能系统。

任正非说："我们做操作系统是出于战略考虑。"当时任正非的决定非常令人不解，甚至还受到业内人士的讽刺，但如今众人却对他的战略眼光无不充满赞许。

---

[1] 资料来源：《从华为"鸿蒙系统"来看任正非的战略眼光，从讽刺到无不称赞！》科技兴生活 2020-01-14.

点评

刘慈欣在《三体》中有一句话："百忙之中，下一步闲棋是很有必要的！"正所谓"人无远虑，必有近忧"，华为正是有着这样的警觉，才能够在"生变"的背景之下游刃有余、从容应对。战略就是格局，格局就是远见。任正非富有战略眼光，在很早的时候就意识到了万物互联的时代即将来临，并且他表示，鸿蒙是将来走向智能社会所需要的一个系统。而现在，鸿蒙已经率先在荣耀智慧屏上搭载，将来还会在越来越多的智能设备上搭载。这个世界上并没有神，所以华为就算在默默付出之后成为神，也是自己用辛苦的汗水换来的。

34. 针尖战略：只在"战略机会点"上聚集力量

太阳光很强大，却穿透不了一张薄纸；激光很弱小，却能够穿透钻石、切割肿瘤，这就是聚焦的力量。聚焦是一个企业走向成功的灵魂，正确的聚焦可以使名不见经传的企业战胜强大的竞争对手。华为公司总裁任正非深谙此道。

2014年，任正非提出要把握客户的真正需求，坚持主航道的"针尖战略"。"针尖战略"就是华为的聚焦战，就是把所有力量都凝聚在一个针尖上。其实这就是物理学上的压强原理，即在同样作用力的情况下，面积越小、压强越大。

华为始终认为自己是一个"能力有限"的公司，只有将所有的力量凝聚到一个点上，专注把一个领域做好，才能在有限的宽度中做大做强。

任正非在《华为基本法》中明确提出："我们坚持压强原则，在成功的关键因素和选定的战略点上，以超过主要竞争对手的强度配置资源。要么不做，要做就极大地集中人力、物力和财力，实现重点突破。"

因此，华为收缩战线，剥离了那些与通信核心网络设备不相关的业务，耗时30余年，持之以恒地聚焦于ICT（information and communications technology，信息与通信技术）通信领域，始终不为其他机会所诱惑。

但是，ICT通信领域行业面较窄，市场规模并不大。除此之外，华为还要面对世界级的强劲竞争对手。然而，任正非却义无反顾地决定聚焦 ICT 领域，并最终成为全球领先的信息与通信技术（ICT）解决方案供应商。

对此，任正非表示："集中配置资源朝着一个方向前进，犹如部队攻城，选择薄弱环节，尖刀队在城墙上先撕开一个口子，两翼的部队蜂拥而上，把这个口子从两边快速拉开，千军万马压过去，不断扫除前进中的障碍，最终形成不可阻挡的潮流，将缺口冲成了大道，城就是你的了。"

这就是华为的产品战略。这些战略看似很简单，但要坚守却很难。

任正非提出，"聚焦主航道，进入无人区"。华为一开始的产品是电信网，主要解决打电话的问题。当时中国市场是七国八制，外企哄抬价格，电话组装费奇高，华为解决了这个问题，电话费用越来越便宜，华为功不可没。

然后华为开始做通信网，即互联网。打电话兼顾上网传递信息、观看视频。2017 年华为构筑了万物互联的智能试点，进入智能网时代。因为未来的发展一定是人与人、人与物、物与物之间的互联，工作效率会越来越高，生活会更加便捷美好。特别是在数字化的进程中，华为开发 5G，致力于让带宽越来越宽，时延越来越短。万变不离其宗，华为一直沿着通信主航道发展，在通信这个行业持续创造高价值，同时为客户提供核心价值。定义出自己的价值点，同时把价值点不断放大，就是主航道。比如阿里的主航道是交易，腾讯的主航道是即时通信。[1]

世界上没有奇迹，只有聚焦和专注的力量。华为始终坚持发扬阿甘精神，做任何事情都要有一颗专注的心，锁定目标、专注执着、默默奉献、埋头苦干，方能决胜千里！

---

[1] 资料来源：《任正非的战略管理智慧：聚焦主航道，进入无人区》全优绩效 网易号 2022-07-30.

任正非说："战略战略，只有'略'了，才会集中、聚焦，才有竞争力。"企业发展要有所为，有所不为。要敢于在"战略机会点"上聚集力量，不在"非战略机会点"上消耗力量，不要盲目做大、盲目铺开，要把时间和精力聚焦在少量有价值的客户上，在少量有竞争力的产品上形成突破。

点评

聚焦"主航道"其实就是实施"针尖战略"，收窄战略面、不过多细分市场，快速、高效地为某一个特定的、狭窄的细分市场服务，超越那些广阔市场范围内的竞争对手。聚焦、专注是对专业精益求精的追求。一个团队的精力集中在一处，就会孕育无坚不摧的能量。

35. 布局"备胎计划"

2001年，任正非曾写下《华为的冬天》一文。之后，任正非带队前往日本，向"经营之圣"稻盛和夫请教学习。那时稻盛和夫领导的京瓷经历了重重危机，其中还包括美国对日本半导体行业毁灭性的打击。感受颇深的稻盛和夫只问了任正非一个问题："如果你们的关键元器件都需要从欧美采购，未来人家不给你供货了怎么办？"一语点醒梦中人，任正非醍醐灌顶，不禁冷汗直冒。

2002年，华为遭到美国思科起诉。任正非想到现在华为的芯片还主要依靠海外进口，假如有一天制裁华为的不仅仅是思科，而是整个美国政府，那华为岂不是陷入绝境？于是，他悟出了"自己的蛋由自己孵"的道理，开始布局"备胎计划"。

2004年，华为在海外市场的业务取得了巨大进展，任正非将"备胎计划"提上了日程。他对何庭波说："每年给你4亿美元的研发费用，给你2万人，研发华为系统和芯片，减少对美国芯片的依赖。这样才不至于将来有一天山穷水尽。也许你们做的产品永远不会被启用，你们的才华会永远被埋没。"

当时，华为一共才3万名员工，一年就要10亿的研发费用。何庭波被任正非的魄力震撼了，她没有丝毫迟疑，毅然决然地开始带领海思转战手机芯片。

研发之路困难重重，3年过去，何庭波都没折腾出水花来。何庭波团队做出的一代海思芯片无论在性能、发热或者制程，以及成本上，都远远落后于当时的市场，甚至由于发热量太大，被人调侃为"暖宝宝"。一次，何庭波前往联发科进行技术交流，看到联发科针对芯片研发特别建立起来的"交钥匙工程"，深受启发，于是定下了华为的Turnkey方案。然而第二代芯片K3V2问世后，性能仍然没有大的提升，甚至连市面上一些山寨机都不愿意用海思的芯片。

但任正非却始终信任何庭波，即便是在华为的困难期，公司财务大幅度缩水之际，海思的研发费用也没有少过一分。外面嘲讽声四起，华为内部一些高层也不认可，觉得这是在烧钱，何庭波顶着莫大的压力。

任正非鼓励她："一定要做起来，怎么强攻你说了算。有句话说'十年磨一剑，霜刃未曾试'，你这才磨了几年？要沉住气，真正的磨剑高手必有深沉的毅力和长远的眼光，待剑磨得银光雪亮，才会震惊四座。"老板的一番话给何庭波吃了定心丸，她又进入了漫长而充满困难的研究之路。

2010年，海思终于研发出一款芯片——巴龙700，这也是华为首款TD-LTE基带芯片，是华为第一代芯片的功臣。当时，高通占据了全球绝大多数份额的芯片市场，巴龙700却在高通坚固的防线上，撕开了一条口子。之后，何庭波带领团队开始研发麒麟芯片。2012年，麒麟产品K3V2横空出世。尽管其发热量大、游戏的兼容性不强，和同时期高通的旗舰处理器仍有明显差距，但海思麒麟却拿到了华为手机芯片的特权。负责消费者业务的余承东顶住各方压力，不惜砍掉了欧洲运营商数百上千万台的定制手机业务，强行拉麒麟K3V2芯片上马。此后，余承东更是搂着K3V2E芯片在华为P6系列手机的市场搏击中一路狂奔。2013年，华为自主研发的芯片销售量突破千万，海思也终于扭亏为盈。

10年过去了，何庭波绕了许多弯路，烧了许多钱，她失望过、迷茫过、挣扎过，但从来没有动摇过，她相信慢工出细活，相信自己最后一定会取得胜利。2014年，在海思的发布会上，何庭波向大众介绍了海思研发出的最新芯片——麒麟910。这块将基带芯片和应用处理器集成在一块的智慧结晶，以28nm的工艺水平追平了高通。而海思此后更是研发出了国产芯片的巅峰之作——麒麟9000，突破了7nm的大关。现在，海思还在继续前进，向3nm工艺进攻。

2019年5月，在采访中，任正非首次谈到了华为的"备胎计划"，称世界上最大的备胎是原子弹，但一次没用过，而华为的备胎已经在投产了。

在美国商务部正式将华为列入"实体名单"的第二天凌晨，华为海思半导体总裁何庭波发布了一封全员内部信，表示华为在早些年就做出了极限生存的假设：预计有一天，所有美国的先进芯片和技术都将不可获得。于是，"数千海思儿女，走上了科技史上最为悲壮的长征，为公司的生存打造'备胎'。"海思研发出的芯片一夜之间全部转正了。

"报君黄金台上意"，何庭波自受命以来，以她超乎常人的耐性与认真，带领团队研发出了华为在关键时刻的制胜法宝。经过20多年的时光，何庭波终于成为一个出色的磨剑人。海思自主研发的麒麟芯片惊艳亮相，不止解救了华为的危机，还让华为焕发了更强的生命力。

点评

"备胎"一夜转正的故事，让人大呼过瘾。而此时，海思披荆斩棘、悲壮如长征的研发过程才被披露出来。人们更看到了任正非高度的战略眼光和忧患意识，正是这非凡的前瞻意识，才让他在22年前就布局了这个庞大的计划。有枪不用和无枪可用，是两个概念。任正非的长远目光让华为免去了灭顶之灾。海思，这个可能成为保险柜里永远秘密的"备胎"，若不是因为至暗时刻真正到来了，可能永远也没人知道这个"科技研发"的幕后英雄。何庭波和研发团队的默默奉献，让"备胎"真正做到了为战略而防备。

36. 深淘滩、低作堰：呼唤一线追求极致的创造

世界上很多古老的文明都曾有过宏伟浩大的水利工程——古罗马的人工渠、古巴比伦的纳尔—汉谟拉比灌溉区。但无论这些水利工程多么壮观，都在历史的风烟中消失了。唯有中国的都江堰，跨越了2000 多年的历史长河，仍在泽被后世、长盛不衰，成为中国水利工程史上的伟大奇迹、世界水利工程的璀璨明珠。

都江堰千年不毁，就在于"深淘滩、低作堰"这六字诀。都江堰在内江的出口建了飞沙堰阻挡，水会流到离堆的宝瓶口，灌溉成都平原。如果没有飞沙堰的阻挡，水就会直接流进岷江的主干。但是，飞沙堰必须做得恰到好处，做高了只有短期效应，虽然在淡季可以灌溉，但在洪水来临时，泥石就会在堰前大量淤积，毁掉工程。飞沙堰的适合高度是 2.1 米到 2.2 米。到了洪水季节，洪水能带走 75% 的沙石，而剩下 25% 的沙石则淤积在飞沙堰前面的燕栖窝。每年，都江堰当地都会用人工把河道的沙石清理掉，就是"淘滩"。"淘滩"是不能偷懒的，少淘一点，下年的淤积就更多。据说李冰在燕栖窝埋了石人石马，每次淘滩都要见到石人石马。明朝的时候，官府在下边埋了卧铁，每次淘滩必须见到卧铁才行。正是这些简单精妙的设计，才使得此工程 2000 多年来一直在发挥着作用。

做企业不就是"深淘滩、低作堰"吗？任正非多次提到这六字诀。

特别是在金融危机后，他说"深淘滩"就是确保增强核心竞争力的投入，在研发上高投入，在质量上孜孜以求，在降低成本上不断下功夫。苦练内功，把基础打好，创造价值，以此建立自己的竞争力。即使在金融危机时期也不动摇。

"低作堰"就是把"深淘滩"这种方式创造出来的高毛利部分投在研发上、投在战略市场、投在未来。不断挖掘内部潜力，降低运作成本，为客户提供更有价值的服务，节制对利润的贪欲，不要因短期目标而牺牲长期目标，自己留存的利润低一些，多一些让给客户，以及善待上游供应商。这就使得企业可持续发展。这是大战略，是企业的商业模式。

现在的战略扩展到了整个生态圈，因为未来的竞争不光是产品的竞争、技术的竞争，更是生态的竞争。所以，未来对生态的建设，关键在于利益分享。只有帮助客户实现他们的利益，帮助合作伙伴实现他们的利益，华为才能在产业链条上找到自己的位置。

2006年，任正非在华为大学对高管讲话时，提到了商业模式："华为在通信领域不做资本性的交易，将长期保留通信网络的开发、销售和服务体系。这个体系将来受社会进步、技术进步的影响，产品会越来越不值钱，像鸡肋一样。许多公司会选择逐步放弃，但人们仍然需要这些产品，我们将坚持不动摇地持续开发、维护这些'鸡肋'产品。只要是客户需要，华为就永远在。"

从2006年以来，包括北电网络、阿尔卡特、西门子的移动业务等大企业都已经放弃了通信这块业务，因为通信设备从单位价格上来说是在下降的，没有一定的规模，一定是不经济的。对于上市公司而言，资本市场看重的是增长与盈利。利润率亏损，资本市场便不值钱。

但任正非认为，客户的需求，有一种需求是基本需求，是永远存在的。华为的通信业务，就是沟通、交流，只要有人群，就会有交流的需求；只要有交流，就会对交流工具、交流手段提出需求。对华为来说，只要能进入客户基本需求的市场，就不能三心二意，敷衍了事。

在低利产品中，生存下来，唯有实现高质量、优质服务、内部运作低成本和优先满足客户需求。任正非强调内部运作低成本，而不是强调产品低成本，就是因为优质的产品往往是要追加成本的。"优先满足客户需求"，这就要抢先、领先市场。

华为不上市，并不意味着华为不做资本运作。华为资本运作是从优质的管理平台和核心技术平台上切出一块边缘业务，种上有上升势头的产品，产生增值，并将其价值化。既不冲击核心业务，又能很快实现增值，这就是商业模式。一个伟大的、优秀的企业家，都是预见型导向的。但是预见不是很快就会变成一个行动，而是变成一个行动的准备的过程，要直到瓜熟蒂落，预见才会变成现实。这便是深淘滩、低作堰。

"深淘滩，低作堰"是对华为商业模式的一种概括。高科技企业"高投入，高回报"的传统商业模式，早已深入人心。当科技企业持续在研发上"高投入"，形成了一定形式的成本优势，很多企业心安理得地把"高回报"裹入囊中。有些巨头一旦形成垄断，还挖空心思制造壁垒，压制创新技术的应用。任正非坚决不那样做。2008年中国电信CDMA网络工程招标，朗讯、阿尔卡特、北电等巨头，纷纷投出了70亿至140亿元的标，而华为只报了不足7亿元的超低价。一时间舆论哗然，华为"裸奔""不正当竞争"的评论席卷而来，任正非淡然处之。这既是华为成本优势地头力（指嫩芽拱开土壤露出尖尖角的力量，引申为不靠记忆或经验得来知识的现场瞬间反应能力）的集中体现，又是华为一贯经营战略的具体体现。华为历来秉持的是"低作堰"，与运营商形成共生的关系，用低价减轻运营商的成本压力，让利给运营商，赢得其长期信任与合作，最终定能取得合理回报。

　　只有"深淘滩、低作堰"，才能在公司内外形成一个强势的场，充分释放公司全员的地头力。一个公司的强盛，不在于它的规模，而在于 "地头力"是否强劲。"低作堰"能不断排除公司沉积下的淤泥，把公司外部新的东西不断引进来。有了这样的氛围，才能使华为上下坚定不移地"深淘滩"。任正非呼唤地头力，呼唤一线追求极致的创造，正是这种不断精进精神的体现。

37. 封住喜马拉雅山的山脚，在山顶多采几朵雪莲

在《塔木德》里，有一条被犹太人称为永恒法则的 22 : 78 法则。自然界中，氮与氧的比例是 22 : 78，人体中，水与其他成分之比是 22 : 78，社会上有钱人与普通人的数量之比是 22 : 78，而他们所占的财富之比是 78 : 22。要赚有钱人的钱，在高端市场重点着力，但同时也不应小觑普通市场的消费力。

任正非曾表示，我们在争夺高端市场的同时，千万不能把低端市场丢了。如果低端产品的市场让别人占领了，那么就有可能是在给华为培育潜在的竞争对手。长此以往，华为的高端市场也会受到波及。华为和荣耀两个品牌一高一低、相得益彰，只要荣耀品牌封住了喜马拉雅山的山脚，防止别人打上来，华为品牌就可以在山顶多采几朵雪莲。这样一来，低端产品就可以保卫高端产品，让高端产品多一些盈利。

华为和荣耀都曾是华为旗下的手机品牌。华为品牌进军高端市场，对抗国外巨头；荣耀品牌走中低端市场，对抗国内品牌。荣耀从诞生之日就背负着使命，让华为能抓住移动互联网的风口，与兴起的互联网手机品牌们打擂台。荣耀比起华为更加亲民，小米、魅族、OPPO和 vivo 等是其主要竞争对手。而华为当初的主要目标则是抗衡三星和苹果等手机巨头。

华为手机的 P 系列和 Mate 系列，从手机的外观就可以看出是硬

朗派，稳重大气，简约中带有商务感，手机功能更注重办公。因此，华为手机备受商务人士的青睐。而荣耀手机在设计上走的是青春灵动风，时尚且凸显活力，受到年轻人的追捧。

对于华为是否要做荣耀，当时华为内部的终端业务团队各持己见。一部分人主张砍掉线下渠道转战线上，一部分人主张把其他产品线砍掉，只经营主打性价比的荣耀。任正非见大家一直争执不下，无法决断，便站了出来，一锤定音："线上线下两手抓，荣耀从华为内部独立，交给华为新成立的电子商务部管理。"当时荣耀的团队都是年轻人，便打出了拥抱全球年轻人的梦想，喊出了"勇敢做自己"的口号。

在华为的手机体系中，荣耀自 2013 年诞生以来，就承担着对中低端市场的补充作用，依托互联网打法，尽可能辐射足够大的市场、覆盖足够多的用户。随着市场的发展，走亲民路线的荣耀作为子品牌在国内手机市场越来越有话语权，在华为消费者业务中也占据了越发重要的位置。2017 年 1 至 11 月，荣耀在中国市场的出货量达到了4968 万台，成为中国互联网手机市场份额第一名。在接下来的几年中，在全球范围内，荣耀每年都为华为贡献了 30% 左右的出货量。[1]

对华为集团来说，华为手机和荣耀手机就像一对一母同胞而风格迥异的兄弟，一个负责高冷，一个负责亲民。在华为的运营商业务、企业业务、消费者业务等主要业务块中，2019 年华为总营收 8537 亿，其中消费者业务营收 4673 亿元，在总营收中占比高达 55%。其中，有 900 亿的营收来自消费者对荣耀手机的认可。荣耀手机对华为的营收贡献，已超过了华为的全部企业业务（897 亿），荣耀华丽转身，在独有的民间领域里，完成了从小配角到大主角的逆袭。

从华为集团的组织架构图上可以看出，在消费者业务上，华为实

---

[1] 资料来源：《华为被禁一周年：断臂、补漏、寻出路》市值榜 2021-09-15.

行的是双品牌战略，而荣耀与华为就是属于华为集团消费者 BG 下的双品牌。荣耀自 2013 年脱胎于华为，单独成立品牌。一开始荣耀作为华为集团面向年轻人的互联网品牌，专攻线上市场。借助华为集团强大的科技实力，荣耀迅速抓住了互联网和 4G 普及的机遇，在 2017 年超越小米，成为中国互联网第一品牌。如今，荣耀已经成为全渠道品牌，2019 年荣耀在线上、线下的成绩平分秋色。

作为华为集团下的一对"亲兄弟"，荣耀与华为在技术上与华为集团同根同源，共享着同样的核心技术。背靠华为的技术和质量体系这棵大树，荣耀和华为手机使用着同一套研发和生产标准。虽然高端路线望其项背，但中低端市场却是走得越来越从容。

点评

华为的双品牌战略彻底让荣耀站稳了脚跟，并为华为打下了一片天。可以说华为的出货量之所以超过三星，成为世界第一，荣耀功不可没。就像任正非说的那样，只要荣耀品牌封住了喜马拉雅山的山脚，防止别人打上来，华为品牌便可以气定神闲地在山顶采雪莲。

38. 华为剥离荣耀：鸡蛋不放在一个篮子里

2019 年 5 月 16 日，美国将华为列入实体清单，在未获得美国商务部许可的情况下，美国企业将不能再向华为供应产品。实体清单事件犹如一只巨型的手，掐住了华为的脖子。在此影响下，华为手机无法再使用高通芯片。与此同时，谷歌也停止了与华为的合作，华为失去了对安卓系统更新的访问权，只有在开源版更新后才可以以 AOSP 继续开发新的安卓系统。这些动作对于华为的国内用户影响不大，但华为的国际业务却因此大受影响。

虽然华为亮出了备胎计划——海思麒麟芯片，但 2019 年 8 月，美国制裁却再次升级，对华为采取了"极限施压"政策。这一次，华为连找第三方厂商购买芯片的路径也被"堵死"了。

由于芯片产业链相当复杂，华为的麒麟芯片只能实现自主设计，却没办法包揽全产业链，实现自主制造。美国的极限施压直接让华为的麒麟芯片再也没法量产。美国的这一轮制裁于 2019 年 9 月 15 日生效，在这之前，华为让台湾积体电路制造股份有限公司（简称台积电）没日没夜地赶制出了一批货物，最后台积电最大限度地赶制出了 800 万颗芯片。但对于需求量极大的华为来说，800 万颗芯片简直就是杯水车薪。2019 年，华为手机的总出货量达 2.4 亿部；华为 Mate 30 系列手机上市仅 60 天，全球的出货量就超过了 700 万部。2020 年，售价 6499 元起步的华为 Mate40 系列在市场上十分抢手，基本一上线就被秒光了，完全处于供不应求的状态。

芯片是一部手机的"大脑和心脏"。以高通、台积电为首的国际巨头纷纷断供，这直接导致华为海思自研的麒麟芯片无法量产。虽然华为之前囤积了大量的芯片和相关的零部件，但是要养活华为和荣耀两个手机品牌，实在太过艰难。囤积的芯片很快就会被用完，华为旗下的手机怎么办？荣耀手机的定位，就是为了抗衡小米这样的性价比选手而做出的商业策略。而华为的 Mate 系列和 P 系列则主打中高端，售价往往比苹果还高。夹缝之下，断臂求生又何尝不是明智之举？这就好比敌人攻城略地，已经杀到城门口，而城中却没有多余的粮，与其留在城中饿死，不如送出城去，求得一线生机。

当然，就算要送，也不会送给竞争对手。最终脱颖而出的是一家刚成立的新公司——深圳智信新信息技术有限公司。这家公司背后有两大股东：深圳智慧城市科技发展集团持股 98.6%，深圳国资协同发展私募基金持股 1.4%。前者背靠深圳国资委，后者则是由荣耀的 30 多家代理商、经销商共同出钱设立的，这是由荣耀产业链发起的一场自救和市场化投资。

于是，荣耀从华为独立了出去。荣耀的 8000 名员工也从华为坂田总部，迁往了位于深圳梅林的新办公场地。荣耀脱离华为，将摆脱美国的限制，有机会获得高通、联发科的芯片，从而在市场上活下去。

点评

将荣耀手机拆分出去对华为来说是一举多得的决策，不仅给了荣耀一条活路，使荣耀可以不再受美国禁令的限制。同时，华为还获得了大量的现金流，可以以此研发制造芯片，从而打破僵局。研发和制造芯片需要大量的人力、物力，但这也是解决问题的根本之道。荣耀能走到今天，离不开华为的孵化和赋能。华为出售荣耀，既放手让荣耀成长，又救自身于危难。荣耀手机部分股权的交易完成后，也让华为母品牌和荣耀品牌被放到了两个篮子里，不至于发生意外后，一篮子的"鸡蛋"都被打碎。

39. 错失小灵通：反省源于失败后的纠结

战略其实解决的是"我们要做什么"的问题。对于战略的重要性，有个经典的说法是："不要用战术上的勤奋，掩盖战略上的懒惰。"战略错误，满盘皆输，不管你努力做了多少工作，都等于白费功夫。古人说："一将无能，累死千军。"这一语道破了战略的重要性。

华为是一家有战略思想的公司，任正非更是战略高手。华为之所以能够用二三十年的时间就完成西方企业百年的成就，战略正确是根本因素之一。

在华为的发展历程中，有个非常关键的战略转折点：华为曾经在小灵通上马失前蹄。由于判断失误，导致华为痛失了发展良机。为这个失误的战略决策，任正非曾懊悔不已。

小灵通就是大功率版的无绳电话，看起来像手机，其实用的线路却跟固定电话一样。1998年年初，中国电信在浙江余杭区正式开通小灵通业务。作为无线接入业务，小灵通犹如其名，巧妙地抓住了其在中国发展的时机，见缝插针地进入了中国市场。基于现实需要，中国电信最终选择了小灵通。

当时，国际通信巨头都已经开始布局3G，普遍认为小灵通的技术比较落后。国内的很多电信机构，比如华为、爱立信等大公司也都认为2G网络的小灵通技术落后。眼高于顶的大公司不屑于做，小公司又有心无力。

一向眼光超前的华为当时正处于转型期，基于技术趋势选择了开发3G，而放弃小灵通，认为小灵通技术落后，覆盖不全、高速移动性能差、不能漫游等缺点明显。再加上小灵通当时被信息产业部明令限制，紧跟形势的华为断定小灵通没有前景，是一种资源浪费，且不符合华为"以客户为中心"的价值观，任正非对此态度异常坚决："这种落后的技术，没有市场，宁可破产，也不去碰没有生命力的产品。"

然而形势瞬息万变，2000年6月，信息产业部发文，正式将小灵通定位为固定电话的补充和延伸，小灵通发展的政策障碍得以消除。小灵通如鱼得水，凭借其收费低廉、待机超长、绿色环保等优势，一上市便风靡全国，座机都甘拜下风，很多运营商将其视为救命稻草。

中兴抓住时机投入研发，大获成功，手机销量达到450万，由此迎来快速发展期。乘着小灵通的东风，2003年，UT斯达康在美国上市的当天，公司市值就高达260亿美元，一度超越思科。2004年，小灵通用户达到4700万；2006年，小灵通国内用户达到9300万，国外用户更是有了700万，用户总量突破了一亿大关。

这个庞大的数字对于靠着吃运营商这碗饭的通信设备厂商而言，是一个千载难逢的机遇，他们轻而易举地就可以分得一块美味的蛋糕。中兴和斯达康等运营商做得不亦乐乎，赚得盆满钵满。

小灵通的火爆自然有其原因。当年，中国正在经历从固定电话步入移动手机的时代，手机是双向收费的，加上高昂的漫游费，大家虽然买得起，却用不起手机。小灵通的出现恰好弥补了这一缺点。虽然信号不太好，但是却凭借其物美价廉的用户体验，赢得了大批用户的青睐。同时，由于国家政策的变化，小灵通的需求突然呈爆炸性增长。

在小灵通发展得如火如荼的几年时间里，华为只能眼睁睁地看着自己错失了小灵通的黄金发展机遇。这给华为带来了巨大冲击，面对小灵通市场的巨大诱惑，华为内部暗潮涌动，很多人给任正非打报告，请求让华为做小灵通。一面是对战略和价值观的坚守，一面是现实环境的矛盾，任正非内心也非常纠结和痛苦。每看一次报告，内心就纠结折磨一次，他痛苦得无以复加。在这种重大压力之下，他的抑郁症也加重了，一病就是 8 年。

点评

　　有时候，方向比努力更重要。面对市场竞争，选择做正确的事，有时比正确地做事更重要。因此，只有战略的清晰、战术的正确，再加上执行上的果敢与勤奋，才会使企业在竞争中无往不利。因为决策失误，让华为错失了进入小灵通行业的优先权，等到反应过来，小灵通行业已经日薄西山了。任正非觉得小灵通的出现是昙花一现，岂不知虽然短暂，却是震撼惊艳的。任正非是人不是神，他也有判断失误的时候，他之所以判断错误，不是因为没有眼光，而是因为他的眼光过远，导致忽略了眼前，从而错失了发展良机。这是在华为发展史上需要被铭记的教训。

40.解除终端禁锢：通过一个关卡，才能到达安全的境地

小灵通在中国是一个神奇的存在，从 1998 年上线、2006 年发展到巅峰，再到 2011 年年底退出江湖一线、2014 年完美离场，在中国通信史上竟然顽强地存活了 16 年。小灵通的命运一开始就被注定了，它就是一个过渡的产品，只是这个"过渡"的过程可谓浩浩荡荡，实在太令人震惊了。小灵通犹如沙滩上的浪花，原本以为一波一波会慢慢消散，谁知风云变幻、浪涛迭起，顶峰时，小灵通的全国用户高达 7000 万。

任正非觉得这简直匪夷所思，他实在想不通，这个在日本市场上已经就要被淘汰的技术，怎么到了中国就风生水起了呢？一个被淘汰的产品，为什么还要投入大量资金进行投资？为什么不抢占先机，研发 3G 技术？但市场就是这么诡谲，任正非的决策，将华为拖向了深渊。因为当时国家只给小灵通发牌照，不给 3G 发牌照，因此华为投巨资研发 3G 在此时根本找不到市场。后来在华为高研班，小灵通决策被定格为失败的决策：过多考虑技术因素，而不从市场的现实出发。

面对小灵通市场的巨大诱惑，华为内部开始暗潮涌动，作为领导者的任正非自己也开始动摇。在这种巨大的压力之下，任正非的抑郁症日渐严重了。后来，在一次偶然的出游中，任正非在一个蒙古包吃饭，花了 20 元请人唱了首歌，就是这首当地的农村歌，歌声中所传达的

豁达与乐观，让任正非感受到了生命的可贵。任正非想：并不富裕的牧民在这种艰苦的环境下都生活得如此快乐，我还有什么想不开呢？从此，他摆正心态、正视困难，假以时日，他的抑郁症终于慢慢痊愈了。

从 2000 年到 2008 年，华为除了因为小灵通市场导致增长乏力之外，还因为受到互联网泡沫破裂的冲击，其通信销售设备也受到了影响。但"塞翁失马，焉知非福"，后来华为在 3G 市场中获得的成绩，也与这一段时间的低迷分不开。

"失之东隅，收之桑榆"，倘若当时华为也跟风去做小灵通，那么后来华为在 3G、4G 市场中卓越的业绩可能就不会存在了。而今天5G 标准的制定者和全球通信行业的绝对领导者，也不知道会花落谁家。

在 2003 年年初的一次市场大会上，任正非亲口对朋友说，他知道自己犯了错误，只是大家给他面子不说而已。现在大家纷纷做事后诸葛亮，说华为不做小灵通、聚焦海外 GSM 拓展的战略是高瞻远瞩的。而真实的情况其实是：当时大家肠子都悔青了。而这个决策的失误，也辜负了任正非本人对华为"工程商人"的定位。

华为一位销售经理曾回忆自己当年去见江西某地市的电信局客户时的场景。在运营商当年的预算中，一大半都给了小灵通基站和手机。华为销售经理在主任室外面巴巴地等候，听着室内中兴的客户经理和主任谈笑风生。工作人员对他说："你别着急，慢慢等，中兴的单子是 2000 万的小灵通，你们华为的单子是 200 万的传输单，等主任谈完大单，你再进去吧。"至于中兴什么时候谈完，那当然得看主任的心情。

当时在国内市场，CDMA 和小灵通"大行其道"，华为却都没有进入。为此销售人员陪客户喝着酒，听人家谈小灵通感到无比郁闷。有段时间，任正非看见人都不怎么说话，后来甚至干脆连人也不见了。当时华为传了一个段子：老板是不是去闭关修炼了？

但中兴和 UT 斯达康做小灵通做得风生水起，大赚特赚。2003 年，中兴、UT 斯达康、华为的收入都在 200 亿左右，隐隐形成三足鼎立之势。

在蛰伏多年后，华为终于发力，开始做起了小灵通手机。小灵通没有多少技术含量，用日本稻盛和夫京瓷的方案直接贴牌就可以，华为对此不求高利润，只求能自己养活自己，滚动发展就行。运营商是华为的强项，打开销售渠道自然是易如反掌之事。很快，华为小灵通手机的市场占有率就增长到了 25%。华为的重磅参与，使小灵通手机的价格迅速下滑，老百姓欢欣鼓舞。自此，华为不做终端的禁锢终于解除了。2004 年，华为终端公司成立了。

通信行业环节众多，环环相扣。华为既然已经成为 TD 网络侧设备的领导者，那么终端侧 TD 设备的研发就必须提上议事日程。否则华为光有网络却没有合适的终端，还是缺少竞争力。

直到 2010 年，华为还是只做运营商贴牌定制机，说到底还是企业客户的生意。运营商提供要求，华为生产，不贴商标、不用推广，净利润大概只有 5 个点。

TD 终端当时最大的问题是只有低端机，没有中高端手机。3G 时代对于手机终端性能的要求很高，当时又是一个终端用 CPU 爬坡的时期，跟 PC 机当年的发展历程很像。芯片升级推动终端更新换代，用户纷纷追求高端机。

因此，做中高端手机就成为华为必须攻克的堡垒。2010 年 12 月，华为手机召开了高级座谈会。在会上，任正非将手机业务升级为公司的三大业务板块之一，把产品重心从低端贴牌机，转向了以消费者为中心的高端自主品牌，并豪情壮志地表示要做到世界第一。

有一个著名的"斯坦福棉花糖实验"提出了"延迟满足"的概念。在十几个幼儿园孩子的面前放上棉花糖，如果马上吃掉就没有奖励，等 15 分钟再吃会额外得到一块糖。最后发现，只有 30% 的孩子等到了 15 分钟。成长跟踪发现，愿意等待的孩子相较于不愿意等待的孩子在人生中更容易取得成功；不擅长等待的孩子成年后体重更容易超标，成就相对较低。从人性的角度来说，人类偏好于即刻的奖赏。这就是为什么任正非在已经选择了3G这条长期主义赛道后，仍然会为了放弃小灵通而感到抑郁和压力。

点评

　　哲学家黑格尔说："人要经历一个不幸的抑郁的或自我崩溃的阶段。在本质上，这是一个昏暗的收缩点。每一个文化创造者都要经历这个转折点，他要通过这一个关卡，才能到达安全的境地，从而相信自己，确信一个更内在、更高贵的生活。"这是什么战略？用任正非自己的话概括就是：要从人类文明的结晶中找到解决世界问题的钥匙。用痛苦创造快乐，不抱怨，接纳一切新事物的发生，并为之努力奋斗。从忍受痛苦到坦然接受，你能感到你在成长、你在创造。当你真正进入创造之后，你就进入了大自在。陀思妥耶夫斯基说，苦难是土壤，只要你愿意把你内心所有的感受都隐忍在这个土壤里面，里面就很有可能会开出你想象不到的、灿烂的花朵。

41.反周期成长"传送史上最划算的一笔收购"

通信网络的核心设备制造业是一种周期性的产业。设备在市场装满之后，需求就会大幅度下降，此时企业就面临着产能过剩、成本上升、效益下降的局面。这时候，很多企业往往会用裁员的办法进行调整。但如果把握不好度的话，裁员就会伤筋动骨，导致企业元气大伤。华为的战略是反周期成长，就是在经济大形势下滑时，低调生存，加速成长。

2000 年到 2002 年是华为的第一个反周期成长期。当时，世界通信设备产业投资过剩、产能过剩，光传输网络恰恰是 2G 到 3G 之间，2G 设备已经装得差不多了，而 3G 还没有开始，实际利用率还不到3%，97% 都是闲置的。当时我们国家还在等着具有自主知识产权的TDSCDMA 技术的成熟、设备的成熟。而华为整装待发，已经开发出了 3G 的设备和技术，通过了邮电部的入网许可证，可谓万事俱备，只欠东风。但是邮电部一直没发 3G 牌照，因此华为没有办法进入广阔的国内市场，只好退而求其次，到竞争激烈的国际市场上，想觅得一丝机会。谁料想，这样一逼迫，竟然还把华为的内在潜力挖掘出来了。华为开始浩浩荡荡地在国际市场上进行扩张，并逐渐在国际市场上站稳了脚跟。

华为的第二个反周期成长期是在 2008 年西方金融危机之后的经

济萧条期间。那时候，大企业都在大量裁员、降低成本、收压业务、缩编人员。而华为却借助中国政府的 4 万亿投资刺激，还在大幅投入、不断发展。当时政府也给中国移动、中国联通、中国电信三大运营商发放了 3G 牌照，掀起了一波建设高潮。华为顺势而为，紧紧抓住了这个风口。

任正非的睿智就在于永远保持头脑清醒。华为在突破一系列技术，并取得了丰厚的回报时，并没有膨胀、疯狂扩张或实行多元化发展，而是硬性规定：每年必须从销售额中提取 10% 以上的资金投入研发。即使在 2000 年全球市场萎缩时，华为也没有缩减投入，反而在这些拐点上加大投入，甚至相比上一年还高出了 5 个百分点，达到了 30 亿元。

2008 年全球金融危机爆发时，竞争对手纷纷削减投资，而华为的研发投入却超过了 100 亿元。2011 年，当电信行业发展进入瓶颈期时，华为的研发投入甚至超过了 200 亿元。2008 年，任正非在 PSST 体系干部大会上讲到，在 2000 年后那一段时间，华为内外交困，濒临崩溃。按正常逻辑，这时候华为应该收手，休整队伍、巩固好根据地，以便下次再来。但华为是反周期成长的，在此时反而还加大了投入。因此，等经济危机一过，友商就看到旁边站着个人，个子虽然有点矮，鼻子也低，但还是长大了。通过第一个反周期性成长，我们站在世界舞台上了。现在是第二个反周期性成长，能达到什么目标很难说，但我们至少应该拥有几个定价权。

华为对研发的投入一直不手软，在商业战场上一直践行着反周期成长的理念，光传输领域就是一个典型的例子。在光传输领域，华为在短距离传输上有一定的优势，但不具备超长距离光传输的技术。美国通信光传输厂商 Optimight 在这方面处于世界领先地位，1995 年先后在其中投入了数亿美元的资金。2002 年全球经济泡沫破裂后，Optimight 公司宣布破产。其实，技术核心竞争力的构建，不完全是靠自己单打独斗，也可以在外部寻找。

2002 年，华为了解到一家叫 Optimight 的公司计划出售，而这家公司正好有华为想要的长途波分核心技术。华为研发部门向公司提出申请，希望能收购 Optimight 公司。华为内部高层讨论后，认为这个技术非常有前景，虽然当时正处于 IT 的冬天，公司的流动资金非常有限，但高层在集体降薪的情况下，仍然批准了研发部门的申请。

最终，华为以 400 万美元的价格拍下了这项技术。这笔收购物超所值，波分领域的大神白丰生博士就是随该公司一起来华为的，有人惊呼："这钱光收购白博士一人也值得！"

美籍华裔科学家白丰生博士对华为的贡献是有目共睹的。白丰生于 1987 年和 1990 年分别获得了美国哈佛大学和斯坦福大学的光通信双博士学位。白丰生加入华为后，在他的亲自主持下，华为于 2002 年推出了全球领先的波分产品，其性能不仅使光纤传输最远、单跨传输最长，而且还能适应各种低端的光纤，实现了高性能、低成本，给客户带来了巨大的商业价值，让华为先后拿到了覆盖法国、荷兰和英国境内主要城市的骨干传输网订单。2008 年，在白丰生的主持下，华为又成功研发出了 40G eDQPSK 技术。这是华为的独有技术，在推向市场后一炮打响，国际市场占有率迅速攀升到了 44%。

这个兼具勇气和智慧的决策一直被认为是"传送史上最划算的一笔收购"。经过技术转移和二次开发，华为成功推出了能够支持超长距离的长途波分解决方案，助力华为快速成长为全球长途传输市场的领先者，并保持至今。

任正非表示，研发与市场相差两年左右的时间，如果现在不加大投入，那等到春天来了，华为种什么？不加大投入怎么能产生机会？
在市场下滑时，更要加大研发投入，才有可能在市场重新恢复到正常
状态的时候有所发展。

 点评

　　现代管理学之父彼得·德鲁克说过："环境变化并不可怕，
可怕的是在变化的未来，我们依然沿用旧的逻辑。"对有的企
业而言，变化不一定是威胁，而应该把它看作机会。华为赢在
远期的格局、长期战略聚焦。正是"天晴补屋顶"的未雨绸缪
精神，为华为赢得了突破困境的机会。

　　当整个行业增速减缓时，华为却依然保持"慢"增长的趋势，
积蓄力量，反周期成长。从更长的周期来看，华为的发展潜力
还包含更大的想象空间。其长久以来的克制、谨慎、自律，也
无疑让华为多了一些穿越周期、与不确定性共舞的底气和能力。

42."喇叭口"不要张得太大

任正非在 2019 年 4 月 17 日进行 ICT 产业投资组合管理工作汇报时表示："经过几年的努力，公司对产业怎么'养'已经有了一套清晰的规则，接下来，要把产业的'生'和'死'管起来，尤其是'死'要管起来。对于 ICT 业务，我们希望要做强，而不是做大，所以'喇叭口'不要张得太大，以避免攻击力被削弱。在选择机会的时候，只有市场规模大，技术上又足够难，才能建立起门槛。如果没有门槛，我们就会在红海中挣扎。而且一定要先有领袖，再立项做产品，而不是产品立项了再找主管，否则这就是最大的错误。不明白的人，会把结构体制全弄乱，再改就难了。对于领袖，我们要早点选拔、培养。产业的生命周期会越来越短，门槛会越来越高，这对我们可能是好事，后面的人刚追赶上来，它们就已经被淘汰了。我们要考虑怎么加快 5G 产业的节奏，要拉着这个世界跑，不要等。我们要集结一些数学博士、物理博士等，再加上我们的工程师，让他们按照'谷歌军团'的方式运作，对 5G 网络进行端到端的系统研究和梳理，用这些小组去攻克难点，让 5G 全系统更科学、更快、更宽、更便宜。同时，我们还要将研究成果在 5G 商用网络上落地检验。"

有所为有所不为，不能在世界战略中领先的产品，就应该退出生命周期。对于产业的战略性退出，一定要有序。华为将持续加强对基础理论的研究和对基础技术创新的投资，引领产业发展方向，给予研究团队试错的空间。

运营商业务应该聚焦联接，把联接做到世界最优、成本最低、永远安全可靠。不要盲目追求做大，做强才是第一优先级的。华为应当瞄准世界未来的架构，引领行业和客户前进。只有减少定制，才不会拖住大队伍前进的步伐。因此，华为应该成立一个战略研究部，专门研究具有战略性的前瞻需求，而且实施预研究。

任正非提到，从2019年开始，在未来5年中，华为将投资1000亿美元的研发经费，通过网络架构重构来解决可信的问题。这1000亿美元不光是要用于网络重构，更是要求全公司要做到一年2500亿美元的销售收入（包括终端）。华为要站在行业的核心网战略高地，控制了战略高地，就控制了"黑土地"。我们需要战略高地，"珠峰"顶上不一定能容纳很多产值，但有利润，哪怕人少，也是进步。产业的组织已经梳理清楚了，华为明年将继续调整云产业的组织。平安城市、终端、GTS允许留一小块"自留地"，但必须长在"云"这块大"黑土地"上。在纵向上看，华为要向为华为服务的零部件，向华为需要的大部件去做一些扩张，掌握设计和生产工艺。在横向上看，车联网、人工智能、边缘计算是我们未来的三大突破点。车联网可以成立商业组织，加大投入。面对智能汽车的联接，车载计算、自动驾驶等都是车联网的重要方向，要作为战略坚决投入。激光雷达等则要聚焦在ICT核心技术的相关方向上。在人工智能方面，我们在整体上还是落后于世界的，因此要多投入一些。对于边缘计算，华为只做基础平台。应对不同的业务，就有不同的边缘计算，未来还会出现几十种边缘计算的东西。

2017年3月，华为集中整合了IT产品线、2012实验室、软件产品线、全球公有云业务部、流程IT等具备公有云能力的团队，成立了Cloud BU（华为云），正式参与公有云市场的竞争。同年8月，华为云由产品与解决方案部迁移至集团总部下，提升为一级部门。

2017年年底，任正非提到，华为实质上是通过聚焦ICT基础设施和智能终端，提供一块信息化、自动化、智能化的"黑土地"。在这块黑土地上可以种玉米、大豆、高粱、花生、土豆等，让各个伙伴的内容、应用、云都在上面生长，形成共同的力量来面向客户。随之，华为云明确提出，要做智能世界的"黑土地"，为企业提供稳定可靠、安全可信和可持续演进的云服务，为客户与合作伙伴创造价值。

2018 年年底，随着市场发展，竞争进入深水区。华为对 ICT 基础设施业务进行了梳理，将公有云、私有云、AI、大数据、计算、存储、IoT 等与 IT 强相关的产业重组为"计算与云"产业群，并组建了"Cloud & AI 产品与服务"，华为云包括在其中，并保持独立运作。

2019 年年初，华为又将 IoT、私有云团队并入华为云。至此，华为云彻底完成了组织整合，全面进军混合云。

2019 年 5 月 16 日，美国商务部将华为列入"实体名录"，随即，华为消费者业务群迅速将海外消费者云服务从 AWS 等美国公有云服务商迁移至了华为云。华为云加快了围绕"鲲鹏"和"昇腾"的云服务建设。任正非将华为云比喻成华为的根，与公司的命运紧密相连。

如今，华为云持续追赶，在打入中国云市场第一梯队后，仍旧飞奔不止，向着全球五强云的目标前进。截至 2020 年 9 月，华为云已上线 210+ 云服务、210+ 解决方案；已发展 18000+ 合作伙伴、会聚 150 万开发者；云市场上架应用 3500+ 个；云市场年交易额超 10 亿元。

谈到人才结构，任正非表示，要改变作战队列的排列方式，形成"弹头＋战区支援＋战略资源"的队形。让"将军"排在面对客户的最前列，实行"将军＋精兵"的结构，增强前方的项目决策能力和合同关闭能力；让有经验、有能力，善于"啃骨头"的中低职级骨干进入战区支援；让领袖与低阶少壮派进入战略资源及干部后备队。

弹头部分应该是"将军"带一批有经验的人上战场；区域部分应该是有经验的中青年；战略资源部分应该是最高级精英带少壮派，形成三层"军团"。

研发一定要加强新陈代谢，促成公司人才流动。公司的研发部应该有一大批人可以走向市场和 GTS。同时，研发内部也要加强人员流动，特别是在 2012 实验室和产品线之间的流动，从 2012 实验室到产品开发，要形成规模化的流动。2012 实验室研究和孵化了新技术，然后交给产品线去进行产品开发的过程中，不能让产品线的人重新理解后再开始开发，而是要让一大批熟悉、了解这些技术和产品的人，与一批新人一起联合开发。

任正非强调，我们必须做到世界第一，因为世界第二就可能活不下来。当世界上出现了混乱、大公司调整的时候，我们要去吸纳优秀人才，让天下英才都为我所用，坚定不移地在这几年奠定理论基础和技术基础。每个国家都有不同的特点，要充分发挥当地的优势。

华为的产业组合要均衡，既要有短周期的智能终端，也要有中周期、高粘性的联接和计算业务。同时，我们也要有相对长周期的车联网业务，但总体上，还是要围绕华为 30 年来构筑的 ICT 核心技术来布局。华为要聚焦、要坚持做强产业，而不是做广产业。

点评

ICT 产业是华为总体产业组合中的基座，是华为得以持续发展的基础。ICT 产业充满着机会，ICT 团队要抓住 5G、人工智能、云等新技术带来的产业变迁机会，积极进取。华为的目标就是成为 ICT 产业的领导者，要做就做世界第一，为人类社会的发展做出贡献。

43. "南泥湾计划"：不依靠手机，华为也能存活

"花篮的花儿香，听我来唱一唱，南泥湾好地方，好地方来好风光，到处是庄稼，遍地是牛羊，是陕北的好江南，鲜花开满山，处处是江南……"这首曾经传唱大江南北的《南泥湾》是老辈人心中的记忆。这首歌的背景是蒋介石军队向抗日根据地发动大扫荡，调集军队包围了陕甘宁边区，并实行了严密的军事包围和经济封锁。当时陕甘宁边区的生活极度困难，西北地广人稀，要养活大批官兵几乎是不可能的事情。1941年3月，三五九旅旅长王震奉命开进荒无人烟的南泥湾，进行大生产运动。人民子弟兵克服种种困难，开荒种地。1943年，陕甘宁边区的生产自给率达到了100%。自力更生、奋发图强的南泥湾精神，激励着一代又一代中华儿女战胜困难、夺取胜利。

任正非将其思想精髓活学活用，用南泥湾精神比喻华为目前的处境。自华为取得5G通信领域的主导权后，美方便展开了对华为的打压。华为前首席财务官孟晚舟在异地被逮捕，华为被列入"实体清单"，美企纷纷断供。"芯片禁令"出台后，华为所有的芯片来源均被切断。在生死攸关之际，华为不得不主动"做减法"：华为被迫剥离荣耀业务，严格控制华为手机的出货量，并且暂停了一些业务，集中精力、重点发展拳头产品。华为为走出困境做了很多准备，除了打造半导体产业链，还在2021年启动了"南泥湾计划"。

"南泥湾计划"是华为的生产自救，其核心就是在手机业务严重受影响的情况下，加大5G在ICT及工业端的推广应用力度，包括在煤炭、钢铁、音乐、智慧屏、PC电脑、平板、养殖等各个领域的突破，并且全部规避了美国的技术和产品。华为是目前推动5G在ICT、AI等工业领域的应用力度最大的企业，而这些恰恰是5G最擅长的领域。短期内，相比于终端个人消费者，5G在工业化领域的应用更能发挥其双向高速度、低时延、支持高并发持续连接等优势。

任正非强调，不依靠手机，华为也能存活。除手机业务外，华为的其他业务也将尽全力提升技术研发能力，扩大业务领域与市场，以达到让华为继续保持其原有的实力规模与生存空间的目的。

"南泥湾计划"的所有业务，都符合华为的业务发展规律，符合华为所在地的市场发展规律。但华为的智能"养猪业务"和华为汽车业务这两个板块却被广泛热议。当然，不是华为真的要去开办养猪场，而是要利用华为的ICT、AI（物联网、人工智能）技术帮助养猪产业进行提升。也不是说华为真的要加入汽车整车业务，而是要华为严格坚守，发挥自己在物联网、人工智能、芯片等方面的技术优势，助力汽车厂造好整车。华为致力于造好未来网联车、智能汽车的软硬件系统、部件等。

华为机器视觉领域总裁段爱国表示："华为机器视觉要在智慧养猪上发力，推出了智慧养猪方案，让养猪业可以向数字化、智能化以及无人化迈进。"同时，华为也开始布局智能养猪计划，目前已经有了一整套的智慧养猪解决方案，可以直接通过智慧之眼实现全感知监控、机器人巡检和自动远程控制。

华为认为，在未来，数据是现代养猪的核心要素，更是养猪产业智能升级的核心驱动力。从以前以"人管"猪场为主，到未来以"数据管"猪场为主，在通过数据管理猪场的过程中，可以再运用AI技术做更多的科学决策，从而实现养猪的标准化和程序化。

对于华为"南泥湾计划"的启动，西方人感受强烈。美国一位名叫戴维斯的经济学家发文称："华为真的可怕！美方举全国之力封锁掉它的芯片来源，希望它彻底放弃 5G 领域，没想到华为在任正非的带领下，居然另辟蹊径，绕过了封锁，这样的华为，怎么可能会倒下？"

点评

华为启动"南泥湾计划"，自救行动已经展开，或将带着华为走出困局。但不可否认的是，美方的打压确实打乱了华为原有的计划，阻碍了华为前进的脚步。

第五章

营销战略：我们要的是胜利，不是山头

华为是一个强文化的公司，其中最知名的就是"狼性文化"。华为崇尚"狼性文化"，因为狼有三大特性：敏锐的嗅觉，不屈不挠、奋不顾身的进攻精神，以及团队合作的群体奋斗精神。

44. 像狼一样去战斗

华为是一个强文化的公司，其中最知名的就是"狼性文化"。华为崇尚"狼性文化"，因为狼有三大特性：敏锐的嗅觉，不屈不挠、奋不顾身的进攻精神，以及团队合作的群体奋斗精神。

狼性精神就是敏锐地察觉对手的动向和市场的变化，抓住先机、把握主动；在竞争的过程中必然会有挫败，因而想要获得胜利，必须有不怕输的精神、永不言败的信念，在市场竞争中，退却和等待没有任何意义；企业是个集体组织，就像大海的辽阔是由每滴水组成，企业的成功靠的是每一个人的努力，唯有全体奋斗，才有企业辉煌。狼是无畏的，哪怕是面对狮子这样强大的对手，狼群的拼杀力也是极强的，它们发动疯狂的攻击，以集体作战的方式，把狮子逼得无路可退，筋疲力尽。

狼在厮杀中获得成功的特性，用到企业竞争中，也会形成不可思议的力量。华为在跨国公司占尽优势的情况下，依然不断成长，是因为它更有成功的欲望，更执着地追求发展。华为总是采用在市场中尽可能有效的战术，常常以集体战的方式，斗过了强大于自己若干倍的对手，找到了生存之法。

特别是在销售工作中，最是能表现狼性中最为鲜活的一面——以整体力量向外攻击，为实现目标想尽各种办法，利用各种手段争夺市场。销售员"胜则举杯相庆，败则拼死相救"是华为狼性的具体体现。他们疯狂追求胜利，对失败有着不懈的忍耐。华为的营销人员数量之多、素质之高、分布之广、收入之高都是中国企业史上前所未有的。华为的销售队伍占全部华为员工的35%，他们大部分是国内名牌大学的毕业生，文化素质高，拿着丰厚的薪水、经过了华为专业的魔鬼训练后，纷纷投入市场的第一线，意志坚定，有不达目的誓不罢休的拼劲。由于市场销售特别耗费心力，所以一线销售的市场寿命一般只有3年。在竞争中，华为的武器不一定是最好的，但一定是最有效的，因为它的竞争力根植于它的狼性。

华为创立时，中国积贫积弱、通信行业非常落后，虽然赶上了国内通信行业的大"风口"，但大的"风口"，也意味着更激烈的竞争。华为刚创立就要面对诸多国际大企业的碾压，还要面对国企、同行的竞争，不仅要面对贷款政策的歧视，还要面对用惯了进口设备的官员们的质疑。为了获得他们的信任，华为的员工付出了很多努力。一个没有任何背景的民营企业，一个从0到1的企业家，除了拼命，别无他法。

任正非选择的这条路是一条荆棘遍布、艰辛无比的路。做销售，被忽视、被拒绝是家常便饭。有一次，为了挽救一个地方市场，华为高层管理人员风尘仆仆，亲自赶往沈阳拜见客户。管理人员刚到沈阳，便得知那个客户正在宾馆与爱立信洽谈业务，他甚至来不及吃一口饭，便立刻赶到了宾馆大厅守候。由于不知道客户什么时候才能谈完，管理人员害怕错过客户，就一直在宾馆大厅死守着，连饭也不敢吃。饥肠辘辘的他直到深夜1点半，才终于等到了客户出来。他赶紧殷勤地上前搭话，客户看了他一眼，一脸不耐烦地冷冷说了一句"没有时间"，便走了。

有一年冬天，华为的一名博士在北京首都机场接一个重要客户，因为飞机晚点，那名博士在寒风中站了4个多小时才等到客户出来。客户看到有人前来接机很是高兴，但寒暄之后，发现不是AT&T（朗讯电器）的人，便收起了笑容，毫不客气地说："我只跟AT&T谈合作。"然后便扭头走了。这样的轻视和羞辱，对华为人来说已习以为常。他们都有着一颗强大的心脏，面对旁人的不理解，只会默默舔舐伤口，做好心理建设，他们从不怨尤，不会责怪客户的傲慢，而是善于从自身找原因。他们深知，只要企业强大了，这一切轻视都将不复存在，于是他们轻弹灰尘，义无反顾地投入下一轮战斗。

没有市场就去开拓市场，华为人用努力蹚出了一条血路。跨国公司把主要城市占领了，任正非就采取"农村包围城市"的战略，去做那些条件差、利润微薄的偏远市场。

1992年，华为人张建国被派到福建。他整天开着一辆吉普车走街串巷，风尘仆仆地在各个县城和乡镇奔波。3年下来，张建国已经对当地了如指掌，他甚至随手就能画出一张福建的县级区位地图。

1994年，刚刚加入华为不到两年的李杰调任营销部门，任正非在大会上问他："你们一年最多能跑多少个县？"李杰不敢说少了，只好壮着胆说："500个吧。""好！那就按500个县定指标，你们去跑。"任正非这一招实在是狠，李杰心说"不妙"，恨不得扇自己一个耳刮子。但自己已经夸下的海口，发着抖也要撑下去。于是，李杰带着十几个人，开着公司配备的五六台三菱吉普和两台奥迪车，从深圳奔赴全国各地的县邮电局，推广华为刚刚研发的局用交换机。不管春夏秋冬、风霜雨雪，为了完成目标，李杰他们十几个人发了血誓，红着眼睛也要去跑。每个县差不多都要用 3 天时间，每个人要跑 50 个县，两年时间过去了，他们终于跑完了 500 多个县，积累的客户资料足足有几尺厚……

点评

　　狼性精神，是一种强者精神。狼群有着强烈的危机意识，它们生性敏捷、重视团队作战，并能持之以恒。在具有狼文化特征的企业里，充满了活力，有着富于创造性的工作环境。企业最为看重的是自己在行业中的领先位置，而企业的成功就在于能提供独特的产品和服务。华为能在竞争中胜出，得益于它将狼的三大特性融入核心文化，形成了独特的、有标识度的狼性文化。特别是在我国企业实力远不如世界级企业实力强大，而又必须在全球经济一体化的竞争中谋得生存机会的时候，狼性文化便出其不意地发挥了奇效，构成了实用、有效的独特竞争力。

45. 一杯咖啡吸收宇宙能量

在希腊语中，"咖啡"是"力量与热情"的意思。土耳其谚语说："喝你一杯咖啡，记你40年友谊。"法国作家巴尔扎克说："咖啡从到达胃囊的那一刻便开始拨动你的思绪。你会不断生出新的点子，想出好的比喻，思如泉涌。咖啡是文学创作的伙伴，它让写作变得不再挣扎。"可见，咖啡的功效不仅可以拉近人与人之间的距离，还可以让人保持清醒的头脑。

在阿拉伯人时代，咖啡就被赋予神奇的功能。借助咖啡，人们思考问题、梦想世界、辩论时政，咖啡"是思想家和国际象棋大师的精神食粮"。阿拉伯人就是在咖啡铺中锤炼国际象棋技艺的。来到咖啡馆，人们阅读、聊天、听音乐、下棋，在香浓的咖啡味中，让理性的思想插上浪漫梦幻的翅膀。

"一杯咖啡吸收宇宙能量"是任正非时常挂在嘴边的一句话，现在已经成为华为管理哲学的一部分，它的内涵是倡导开放的思想交流与智慧碰撞。任正非表示，公司要开放，见识比知识还重要，交流常常会使你获得一些启发。"你们年纪轻轻就走出了国门，到了艰苦地区，不要自闭于代表处，自闭于首都，要大胆融入当地社会。西方人好运动，你们固守在'闺房'中，如何交朋友？打球去、滑雪去、水上运动去……一切运动都是接近客户的机会。世界IT行业最发达的地区在美国，在持续引入高端专家的同时，我们的高级干部和专家也要冲破局限，每年走出去和世界交流，不要像中国老农民一样，只知道埋头苦干，要善于用一杯咖啡吸收宇宙能量。喝咖啡、坐在一起聊天，思维就会产生井喷，很多也许你之前没有想明白的，就会豁然开朗。我们经常参加各种国际会议和论坛，杯子一碰，只要5分钟，就可能会擦出火花，吸收很多'能量'。一天不改变思维习惯，就可能接触不到世界。不接触世界，怎么知道世界是什么样子？有时候一句话两句话就足以道破天机，擦出思想的火花，也许还能点燃熊熊大火。"华为鼓励工作组要多喝咖啡，更要经常组织跨领域的讨论交流。"1+1>2"的效果，就是要让各个工作组跨领域喝咖啡。喝咖啡是一种沟通形式，没有咖啡，白开水也可以，或者哪怕拿个空杯也行，重要的是交流。

2019年，华为新来了一位博士生，他的研究方向是"类脑智能"，是一门新兴的交叉学科。这位博士生的思想非常活跃，视野也十分开阔。他入职华为后，并不是只把自己关在实验室埋头做研究，而是在工作之余，经常去茶思屋坐坐，和高校老师与学生喝喝咖啡、聊聊技术，碰撞一下思想，也会和不同部门的专家探讨探讨学术问题、联合攻关一些技术问题。并且，他还经常同市场人员、潜在客户一起沟通碰撞，进行对前沿技术的推广和联创。

一年多过去了，这位员工在茶思屋喝了1000多杯咖啡，他的团队与产品线联合完成了20多项技术创新和成果转化，发表了十多篇论文。面对累累硕果，他感慨万分，说道："茶思屋的咖啡，都是用汗水和火花调制出来的。"

一位司机回忆起自己有一次接送任正非的故事。当时，任正非下车走了一会儿后又折了回来，对他说："我建议你不要一直在车里待着，这个成本没有任何价值，你可以去喝喝咖啡，找人聊聊天，这样有利于你更好地服务客户。"

任正非表示："华为公司的圈子还太小，你们都不出去喝咖啡，只守在土围子里面，碉堡最终是守不住的。科学家受打卡的影响被锁死了，在堡垒里怎么去航海、去开放？航海的时候怎么打卡？发现新大陆怎么打卡？沉到海底怎么打卡？从欧洲通向亚洲的海底有 350 万艘沉船，那些沉到海底的人怎么打卡？所以，我们的管理要用开放模式。一杯咖啡吸收宇宙能量，你们这些 fellow 的技术思想为什么不能传播到博士和准博士这些未来的'种子'里面去？你们和大师喝咖啡，现在为什么不能也和'种子'喝咖啡？喝咖啡是可以报销的。别怕说白培养了，不来华为，他总要为人类服务的吧？把能量输入'种子'阶段，这样就能形成庞大的思想群。就像一个石头丢到水里面就会引起波浪一样，一波一波影响世界。你们一个 fellow 能交 5 个这样的朋友，一个人有几百个粉丝，一算影响了多少人？交流也是在提升我们自己，因为我们真的想不清楚未来是什么样的。"

华为在管道业务上处于世界领先的地位，短时间内是不会被颠覆的。一杯咖啡可以吸收宇宙能量，华为包容了许多科学家，支持世界上许多卓有见解的专家进行研究，并与他们合作、资助他们的研究。华为的这杯咖啡中吸收了许许多多人才，即使出现了"黑天鹅"，"黑天鹅"也是在华为的咖啡杯中飞翔。

世界上有很多在事业上非常伟大的人，我们每个人每天都在和别人喝咖啡和吃饭，怎么他就能变成伟大的人呢？这就是沟通的力量。在一起沟通，就会有思想碰撞，就会产生火花。任正非希望通过这种形式，团结世界上所有同方向的科学家，淡化工卡文化。

与全世界喝咖啡的华为，充满了对顶级科研人才的饥渴。"打造适合外国科学家工作、生活的氛围。一杯咖啡吸收宇宙能量，让外脑们在这里碰撞、对冲，这个冲突就会产生一种新的井喷。"任正非强调。

点评

　　一杯咖啡入口，对于任正非来讲，引入的是一种能量，这种能量能够激活企业内部机体的活力。就如同黑天鹅、灰犀牛所象征的那样，"咖啡"在任正非的话语之中，是一种象征，也是一种隐喻。解决一切问题和难题的根本在于人才。用火花和汗水调制的咖啡吸收着宇宙的能量，只有用开放的心胸和格局，才能连接世界的智慧。咖啡千杯，能吸收思想能量、激发创新火花。

46. 将客户体验做到极致

要想做成全球消费者热爱的手机产品，华为就一定要追求极致创新的高品质，用户体验一定要达到高标准。在设计和研发的过程中，华为团队宁愿增加成本也要把体验做到更佳，完全不会因为追求低廉的成本而牺牲消费者的体验。如果华为有 100 元，是投在产品研发上，还是投在市场营销上？华为一定会不假思索地选择投在产品研发上。这并非华为不注重市场营销，而是把首要任务放在了严把产品质量和用户体验上，这也是华为品牌的内核和基因。

以前在高铁上，手机信号不太好，上网总是连不上，打电话也频繁掉线。对于一些日理万机的商务人士来说，时间就是金钱，分秒都是生意，因此信息沟通非常重要。有一次，华为人黄学文在高铁上遇到了一位商务人士，两人聊得非常投机，还互换了电话号码。当那位商务人士得知黄学文在华为负责手机通信质量后，便向他大吐苦水。因为工作原因，他经常坐高铁出差，很多事情都需要跟客户随时沟通交流，但高铁上手机信号实在太差了，令他十分苦恼。他问黄学文，华为能不能想想办法，改善一下高铁上的手机信号？黄学文不知道自己该如何回答，对方便继续说："其实，我也知道高铁信号这事儿，本来就不由你们华为管，但是华为做了那么多年的运营商业务，手机做得那么好，在通信这方面也有一定经验和实力，要是能把高铁上的手机信号这个问题解决了，大家一定更信服华为。"

黄学文回到公司后，把这件事在会议上说了，华为高管们纷纷表示："先不管这事儿该由谁管，凡是在我们能力所及的，消费者的痛点，我们都必须解决！"

凭借深耕多年无线业务的深厚技术基础和经验积累，华为有信心用自己的方式解决这个棘手的问题。华为决定从乘客流量最大的京沪高铁线着手，终端部门联合无线网络等业务部门，成立了"高铁通信体验提升工作组"。然而，工作组的工作还没开展，便遇到了一个大难题：如何寻找高铁上信号差的原因呢？把各种设备搬上列车，所有人都蹲守在高铁上？这显然是不现实并且低效的。

工作组集思广益，经过细致分析后，拿出了一个方案，就是利用华为的利器——"终端通信仪表测试中心"。这个高精尖的测试中心可以向全球14家顶尖运营商提供质量认证，并且通过了中国合格评定国家认可委员会（CNAS）的能力认可，还获取了全球认证论坛（GCF）、美国AT&T、中国移动、中国电信等众多权威机构的授权资质。

在测试中心，有一套业内领先的虚拟外场测试系统，只需要去实地采集相关数据和参数，就可以利用该系统进行高准确率的模拟，从而找到高铁信号差的症结所在。工作组人员废寝忘食，通过在高铁上长达7天的全程不间断通话测试，最终带回了400G的信息和掉话采样。

经过对大数据的详尽分析，工作组发现，手机在高铁上频繁掉线的最大原因其实是偏远地区的网络信号覆盖差。同时，由于手机在高铁上高速运行，造成信号每40秒就会改变一次驻留的信号小区，因而导致手机不得不快速不停顿地接收来自不同信号小区的信号，造成信号掉落。

虽然这些问题与手机质量完全无关。但华为还是决定要"插一杠子"，不仅要管，并且打算一管到底，要不然华为团队怎么会是打不烂、锤不扁、响当当的"铜豌豆"呢？

针对信号覆盖差的问题，华为找出移动、电信和联通三类手机在京沪线容易掉线的节点，由华为的无线业务专家反馈给三家运营商，共同讨论解决方案。最终，京沪线的无线网络覆盖情况得到了改善。

针对第二个症结，甚至连运营商都表示无能为力。于是，华为想到通过把网络问题转移到手机端来解决。华为利用自身强大的芯片实力，在手机芯片中增加了提前识别切换区域的功能，利用大数据技术，对京沪线每个信号小区的海量信息都进行了分析，提前搭载了最佳信号源，切换最好的信号小区，从而实现了信号交接棒的无缝对接，提高了通话质量。

这体现了华为以客户为中心、努力解决客户痛点的核心价值观。彼时，中国移动和中国电信相继发布报告，在通信能力方面，华为手机的表现是最好的。

那位商务人士一直跟黄学文保持着联络，有一次他打电话给黄学文说，现在京沪线的信号有了明显改善，华为真是太棒了，不仅是一家负责任的企业，还拥有社会责任感，这对企业来说是难能可贵的。然而他不知道的是，通信业务作为华为的看家本领，终端、无线、芯片的"端管芯"协同，在手机、芯片和无线业务上都相当成熟，能做到这一点的，全球只有华为一家。

绝佳的用户体验是华为手机研发团队的终极目标，而产品质量是华为的生命。一直以来，华为专注产品质量，把质量贯穿于产品规划、设计、供应链管控、来料质量把控、硬件研发和创新、软件开发、生产、营销、零售、售后服务等全流程。为了保证产品质量、不断提升用户体验，华为采用了高于行业标准的质量流程和体系。力求精益求精，连一个小小的瑕疵都不放过，极力避免任何纰漏出现在消费者手中。比如，为了解决一个在跌落环境下致损概率为1/3000的手机摄像头的质量缺陷，华为调集了30多个可靠性专家做了一个月的试验，用了20多种测试方案来测试。由于要摔手机才能找到问题所在，华为投入了数百万元人民币，才解决了这个问题。为了弄清楚按键的失效模式，需要反复做测试，每一次都是以100万次为单位。基于这个测试，是要看哪一个地方是薄弱环节，然后改善。再基于这个测试和华为的质量标准，对华为生产线上的按键质量定一个标准，从而保证每一个细节都能做到极致。华为的种种细节都是为了给消费者带来更好的手机。把问题解决，才能对产品质量实现全方位掌控，从而保证产品的质量。

点评

　　在商场上，真正打动用户的唯有体验。事实上，当下几乎所有的厂商都是在围绕用户体验而努力。所谓用户体验即用户的需求，只要能够深入了解用户的真实想法，解决他们遇到的问题，就可以提升用户体验。好产品一定要超出用户预期，用户在使用的不经意间，发现了灯火阑珊处的你，这就会带给客户惊喜。无论是以客户为中心还是所谓的极致的用户体验，其实都是细节见真章。全面释放技术能力，将用户体验做到极致，正是华为的独门绝技。

47. 从"破烂"里拣"黄金"

1996 年，华为打入了香港市场，并以此为跳板，向国际市场进军。华为不断派出考察团，确定了从东南亚、非洲、拉美、中东，向发达国家市场进军的战略。2001 年，华为召开誓师大会，提出"雄赳赳，气昂昂，跨过太平洋"的口号。从此，华为拓展海外市场的步伐就从"小步快跑"调整为了"大步向前"。重赏之下必有勇夫，客户经理只要会说英语、办得下来签证，一律都被派往海外。去艰苦国家工作的员工，公司每天补贴 100 美元，相当于一个月多拿 2.4 万人民币，这可是一笔相当有吸引力的巨款。

当时正值互联网泡沫破裂，互联网和通信仅一墙之隔，欧洲的许多企业把通信网络设备，尤其是 GSM 设备的价格砍了一半。当时华为唯一能保证现金流的业务就是 GSM，也就是 2G 业务。欧洲厂商一顿操作下来，华为大受影响，举步维艰。"要么拼命，要么认命，再找不到方法，只有死路一条。"经过反复权衡，为了找到公司发展新的突破点，任正非决定奋力一搏，他把视线放到了国外。墙里开花墙外香，冒险需要勇气。2001 年华为加快了拓展海外市场的步伐。

海外客户对中国缺乏了解，甚至存有偏见。他们听都没听说过"华为"，更别说接受华为的产品了。很多客户一听华为是一家做高科技产品的公司，都纷纷摇头。在他们的概念里，中国的服装玩具还可以，但交换机、通信网等高科技，简直就是玩笑。

一些员工在国外待了一年，连一个客户都见不到，精神上扛不住了，就申请离职。在很多地区，华为常常派出去的是七八个人，最后坚持下来的只有两三个。

当年，华为的一位客户经理天天在客户楼底下转悠，遇到一个人出来就上去搭话，希望通过扩建人脉，找到对方的领导。有一次，他打出租车，从聊天中得知司机是从客户公司退休的，便多给了司机100元，缠着司机给他讲客户公司的事情。

然而，正是由于客户的期待低，因此提供一种"超预期"的体验就会很容易。而"超预期"的体验对双方建立信任关系大有助益。如何才能做到既不惊动客户，又能了解他们的需求呢？华为便托人买过期的标书，或者流标的标书。这在别人眼中就是无用的"破烂"，却被华为视若珍宝，因为过期标书里显示了客户之前的需求。通过分析，华为便可以推测客户现在的需求。有了这些准备，华为就有了交流的底气。

同时，华为还积极参加各大电信展。当时国际电信联盟（ITU）每年都会举办盛大的电信展览会，每个国家也会举办自己的通信展。华为到处奔波，绝不错过任何一次展览会，一年下来，华为人人均都要参加几十个展览会。在展览会上，华为人并不会直接推销产品，而是先与对方建立联系，邀请对方来中国旅游，让对方看看中国这几年的发展成就，还有大好河山。

华为的邀请函做得别具一格，就像一本铜版纸印刷的画册，名字叫"Huawei in China"。邀请函的每一页都是中国最美的风景照，还有改革开放以后新发展起来的城市：有深圳的高楼、广州的大桥、贵州的黄果树瀑布……在黄果树瀑布底下，还写着华为在贵州解决了传输问题这个小小的成绩。

这个方法很有效，一下子就吸引了客户的注意，很多客户表现出了极大的兴趣。于是，华为海外代表处便给客户发出邀请。华为负责客户的行程，为客户订商务舱、订五星级酒店。当时从海外到中国，要先在中国香港下飞机。于是很多客户代表便抱着看一看中国的心态来了中国香港。当时香港的香格里拉大酒店里高朋满座，住满了华为拉来的客户。华为带客户在中国香港旅游，去深圳总部参观，还去了北京、上海。

任正非甚至表示，谁要是能把对方高层拉到公司，谁就是英雄，所有人给他庆功。只要是有头有脸的人物来公司，任正非都亲自接待。不仅接待，还免费送设备给客户试用。

一整套"组合拳"打下来，效果立竿见影。很多客户被中国的发展惊呆了，他们看到了中国的变化以及科技的发展。和客户的信任关系建立起来了，订单自然就源源不断地来了。

2008 年，华为在和一家东南亚电信公司合作时，对方高层特意告诉华为的销售经理，自己在 2000 年的时候去过深圳，见过任正非，当时就被任正非的胆量和魄力震惊了。

点评

"你有什么"不重要，"客户对什么感兴趣"才重要。按照对方的兴趣点提供信息，把自己变成一个服务者，是建立信任关系的第一步。在自己什么都没有的时候，唯一拥有的就是别人对你的预期。

48. 对标 100 ：1 的人海战术

任正非给华为确立的营销战术就是人海战术，不惜一切代价，集中优势兵力猛攻。

华为是一个巨大的集体，其中市场人员占了33%，而这其中又有85%以上都是名牌大学的毕业生，由他们组成了巨大、充满活力而且高素质的华为团队，是他们构成了华为的营销铁军，所到之处，攻无不克、战无不胜。

大规模、席卷式的营销战术实际上就是人们熟知的"人海战术"。这里所说的"人海"，并非单指人力，还包括物力、财力，是一个整体的压强战术。华为的"人海战术"常常强大得让对手眼花缭乱：在整体实力不如对手或与对手旗鼓相当的情况下，通过对物力、人力、财力等资源的配置，与对手形成一百比一，甚至几百比一的实力对比，成功实现重点突破。

1995 年是华为公司发生战略转折的一年，随着 C&C08 万门局数字交换机在技术和市话市场上的重大突破，公司呈现大发展的势头。然而，真正奠定华为在国内市场地位的，是华为在国内电信市场上成功实施的三次大战役。这三次市场决战是真正的集团军作战，堪称国内企业有史以来最大规模的三次行动。

1996 年，信息产业部、邮电部在北京召开全国交换机产品订货会。来参加这次订货会的人员可谓非富即贵，都是各个省市电信系统主要官员、行业负责人。第二年装机计划的市场份额能签订多少，这次订货会起着决定性的作用。

为了在这次订货会上崭露头角，华为可谓用尽了心思，足足准备了一年。订货会开始后，华为兴师动众，从各个办事处和公司总部抽调了400多人，华为各地办事处主任、项目经理、高层主管等悉数到会，可见其重视程度。当时与会的各省市领导总共才40多人，而华为参加会议的人员与与会领导之比竟然达到了10：1。华为确保了在会议期间，各个省市的主要领导、电信局局长都有专人进行全天候跟进，坚决保证了从每个省、市都能拿到第二年的订单。

当时，上海贝尔、青岛朗讯都参加了这次展会，他们明显轻敌大意了，人员配备不足，准备不够充分。基于在国内经营多年积累下来的关系和国际知名的品牌，他们有充足的信心与各个省市搞好关系，并拿到想要的那部分订单，按照继往经验，订单信手拈来。当时的华为在国内的品牌中名声并不够响亮，群众基础也不足，但是原始的人海战术的效果，使它并不逊色于这些知名品牌。他们凭借高超的销售策略，最终得以在虎口夺食，拿到了很多订单。

1998年，19个省市的GSM交换机展览订货会在北京召开。为攻坚这次展览会，任正非从全国各地代表处和公司总部抽调了500多人，租用了会场里规模最大、位置最好的展位，并做了最广泛的宣传，用了最多的人手。华为以两天花销上千万的气势，引起了巨大的轰动。

当年，华为正处于扩大公司影响和品牌知名度的时期，并且中国移动通信每年有600亿的采购量为国外大公司所垄断。华为轰动效应的结果就是获得了280万线的订单，相当于整个订货会成交量的1/3。而华为的名字也被各大媒体屡次提及，可谓"名利双收"。

在进军农村市场时，跨国公司在每个省市一般只有三四个人负责。在县区，国内的厂商一般也只派一个人，但是同一个县里，却有七八个华为人。

正是依靠"人海战术"，华为保证了快速响应客户的能力，争取了更多的生存空间。1999年，华为在内蒙古召开了华为第一台交换机开通及现场观摩订货会。当时，来自各地的客户都住在北京，为了让这些客户远赴内蒙古现场参观，华为公司花费巨资从美国租用了一架直升机，又以最快的速度从国家民航总局申请了国内临时飞机许可证，然后用直升机把客户运到了内蒙古。同时，华为还紧急从上海空运了一批大闸蟹和一位高级厨师，为客户现场清蒸大闸蟹。此次活动，仅仅租用直升机的费用就高达上千万元人民币。当然，这样不惜成本的付出，回报自然也是惊人的。此次订货会，仅其中一个省的订单就高达几亿美元。

点评

　　华为的战略观完全以客户为中心，强调客户的需求是华为发展的原动力；强调质量好、服务好、运作成本低，优先满足客户需求，提升客户竞争力和盈利能力。同时，华为在市场竞争中所创造的"100：1的人海战术"，以及"把客户震撼，把合同给我"等策略，把低成本、高素质知识型员工的优势发挥到了极致。

49. 屁股对着老板，眼睛才能盯着客户

俗话说："商如行船，客如流水。"这句话颇有几分"水能载舟，亦能覆舟"的意味。

2001 年 7 月，华为公司内刊《华为人》中有一篇题目为《为客户服务是华为存在的理由》的文章。任正非在审稿时，将其标题改成了"为客户服务是华为存在的唯一理由"。在任正非眼里，华为命中注定是为客户而存在的，除了客户，华为没有存在的任何理由，所以客户就是唯一的理由。华为的魂是客户，只要客户在，华为的魂就永远在。

客户的需求是华为发展的原动力，因为只有以客户为中心、为客户不断提供更好的产品和服务，才能建立起华为的护城河。

2011 年，日本发生了大地震，地震引发的大规模海啸袭击了日本核电站。由于余震、核辐射等问题，华为驻日本代表处的员工向任正非请示是否撤离。

任正非反问他："这个世界上还能再找一处供 1.1 亿人口生存的地方？"

"找不到。"

"你看，日本人都没地可逃，你还能逃到哪里去？"

于是，华为驻日代表处的员工们逆向而行。当其他公司都在撤退、逃离日本时，在日本的华为人却毅然进入灾区，抓紧抢修被地震损坏的通信设施。华为在第一时间恢复了 4G 网络准入的测试工作。华为

人的逆向而行令日本民众对华为刮目相看。原本日本人并不认可和信任华为，但关键时刻华为的挺身而出，让日本人看到了华为人的担当与付出。因此，就 2018 年孟晚舟无故被扣一事，东京都内一名普通市民向华为日本代表处大手町办公室寄了一封信，向华为报以声援："这次孟女士的事件，对我来说绝不是一件可以袖手旁观的事情！"

在华为，还有一个著名的"屁股对着老板"文化，即"屁股对着老板，眼睛才能盯着客户"。在华为，公司所有高管包括任正非在内，都没有专车与专职司机，因为任正非指出："企业的成本支出要最大限度地面向用户。"

有一次，任正非去华为新疆办事处视察工作，一位刚从业务一线提拔起来的管理者，听说老板要来，便兴冲冲地租了辆豪华轿车，大张旗鼓地去机场迎接。任正非一看这架势，便拉下了脸，毫不客气地训斥："这么浪费干吗，我又不是客户！你现在应该待在客户那里，他们才是你的衣食父母！"

任正非始终把客户放在第一位，也带领华为人把"以客户为中心"做到了极致。在华为，对客户倒水都是有"讲究"的。在接待客户时，华为人会提前了解客户来自哪里，提前准备好杭州的龙井、云南的普洱等；接待外宾时，华为人会先研究客户所在国的饮用习惯。就连对水温，华为的服务人员都有严格的控制：夏天与冬天倒水的温度不同，多少度的水最适宜……

2016 年，华为发布了一个处罚文件，标题是"对重要客户接待事故的问责决定"。文件显示：因为管理不到位，没做到以客户为中心，决定对相关人员予以撤职。

事情的起因便是华为在接待一批重要客户时，会议中心的人发现会议室的温度偏高，然后向物业中心求助，折腾了一小时才把温度调好，结果温度过凉，导致客户们不停地打喷嚏。

任正非认为这件事不仅暴露了管理工作不到位，更没能做到以客户为中心。因此，华为作出了通报，直接将行政服务部部长撤职。

从客户中来，再到客户中去，始终以客户为中心。

华为之所以能够走到今天，就是靠着对客户需求宗教般的信仰和敬畏，坚持把"以客户为中心"的理念做到极致。

点评

一个强大的公司必须做到以客户为中心，从客户中来，到客户中去，以优质的产品和服务打动客户，成就客户的同时就是成就自己。看似严苛的制度下，其实彰显的是华为"以客户为中心"的最高标准。正如任正非所说："生意之道，不是用利己的方式达到利己的目的，而是用利他的方式达到利己的目的。"

50. 客户每天睁开眼，看见的就是华为人

　　"七国八制"曾经是笼罩在中国通信人头顶上的一片乌云。20世纪80年代，国内通信市场上共有来自7个国家的8种制式的机型：日本NEC和富士通，美国朗讯，瑞典爱立信，德国西门子，比利时BTM公司和法国阿尔卡特，被称为"七国八制"。他们在中国大肆扩张，疯狂敛财，造就了国内早期电话网高额的初装费和长途、漫游费。这使中国的通信产业举步维艰，也让中国坚定了一定要发展自己的通信产业的决心。就是在这样的背景下，华为诞生了。但初期的华为还只是一棵小幼苗，在那些国际巨头的参天大树的阴影下，在国际通信市场上毫无话语权，但顽强的华为见风就长，终于在1997年10月24日，做出了GSM产品，打出了"中国自己的GSM"的口号，是中国2G技术的一个里程碑。

　　初期，公司实力不雄厚，在技术上不占优势，市场开拓起来很是艰难。任正非提出"压强原则"：以超过竞争对手的强度配置资源，要么不做，要做就极大地集中人力、物力和财力，实现重点突破。华为的销售像狼一样顽强勇敢，成群而上，出手又快又准又狠，从深圳坂田中心奔赴全国各地开拓市场。

　　一年春节，天寒地冻，张家口电信局的设备遇到了故障，但并不确定是哪家设备商的问题，于是只好给供应商挨个打电话，结果发现只有华为的设备维修人员还坚守在岗位上。华为维修人员第一时间赶到客户那里。一番检查后，维修人员发现不是华为的设备出了问题，

但依旧二话不说地帮着做了调试，把设备接到华为的机器上，恢复了运营。客户被感动了，搂着华为员工的肩膀，热情地说："走，哥们儿，喝酒去！"从此，张家口就成了华为最忠实的客户。

20世纪90年代，华为自主研发的C&C08机做出来时，产品质量一般，只要一打雷，大概率就会出问题，城市市场根本没有机会进去，销售队伍只能去农村试试打游击。当时华为建立了"使命必达"的狼性文化，目标就是将项目拿下，拿结果说话。任正非说："华为的产品也许不是最好的，但那又怎么样呢？什么是核心竞争力？选择我而没有选择你，就是核心竞争力！"

1998年，在黑龙江市场上，华为和爱立信兵戎相见。在产品上，并不占优势的华为"死磕"售后服务。爱立信的办事处只有四五个人，常驻省会和大城市，客户出现了问题，往往是鞭长莫及；而华为在黑龙江派驻了220人，从城市一层层深耕进县镇，全面覆盖，当产品出现一些小问题时，技术人员随叫随到，及时解决了客户的问题。这样的客户体验使华为很快占领了市场。

在中国市场野蛮生长的年代，华为把销售做到了极致。"客户每天睁开眼，看见的就是华为人"，任正非淬炼了全中国最强的销售兵种。打听到客户最近正在学开车，华为就准备一辆吉普陪客户练车；听说客户家里有事儿，华为人总会在第一时间出现；甚至连客户家里换煤气，华为人都包了。

点评

管理学大师彼得·德鲁克认为，"企业的唯一目的就是创造顾客"。任正非非常认同德鲁克的观点，他认为，企业要活下去就要有利润，但利润只能从客户那来。华为的生存本身是靠满足客户需求，提供客户所需的产品或服务并获得合理的回报来支撑，天底下唯一给华为钱的，只有客户。"华为走到今天，就是靠着对客户需求宗教般的信仰和敬畏，坚持把对客户的诚信做到极致。"华为从成立至今，一直坚持以客户为中心，聚焦核心，长期艰苦奋斗，终于进入世界信息与通信技术产业领先企业的行列。

51. 面子是给狗吃的

面子是人生中的第一道障碍。成功并不是高墙，而是一道心理的坎，只有迈过去了，才有资格前进。很多人为了脸面，困在自己的小世界里。他们不知道，一个人的成功，恰恰是从"不要脸"开始的。一个人太要面子、太在意别人的眼光，内心就会充满恐惧。前太平洋集团总裁严介和说："我们干大事的从来不要脸，脸皮可以撕下来扔到地上，踹几脚，扬长而去，不屑一顾。"一个"不要脸"的人，才能抓到生活中本来不属于他的机会。

任正非说："只有不要脸的人，才会成为成功的人。面子是虚的，不能当饭吃，面子是给狗吃的。""战胜自我"成为每个华为人进入华为的第一课，他们要战胜的，包括虚荣、自大、自卑、浮夸以及惰怠的心理。而刚刚起步的华为，招来的年轻人都很"好面子"。

江西生刚进公司时，华为还不过是个只有几十个人的初创公司，没有钱、没有技术，更没有产品，连宣传手册都没有含金量。江西生去开拓市场，每次到客户那儿，心里就犯怵，既希望能见到人，潜意识又盼望着"对方要是不在该多好啊"。有一次，江西生慕名前去拜访一位县邮电局局长，江西生有礼貌地敲门进去后，看到那位局长正在看文件，自己首先犯怵了，他低着头、满脸通红地把材料放在了桌子上，羞赧地说："局长，这是我们公司的介绍。"那位局长抬头看着他，等他继续说，江西生却不等对方答话，就跑了出去。跑出来后，他哭笑不得，非常悔恨自己的怯懦。

任正非就是在这个时候提出了"不要脸才能进步"的观点。他要求员工，到了华为，一切从零开始。华为是靠业绩说话的，任何人过往的辉煌在这里都必须被清零。所以，任何人必须战胜自我，包括虚荣、自大、自卑、浮夸以及惰怠的心理。

在"不要脸才能活下去"的鼓励下，当年胡厚崑在广西推广业务时，有一次去广西百色市邮局拜访局长，他连续去了两天都没有机会进门拜访，要么是人不在，要么是好容易等到人家在了，但是进出办公室的人还是很多。他一直找不到机会，就傻傻地在走廊里等，直到2天后，才有机会进门。

李健在尼日利亚做产品时，大费周章才辗转预约上对方总裁，结果总裁一直在开会。他怕错过，就一直在总裁门口等，直到3个多小时后，对方总裁出来上厕所，李健赶紧堵在厕所门口，对方总裁这才答应给他谈话的机会。

魏承敏在河南做售后工程师时，为了给客户维修交换机，每天辗转于村镇、矿山。要知道，越是天气恶劣，通信信号就越容易出故障。有一年冬天，大雪纷飞，魏承敏和同事连续三天三夜奔走在山间村野，坐大巴、手扶拖拉机，为客户维修交换机，饿了就在农户家吃，困了就在机房里睡。

在华为，这样的例子比比皆是。华为人的脸皮就是这样一天天被磨厚的，意志力就是这样慢慢地变得坚韧起来的，而他们的个性也变得粗糙和"匪性"，富有冲劲和狠劲。华为人越来越像一头头彪悍的"土狼"，业绩自然也是"噌噌噌"地往上蹿。后来，江西生成了华为董事会秘书；胡厚崑成了华为的轮值CEO；李健曾创造了一年4亿美元的业绩，销售额连续几年全球第一，成了华为西非地区部总裁；魏承敏则成了华为南太地区部总裁。

就像任正非说的："不要脸的人，才能进步。"华为人进步了，华为也就进步了。现在，华为不仅实现了任正非要在全球通信市场"三分天下有其一"的豪言壮语，也成了世界 500 强企业。

作家朗蒂在《你的脸皮就是太薄》中写道："你不比任何人好，也不比任何人差，你就是脸皮太薄而已。"人，其实谁也不比谁强多少。有时候，人和人差就差在这张脸皮上。这世上所有的光芒万丈，背后都是一个豁得出去的人。你只有先学会不要脸，才可能在未来长脸。

任正非说："谁能忍受别人忍受不了的痛苦，谁就能走在别人的前面。没本事的人，才处处在乎面子。"

哲学家叔本华说："人性最大的弱点，就是太在意别人怎么看待自己。"死要面子活受罪，最终伤害的只有你自己。而比保住面子更可贵的是：脸皮厚、手段硬、身段低。这才是一个人最了不起的才华。面子是虚的，不能当饭吃。只有真正经历过贫穷的人，才会迫切地想要成功。

点评

人生在世，无非是笑笑别人，然后再让别人笑笑自己罢了。把自己看得太重的人，很难做成大事。只有克服了恐惧，不再在乎自己的面子，不再在乎别人的眼光，才能成长。现在不要脸，将来才能长脸。脸皮太薄的人，容易放弃，一生都逃不出卑微和贫困的牢笼。一旦学会了"不要脸"，我们的内心就会变得更坚强，不再容易被打倒。最后你会发现，一旦鼓起勇气"不要脸"，人生就会别有洞天。

52.华为销售铁三角

解放战争时期，林彪发明了三三制战术。所谓三三制战术，就是以班为基础，每3个人一组，1个人进攻，1个人掩护，1个人支援。班长、副班长和组长各领导1个小队，进攻时战士在前、组长在后，组成一个三角形。3个战斗小队组成1个战地班，3个战斗班组成一个战斗群，层层递进、相互衔接。战斗一开始，士兵听从组长的指令交换战斗队形，或进攻或防守，一个27人的战斗群可以覆盖800多米的战线。这样排兵看上去好像兵力分散了，实则更加灵活，战斗力反而更强。这种战术，在白刃战中优势巨大，能攻能守，互为支持，可以避免大的伤亡。

"三"往往代表着稳定，比如三足鼎立、三权分立、三位一体。而华为销售铁三角则是在实践中产生，在华为的产品销售中发挥着巨大的作用。

2006年8月，华为在苏丹电信项目的招投标中，折戟沉沙，一败涂地，整个团队备受打击，陷入了迷茫之中。团队决定对项目进行复盘，他们发现，当时客户召开网络分析会，代表处派了七八个人去参加，然而在客户提出相关问题时，每个人都在忙着解释自己领域的问题，却没有人在意客户关心的总体解决方案。这样自然会让客户不满，客户CTO抱怨道："我要的不是一张数通网，也不是一张核心网，更不是一张传输网，我要的是一张可运营的电信网。"另外，这个客户处在地广人稀的沙漠地区，细心的竞争对手"投其所好"，为客户设计了用太阳能和小油机发电的光油站点，这些贴心的设计极大限度地降低了客户的运营成本。而华为却忽略了这一点，依旧采用传统的大油机，在这点上没有基于客户的痛点，响应客户的需求。

其实客户经理当初在跟客户交流时，已经清晰地获知了客户的需求，却没有端到端负责的伙伴来响应客户的需求细节。受制于各个产品部门的属性，华为的各位代表只能各自按照自己所负责领域的产品给客户做方案配置，导致数通产品设计的是数通网络，传输产品设置配置的是传输产品，核心网考虑的是核心网设备，最后项目败走麦城。

这次失败不是简单的沟通传递不到位的问题。华为在深层次挖掘问题背后的原因时，发现这其实是组织架构的问题：没有一个端到端的、完整的、具有担责能力的组织，去对齐覆盖客户的需求，并保障客户需求的落地。

表面看，华为有负责客户关系的客户经理，有负责产品方案的产品经理，还有负责交付的交付经理。但他们各自为政，没有共同的目标和利益驱使，这样的组织是松散的、割裂的。表现出来的现象就是客户经理不懂产品，产品经理不懂交付，而交付经理又不关心客户。

项目需要的是综合解决方案，而产品经理只负责某一类型的产品，缺少一个强有力的方案经理，把几种产品进行拉通，综合各产品的优劣势，设计一个综合的解决方案。

在项目拓展中，客户预算虽然早已确定，但每个产品经理都恨不得把自己的产品多塞一些，增加自己的业绩 KPI。他们往往都是从自己产品部门的利益考虑，而不是从客户的利益考虑。这样在整体方案层面就很难给客户一个最优方案，也很难最大化地为客户创造价值。

苏丹代表处痛定思痛，吸取了教训，也充分意识到问题的严重性。他们及时地对自己的销售组织和模式进行了调整，以做实、做厚客户界面。

2006年年底，苏丹代表处任命小尧、小金、小海三人共同组成客户系统核心管理团队，由小尧统一负责客户关系，大部分时间是以小尧为主。小尧作为AR，负责对客户关系的规划和拓展，比如什么时候该做什么动作；小金作为SR，负责产品与解决方案工作，负责制定综合解决方案，协调内部资源；小海作为FR，负责交付工作，在方案制定以及报价阶段就介入其中，识别项目的交付风险，以保障方案的可交付性，并且后续项目落地后的交付工作也由他全权负责，确保交付成功。

三人同心，其利断金，这种模式被称为"铁三角"。为了夯实"华为铁三角"这个刚刚诞生的3人小组，夯实"铁三角"的运作，从而达到做实、做厚客户界面的目标，代表处在摸索中形成了一系列规则。3人小组同吃同住、一起见客户、一起参加项目分析会、一起办公、一起踢球。

就这样一段时间过去了，部门墙不知不觉地被推倒了，3个人彼此之间了解越来越多，相处越来越融洽。顺其自然地，在客户界面也实现了接口的归一化。

华为团队的变化像波浪一样，一点点荡漾进客户的心里，客户很快觉察到了华为的变化：从前众说纷纭的现象不见了，取而代之的是统一的接口、统一的声音，对客户提出的每一个问题都有精准的回应，客户交代的事情，事无巨细都有着落。华为成了一个靠得住、信得过的伙伴。

客户的认可和信任是最大的支持，代表处的业务一改过去的颓势，得以快速发展。代表处取得成功之后，地区部也借鉴代表处的这一模式，将其在地区部层面关键客户系统部进行推广，也取得了优异成绩。

后来，华为公司销售部就把在苏丹的这一模式进行了提炼和萃取，并在全国进行推广，最终形成了"华为铁三角"运作机制。这一市场模式帮助华为在这十来年间取得了突飞猛进的增长。

点评

华为铁三角的产生带有偶然性。而铁三角这种模式在华为扎下根，并得到广泛的运用，又带有必然性。任正非一语中的地点评道："我们系统部的铁三角，其目的就是发现机会、抓住机会，作战规划前移，呼唤组织力量，实现目标完成。系统部里的铁三角，不是一个三权分立的群体，而是一个紧紧拥抱在一起，聚焦客户需求的共同作战单元。目的只有一个：满足客户需求，成就客户理想。"

53. 最好的说服，是走进客户的心里

大多数职位有门槛，必须具备一定的行业能力，就是要有一技之长，有了一技之长，我们才能踏入某个喜欢或者擅长的行业。在很多人看来，销售是一个入行门槛比较低的工作，但要想真正做好这份工作，成为一个能拿单、懂客户、赚大钱的优秀销售人员，绝非易事。就像学下棋一样，理清其中的规则可能用不了几天，但要成为大师，却是需要不断总结经验、精练技艺的事情。

2020年10月，"得到"APP的创始人罗振宇做了一期《最好的说服，让人一眼看到终局》的分享。罗振宇讲了一位"华为云"销售，是如何用一封邮件打动他，让他下决心把合作多年的数据服务商"阿里云"换成"华为云"，并把每年几千万的订单给华为的。

罗振宇讲了他与"华为云"结缘的经历。原来，作为知识服务应用"得到"APP的创始人，不少提供企业服务的公司都向罗振宇伸出了橄榄枝，其中不乏一些互联网巨头。能与这些财力和技术都十分雄厚的公司合作，无疑是一件双赢的事情。可是，由于选择太多，罗振宇反而感到眼花缭乱、患得患失，难以做出最终的决定。

一天，罗振宇收到了一封电子邮件，是"华为云"的一名销售主管发来的。在邮件中，这名主管陈述了"华为云"想与"得到"合作的意向。

华为云的销售主管表示："'华为云'是那种正在不断成长为并

且可以与客户共同成长的公司，我们要帮客户赚钱，而不是赚客户的钱。我们为'得到'的企业知识服务挑选了一个优质客户，只要'得到'愿意，500万的订单马上就可以签。这个合作跟'得到'是否选择'华为云'做数据服务商没有任何关系，请你们不必有压力。我们华为云的总裁和副总裁都是'得到'的用户，他们非常关心华为云和'得到'的合作进展。所以一旦和'得到'合作，我们必然会投入最好的资源。拒绝我们100次，也不要紧，我们会再沟通101次，因为我们坚信华为云是'得到'最正确的选择。"

这封邮件还用了时下热门电影《金刚川》的梗来抒情进行收尾："我们没有'美式装备'，但是在您最需要的时候，我们一定是金刚川上的那座'人桥'。"

罗振宇的"得到"App很值钱的东西其实是大数据，而他们的数据是放在"阿里云"上的。"华为云"一直想搞定罗振宇，希望"得到"能把数据业务放到"华为云"上。

正是这封小小的邮件，让罗振宇下定决心，要把已经合作多年的"阿里云"换成"华为云"。一封小小的邮件，就搞定了几千万的订单。

其实，这封邮件并没有让罗振宇特别心动的地方，但信的末尾那句"我们没有'美式装备'，但是在您最需要的时候，我们一定是金刚川上的那座'人桥'"一下子打动了罗振宇。

罗振宇表示："之前我们跟'华为云'没有合作，这句话无疑具有广告一类忽悠的性质，但在我的眼里，至少这是一个崭新的'忽悠'，因为《金刚川》刚刚上映，这绝对不是话术库里面调用的材料。它使我看到了华为人的创意和诚意。这就像面对一个把握了时代脉搏和客户痛点、愿意倾其所能为客户服务的人，让人难以拒绝。于是，所有的顾虑和障碍似乎都消失了，我眼前只有一条路，通向和它的签约。"

就这样，凭借实实在在的影响力和"竭尽全力以客户为中心"那句话，"华为云"得到了罗振宇的认可，并使其下定决心和"华为云"签约。

罗振宇感慨道："最好的方法，既不是站在他的对立面威逼利诱，也不是站在他的身后玩套路，而是走在他的前面，为他清扫障碍。"只有真正能与客户共同成长的销售，才能与客户有更为长远的合作。也只有这样的销售，才能真正走在客户前面，为客户扫清障碍。

在罗振宇看来，这段话不仅仅是业务上的诉求或者营销，而是"一个人倾尽自己的才华，对世界的感受，对客户的理解，并且倾其所能为客户做方案"。他直言，自己和华为云签约的所有顾虑和障碍似乎都被搬走了。

在罗振宇演讲后的一天，华为公司副总裁、"华为云"BU总裁郑叶来也正式回应："华为存在的唯一理由是为客户服务，这是我们的本分。'得到'通过传播知识启迪人，'华为云'用科技创新为客户创造价值。"

这就是华为的三大核心价值观的第一条：以客户为中心。当华为的销售团队不但懂得了客户的需求，还能和客户共同成长，并且真的理解了产业所坚守的长期价值时，无往不利是顺理成章的事情。

点评

华为之所以能有如此厉害的销售，其背后的真正核心原因，其实是华为"以客户为中心"的价值观已经融入了华为员工的血液中，大家都会自觉地换位思考，站在客户的角度思考其问题的痛点，并提供可行的解决方案，成就客户已经成为华为员工自觉的工作习惯。

54. 要倒下五拨人，才能起来一片市场

"雄赳赳，气昂昂，跨过太平洋，去欧洲，去非洲……你们这一去，也许就是千万里，也许 10 年、8 年，也许你们胸戴红花回家转。但我们不管你是否胸戴红花，我们会永远地想念你们、关心你们、信任你们，即使你们战败归来，我们仍美酒相迎，为你们梳理羽毛，为你们擦干汗和泪……你们为挽救公司，已经无怨无悔地付出了你们的青春年华……一切困难正等着我们去克服。你们背负着公司生死存亡的重任，希望寄托在你们身上……"这是华为在决心开辟海外市场时，任正非的讲话。

拿破仑说："战争来了又走，我的士兵依旧忠诚。"市场没有留给华为选择，华为的开局之路荆棘遍布，那些地方往往治安混乱、政局动荡、恐怖主义横行。通信设备的市场周期长，一经选择，安装、维护、更新，双方的合作会保持很长一段时间。成熟市场的电信业务早已被通信巨头们瓜分殆尽，华为机会寥寥，只能在夹缝中求生存，关键时刻不得不再次祭出屡试不爽的"农村包围城市"的法宝。

那些经济不发达地区的医疗卫生状况堪忧，这也是华为人要迈过的一个大坎：在非洲与疟疾作斗争，在越南与登革热搏斗，身体和意志必须时刻在线。哪一样投降了，人就回不来了。华为人在开罗经历空难；在刚果，华为员工正在开会，突然子弹就射到了屋内的墙上，众人抱头蹲卧；在阿尔及利亚，一场爆炸，留下了冒烟的烧焦汽车和

四溅的鲜血。很多时候爆炸点距离自己仅百米之遥，死神和自己擦肩而过的感觉，华为人深有感受。同时，单身青年的压抑、夫妻分居的苦恼、孤独环境下的抑郁，成为一代华为人的共同话题。这就是典型的华为出海之路，荆棘遍布、无限风光的险峰就是一种战胜自己的美。华为的江山是年轻人用身体和青春一寸一寸打下来的。

比俄罗斯天气更冷的是俄罗斯的市场。初来乍到的华为，由一匹来自南方的狼硬生生被冻成了冬眠的北极熊。20世纪90年代，伴随着俄罗斯经济的衰退和全球电信业的泡沫，俄罗斯市场冷清，却依旧在商店门口悬挂着"本店不出售中国货"的标语，以此来标榜自己的信誉和质量。华为人在俄罗斯连客户的面都见不着，在俄罗斯通信市场整整耕耘了6个春秋，华为才得到了一张38美元的更换设备零部件的订单。同样的剧情也在巴西上演，为了第一笔订单，华为整整蛰伏了5年。

华为人尝尽了在战争中搏杀的残酷和等待的煎熬，也锻炼出了华为无坚不摧的钢铁意志。和商业巨头博弈，并且完美胜出的光辉历程，给了华为人莫大的鼓舞与信心，接下来，他们要奔赴欧洲市场证明自己，到高手们的老家打天下。

登陆欧洲首战南斯拉夫，华为做好了充分的准备。为表达最大的诚意，他们摊薄了利润空间，以最低的报价，让利给客户，自认为能打动对方，结果对方却根本不信任中国人，并认为华为的低价是商业陷阱，而宁愿选择报价更高的阿尔卡特。中国人在欧洲被看轻是常态。再者，进入英国市场需要通过英国电信采购认证团十二个方面的认证。华为战队为此高度戒备，严阵以待。结果，英国专家一句："从端到端全流程的角度来看，影响华为将产品和服务高质量交付给客户的五个最需要解决的问题是什么？"在场的华为最有经验的专家和高层，居然没有一个人答得上来。原来，新层次的对决没有任何地方可以讨巧，就是硬碰硬。去掉招式，双掌相接，比内力、比产品和服务的竞争力。

2005 年 12 月，华为终于和英国电信签订了正式合同，标志着华为正式被英国接受。同时宣告的，还有马可尼丧失了和英国电信长达数十年的战略合作，黯然出局。曾经风光无限的英国电信巨头在几个月后几乎快被华为收购，却最终因为政治原因没能成行，落入了爱立信之手。

2011 年，日本福岛发生了"3.11"核事件，爱立信的售后服务人员出于安全担忧离开了日本，而华为的员工却仍然在灾区坚守工作。日本人民当然被这种职业精神感动了，还特别给予华为奖励。2013 年，华为在日本的销售收入暴增到 20 亿美元，是 2011 年的 4 倍。

有一次，华为驻尼日利亚的一个代表与客户谈项目，结果对方 CEO 当面冷冷拒绝了他的合作请求，因为对方已经选定了两家西方厂商，并不准备再选第三家。表态之后，对方甚至不准备继续和华为的代表说话，转身就离开了。尽管被兜头泼了一瓢冷水，但华为代表并没有放弃，而是继续寻找合作的机会。功夫不负有心人，一天晚上，华为代表听说对方 CEO 第二天要在北方的一个小镇举行婚礼。于是和同事冒着瓢泼大雨，坐飞机赶往婚礼现场。

当对方 CEO 在婚礼现场看到浑身被雨淋得透湿的华为代表时，心里万分感动，终于松口答应给华为进行项目投标的机会。华为代表抓住机会，阐明华为产品的优势，最终在竞争中脱颖而出，生生从对手手中抢走了一大块地盘。

要倒下五拨人，才能起来一片市场。在华为公司，一旦发现了市场商机，华为立即会采取出击的行动，并依靠人数优势和团队力量来赢得竞争。比如在华为发展的初期，为了吸引更多客户的关注，每一次参加通信展览时，别的公司只安排一个人来接待客户，而华为却安排了 10 个人来接待。这 10 个人分工明确，服务周到，通过完美的配合，很快赢得了客户的高度认同。

有家企业曾经和华为一起竞争河南市场，可是进入市场后，却不无感慨地说："这是一场你很难赢得的竞赛，因为你永远会发现自己面前站着一群华为人。"正是因为采取了合作的方法，所以华为常常可以击败比自己更加强大的对手，从而轻易地占领市场。

 点评

　　这些不过是华为抢夺市场的一个缩影，实际上华为能够从一无所有，到成为市场上最强大的领导者，依靠的就是这种不懈的努力和永不放弃的精神。哪怕困难再多，哪怕对手再强大，在华为人眼里，只要还有一丝机会，都值得为之努力。

55. 一封来自马来西亚的信件

任何企业都无法保证能满足所有客户的要求，也不能保证自己的产品或是服务不出瑕疵，更无法保证自己提供的客户服务能让所有客户满意。面对客户的投诉，如何应对是一门艺术。

2010 年 8 月的一天，刚刚从国外出差回来的华为董事长孙亚芳打开邮箱，看到了一封来自马来西亚电信 CEO 的投诉信。这封邮件是 5 天前发送的，长长的邮件中投诉了华为严重的履约和交付问题、项目管理不专业、未按要求配备优秀专家资源等问题，其中写道："华为的表现并没有达到我对于一个国际大公司的专业标准的期望……过去几个月里，多个问题引起了我们管理团队的高度关注和忧虑……"从谨慎而克制的措辞中，孙亚芳可以看出这是一封酝酿已久的正式投诉信，礼貌的用词里透着满满的失望与愤怒。这封邮件还同时发送给了所有与马电项目相关的华为管理层，包括华为销服总裁、亚太片区总裁、南太地区总裁、马来代表处代表以及马电系统部相关人员等。

距离收到邮件已经 5 天了，客户还没有得到任何人的回复。这封邮件在华为引发了轩然大波，孙亚芳看到后非常重视，认为华为已经触及了客户的底线。

在孙亚芳的强势推动下，华为一边正视客户提出的问题，积极改进，以寻求客户的谅解；一边开始复盘这件事，在内部检讨、反省，吸取教训。

2011年《华为人》第一期的新年贺词中就刊载了一篇题为《我们还是以客户为中心吗？——马电事件始末》的报告文学，详细介绍了华为是如何让客户失望的。任正非痛心地表示，要揭开伤口，让大家看看我们的丑。

从2007年到2010年，华为在马来西亚从小到大，发展成了马电的第一大电信设备服务伙伴。随着合作的加深，客户对华为提出了更高的期望和要求。可惜华为内部受部门墙和官僚主义的影响，没有认真对待客户的要求，最终引发了客户的愤怒。

这种现象是与华为"以客户为中心""为客户服务是华为存在的唯一理由，客户需求是华为发展的原动力"的文化价值观相悖的。

在复盘和反思中，华为所暴露的大企业病有些触目惊心：重合同轻交付，交付过程漏洞百出；部门墙严重，各自为政，出现问题互相推诿；为了合同胡乱承诺，产品跟不上却又隐瞒真相；文牍主义，不到现场解决问题，在邮件短信中扯皮；高层麻木和官僚主义；报喜不报忧，人人抱有"侥幸心理"……

当时，马来西亚华代表处代表就反思道："我可以为获取一个合同而凌晨四点睡不着，而从来没有为交付凌晨睡不着觉。"从研发到市场，大家都是为了抢订单而忙碌。当合同签订后，从上到下，更多关注的是合同金额和回款时间。这是很多企业在从小到大的成长过程中都不可避免的。伴随着企业成长，人员增加了，文化却稀释了。亚文化强化，主流文化弱化，这样的心态自然就影响到了交付的质量。马电对华为寄予厚望，但华为的表现却让客户大失所望。客户要的是端到端的综合解决方案，但华为还保留着孤立的项目交付习惯。

孙亚芳反思说："客户发出投诉信后，各级主管关注的焦点不是解决问题，而是如何回复邮件，这是严重的本末倒置。"

在客户投诉后，华为没有高层在第一时间赶赴现场，对客户承担责任，"以客户为中心"变成了"以自己为中心"，把客户当成了销售的"猎物"，居高临下，不重视客户需求，而习惯通过销售手段教育、说服客户接受自己的方案，自以为是，想牵着客户的鼻子走……

即使华为成功如斯，也未能幸免。随着企业规模的持续扩大，华为内部开始滋生官僚主义，产生大企业病，内耗严重，而距离客户却越来越远……以此为契机，华为掀起了一场文化大讨论，并随之开展了流程优化和清理行动。

马电报告的最后，摆在全体华为人面前的是一种选择：以客户为中心，会成为天才；以领导为中心，会变成奴才；以自我为中心，一定是蠢材。聪明的华为人当如何选择，自然是不言自明。

2011年3月7日，孙亚芳到访马来西亚电信总部大楼，客户在表示欢迎的会议上打出了"风雨同舟"四个汉字，华为重新赢得了客户的信任。

经历马电事件之后，华为公司上下对如何"以客户为中心"有了更深的领悟——只有服务和成就客户，公司才能成功。经过一次极大的对公司价值观的叩问，华为人戒骄戒躁，知耻而后勇，完成了一次浴火重生一样的反思和改进。

点评

坚守"以客户为中心"的价值观是华为过往成功的关键，也将是华为在未来继续成功的基石。更进一步，华为将通过制度和流程来对抗机构膨胀、文化稀释的趋势。每个人都会犯错误，企业更是如此，关键是要懂得自我反省、不断改进。"马电事件"对华为是一个大的警醒，但华为还是能够坚持自我批判的精神，仍有把脓包捅破的勇气。

56. "不戴工卡的华为人"：灵敏的神经末梢会成全一个企业

华为服务专营店店员、热线接线员、官网客服等是华为终端的一线服务人，是离消费者最近的一群人，无论是咨询问题、购买手机还是售后服务，都与他们密不可分。这个在全球拥有8000人的服务队伍，被称为"不戴工卡的华为人"，他们大部分是华为合作伙伴的工作人员，然而却也深深践行着华为的服务理念——将每一次服务变成消费者温暖的回忆。

小溪在哈尔滨华为客户服务中心担任技术顾问，每天的工作就是帮助客户修复有问题的终端设备。一天小溪拿到了一台P8故障机，顾客反映"用耳机听音乐、接电话时偶尔听不到声音"。小溪对手机进行了20分钟的测试，也没有出现顾客所描述的情况。于是小溪走出维修间，找到顾客温先生，想要了解详细情况。当小溪看到温先生时，瞬间明白了修复这个故障对他来说有多么重要。

原来，温先生的耳朵上戴着助听器，听力非常弱，和小溪沟通主要是靠他的家人。小溪特别理解温先生的感受，在失聪人的世界里，声音是很美妙、很珍贵的东西。小溪暗下决心，一定要想办法将温先生的手机修好。

小溪建议温先生把手机留在服务中心维修，等修好了再通知他们过来领取。温先生和家人欣然同意了。在对手机进行了持续的测试后，第二天技术人员终于找到了故障的原因：原来是耳机孔小板出了故障。技术人员立刻给故障机更换了耳机孔小板，问题自然就修复了。

考虑到温先生家离服务中心比较远，前来取手机极其不方便，光单程就需要 3 小时的车程。于是，为确保故障不会再次出现，技术人员通过听音乐和打电话的方式来对维修后的手机进行反复测试，直至确定耳机不会再出现类似的故障，小溪才打电话通知温先生的家人来取手机。

温先生和家人随后匆匆来取手机。为了节省他们的时间，小溪告诉他们已经对手机进行了测试，可以把听音乐和电话的记录清空。但温先生和家人说，保留这些数据就好。

在温先生取走手机的几天后，一个包裹被送到了哈尔滨客户服务中心，里面有一面锦旗和一封感谢信。原来温先生在查看测试数据时，发现手机在维修期间有几百首音乐的播放记录和几十个通话记录，他被深深地打动了。

虽然这只是小溪普通的日常工作，但"始终积极面对消费者的问题并迅速解决消费者的问题，做问题的终结者"是华为终端服务承诺中十分重要的一条。站在消费者的角度，感同身受地帮助消费者解决问题，即便只是更换一个很小的零件，都要能让消费者感受到我们服务的温暖。

这只是华为服务客户的一个小案例，通过每一个终端服务人真诚、用心的服务，华为能做到让温暖看得见、听得着、摸得到，将每一次服务变成消费者温暖的回忆。

任正非表示："我们借助消费者对华为服务的温暖感知，通过消费者的口碑影响更多的人。售后服务，不仅仅是把机器维修好，而是建立好与消费者之间的连接，随时准备好尽最大的努力去帮助每一位顾客。"

每个企业在发展的过程中都会喊出"以客户为中心""客户第一""顾客至上"等口号，但真正能把这种理念落到实处的企业并不多。

很多企业在发展后期就开始盲目追求利润、忽视客户，这样的企业最终也难逃失败的命运。因此，为了使华为能够基业长青，任正非始终坚持"服务客户是华为存在的唯一理由，客户需求是华为发展的动力"的战略。

点评

迟钝的神经末梢会毁了一个公司，而灵敏的神经末梢会成全一个企业。客服是公司的窗口，客户对于公司形象的认知可以说是从客服人员开始的。客服人员的服务态度、素质、专业性、语言习惯、遣词造句，甚至声音等都会影响客户对公司的印象。

第六章

竞争战略：我们要看"山外的青山，楼外的楼"

任正非表示："和平是打出来的。我们要用艰苦奋斗、英勇牺牲，打出一个未来30年的和平环境，让任何人都不敢再欺负我们。我们在为自己，也在为国家。为国舍命，日月同光；凤凰涅槃，人天共仰。历史会记住你们的，等我们同饮庆功酒那一天，于无声处听惊雷。"

57. 芯片战争：没有人能熄灭满天星光

芯片又叫集成电路或者CPU处理器。芯片可以控制计算机、手机、电视等所有电子设备的心脏。从摩尔定律开始集成上亿颗晶体管，从平平无奇的沙子华丽转身为高科技CPU，一个小小的芯片就像一个宇宙一样，包含着数以万计的电子元件。芯片加工是人类最复杂的工序，多达5000道高精度的加工环节。

芯片是人类智慧的顶尖成果，难度堪比航天飞机。芯片是维护网络安全的一把坚韧的锁，随着网络边界和云计算带来的诸多不确定因素，对于芯片的要求也在不断提高。哪个国家掌握了芯片最先进的研发制造能力，哪个国家就能掌握对未来信息科技的优先权、主动权，所以芯片的重要性在信息科技时代不言而喻。

但芯片行业又被称为"吞金兽"，建立一个8寸大小的芯片生产线需要投入大概14亿美金，而12寸的芯片则要28亿左右。并且芯片内晶体管的容量每隔18个月就会翻一番，这就意味着芯片的工艺材料和设备都要频繁地进行更新和提高。研发壁垒太高的芯片技术需要耗费相当长的时间才能被攻破，所以随着芯片技术的不断发展升级，投入的研发成本也会随之大幅上涨，很多企业研发到半途就突然资金不足，这也是芯片被垄断的一个关键原因。

同时，光刻机又被人们称为"用光雕刻的机器"，是芯片制造的核心设备之一。作为目前世界上最复杂的精密设备之一，我国的光刻机技术还处在起步的阶段，主要依靠进口。我国虽然有着最大的半导体市场，而且是全球第二大集成电路设计国，仅次于美国，可是我国的大部分集成电路产品仍然停留在中低端，端芯的占有率更是几乎为零，因为芯片产业已经被外国大面积垄断了。截至 2018 年，我国的集成电路依然有着高达 90% 的进口率，每年用于进口集成电路的钱多达 2000 亿美元，在我国众多进口产品中稳居榜首。

过度依赖进口，就会被"卡脖子"。

2019 年 5 月 16 日，美国列出实体清单，从芯片的设计、加工、到封装、测试，对中国进行全面的技术封锁，禁止各国企业将芯片出口给中国，断供华为等 185 家中国高科技企业的芯片。美国的"一纸禁令"让华为面临无芯可用的局面。

很快，华为海思就在致员工的信中提到了"备胎转正"："多年前公司就做出了极限生存的假设，预计有一天，所有美国的先进芯片和技术将不可获得，海思走上了科技史上最为悲壮的长征，为公司的生存打造'备胎'。今天，是历史的选择，所有我们曾经打造的备胎，一夜之间全部转'正'。"

其实，任正非早在 1991 年就开始布局海思。成立于 2004 年 10 月的海思半导体有限公司总部在深圳，在上海、北京和美国硅谷、瑞典均设有设计分部。其前身是创建于 1991 年的华为集成电路设计中心。海思的产品覆盖无线网络、固定网络、数字媒体等领域的芯片及解决方案等。

可见华为很早就意识到芯片的发展前景及其对于半导体行业发展的重要性，任正非的眼界和格局果然非同凡响。

然而，华为虽然拥有海思这样的芯片设计技术，但是苦于没有高端的光刻机，生产不出高端的芯片。在美国禁令之后，就连台积电代工的麒麟 9000 芯片也停止了生产，麒麟系列高端芯片或成绝版。此时，华为做出了一个艰难的决定——把荣耀分割出去。这样不仅减少了芯片的消耗，同时也让华为有了更多的资金投入芯片的自研中，并且华为还在上海建立了芯片厂。

在华为遭遇了不公平的待遇后，我国的半导体行业也开始慢慢发展起来。2020 年 9 月 16 日，中科院宣布把光刻机的研发列为我国的科研清单，并同时成立了光刻机研发团队。

华为所生产的海思芯片一下就拿下了国内一半以上的市场，海思也成了全球第十大半导体企业，这一切都得益于华为对于研发的大体量资金投入。华为每年营收的 20% 都会被拿出来充当研发资金，华为 10 年来的研发投入高达 8450 亿，光 2021 年的研发投入就有 1427 亿。华为成为国内研发投入最高、全球研发投入排名第二的企业。华为之所以在研发投资上花这么大的力气，是想加速在芯片领域的突破。

任正非表示，"芯片的攻克，无非是时间、工艺、资金问题！"华为还有意利用堆叠技术打造高性能芯片，进一步解决工艺难题。中国现在虽然已经在大力研发芯片了，但还是面临着很多棘手问题和阻碍，资金问题虽然不用担心，可高科技人才却十分短缺。资金是外部力量，人才是研发的根本核心力量。

没有白费的努力，一点一滴都藏着收获。如今华为全新的芯片已经诞生了，说明华为的努力没有白费，国内在造芯工艺上也已经取得了相应的成绩，相当于已经成功了一半。

任正非表示："和平是打出来的。我们要用艰苦奋斗、英勇牺牲，打出一个未来 30 年的和平环境，让任何人都不敢再欺负我们。我们在为自己，也在为国家。为国舍命，日月同光；凤凰涅槃，人天共仰。历史会记住你们的，等我们同饮庆功酒那一天，于无声处听惊雷。"

点评

一个企业的领导人要有战略洞察能力，要能居安思危，等到危险真正来临之时才能临危不乱。能够令华为成长为今天这样的庞大企业，任正非的高瞻远瞩当居首功，在很多重要关口，都是他的远见帮助他做出了最正确的选择。研发 5G 技术、创立海思自研芯片技术……如今这些技术也已经开花结果了。

58. "林志玲很美"

任正非曾在2010年的华为PSST体系干部大会上，语带调侃地说："华为美如林志玲。林志玲是美，这不是泼水就能否定的，华为也不是美国说怎样就怎样的。林志玲非常美丽，但永远美丽的是她的影像；华为也美丽，美丽的是曾经燃烧过的岁月。华为也会变老、变丑，直至死亡。"

任正非用林志玲来打比方是有意境的，美国对华为进行围剿，不断黑化、丑化华为，而任正非一语中的："多年来，美国一部分人、一部分媒体，长期歪曲、攻击我们，说明我们的美丽已经让他们嫉妒，难道林志玲的美丽是歪曲就可以改变的吗？她的光芒是嫉妒就可以阻挡的吗？我们要以此为自豪、为信心，我们要更加投入，使我们美丽、更美丽。平等的基础是力量。"

2010年，美国商务部、国会、外国投资委员会（CFIUS）等部门频频出手，直接以损害美国国家安全为借口，接连阻止华为在美国的并购和参与主流运营商的投标。这意味着华为被美国主流运营商网络基础设施部门直接排除在外。同时，华为在美国市场的并购项目也在美国政府的干预下相继流产：2007年，华为有意并购3Com，美国政府阻止了此项并购；2010年5月，华为打算并购3Leaf的部分资产，依旧遭遇美国政府相关部门的阻挠；2010年，美国运营商SprintNextel升级网络，原本可以中标的华为，在美国国会和美国商务部的强制干预下，投标再次失败。

在任正非看来，华为既要坚持开放和合作，以此提升自己的竞争优势，同时也必须理性看待美国的打压。只有给客户提供不可替代的解决方案，美国打压的问题才能迎刃而解。任正非直言："我们现在提的无线解决方案、网络解决方案，其实都是以自己为中心的，而不是以客户为中心。客户需要的是一个综合解决方案，它可以是华为做得好的东西，也可以包括华为从外面买进来的东西，只要能满足其需求。因此，公司提出了运营商解决方案、企业解决方案和消费者解决方案的概念，以这三个解决方案来引领研发的变革，这就是'以客户为中心'的研发变革。"

美国为了打压中国高科技企业，无所不用其极，居然将华为视为国家安全威胁。美国不仅极力打压华为，禁止本国企业与华为继续合作，还不断向其他国家施加压力，不让华为参与其他国家的 5G 网络建设。

自 2019 年中国发放 5G 牌照起，我国就进入了 5G 商用元年。发展至今，我国已经是全球 5G 网络规模最大、用户数最多的国家。5G 对全社会各方面的影响不可估量，对于智能技术、虚拟技术、云计算技术、SAAS 行业化的发展都有着积极的促进作用。

任正非表示："我们的 5G 基站做到了让世界不得不买，5G 基站的功能容量是 4G 的 20 倍以上，体积只有 4G 基站的 1/3 到 1/4，重量只有 20 公斤，能耗下降了 10 倍，安装不需要铁塔。我们的 5G 基站可以随便挂在任何一个杆上、墙上。在耐腐蚀性材料研究上，5G 基站的材料可以做到 20 年甚至更长时间都不会腐朽。以后 5G 基站甚至可以放到下水道里，这是非常适合人类需求的。"正因为华为有了破天荒的创新 5G 技术，才让美国感受到了巨大的威胁和浓厚的压迫感，这也恰恰证明我们触碰了他们的痛处。华为的 5G 基站设备不包含任何来自美国的零部件，这意味着美国无法像掐断手机芯片供应链那样对付华为的通信设备业务。这对做惯了世界中心的美国来说是无法接受的，这也是华为在 5G 技术上更让美国畏惧的一点。

经济学家李斯特曾提出"踢开梯子"的说法："一个人攀上高峰后，就会把身后的梯子一脚踢开，以免别人跟上来，以此来保证自己的优势。"美国正是如此。美国试图联合其盟友在全世界范围内抵制华为。为笼络人心，美国还拿出了大批财政援助资金，奖励那些抵制华为的国家。美国国务卿甚至直言："别用华为，它会监视你，它就是这个时代的特洛伊木马。"并表示，如果英国使用华为的 5G 设备，那么英美两国的情报合作将受到威胁。以网络安全为由阻挠华为等中国企业在美开展业务，一直以来都是美国惯用的伎俩。一旦 5G 推广开来，将全面替代 4G 网络，美国害怕自己的信息泄露出去，所以才会疯狂地打压华为。

美国对全球科技体系具有掌控力，美国企业在芯片、系统等领域一直处于产业链的顶部，它可以轻易掐断他国企业的供应链。而华为在 5G 技术上已经完全摆脱了对美国零部件的依赖，美国即使再任性，也拿华为没办法，这是让美国最无法接受的。

点评

尽管任正非明确表示，未来不会将 5G 专利"武器化"，但在客观上，华为的确在全球 5G 产业链中掌握了主动权。一言以蔽之，华为在 5G 技术上真正让美国畏惧的是，它完全摆脱了美国一直以来掌控的技术体系。华为 5G 业务在全球范围的加速扩张，带给了美国前所未有的焦虑，这种焦虑最终转化成了恐惧。美国的做法并不能掩盖华为的优秀，而只能显示自己的心虚。

59. 对战上海贝尔：农村包围城市战略＋免费战略

20 世纪 80 年代初期，我国的通信设施并不发达，全国仅拥有固话约 400 万部，人均固话水平仅为全球平均水平的 3%，通信市场潜力巨大。此时，国际企业、合资企业和本土企业都跃跃欲试，欲分得一杯羹。在众多强手面前，仅处于食物链最底端的华为几乎没有什么机会。但要强的任正非自然不会放弃，他深知要想赢得胜利，就必须同时躲避和多家企业的竞争。通过分析，他发现竞争对手最大的缺点就是价格昂贵。贵就意味着消费人群有限，只有城市才能用得起这些东西。

因此，华为制定了两个策略：农村包围城市战略和免费战略。

在各大巨头纷纷进入中国通信市场之初，他们都把主要战场放在了消费水平较高的城市。农村人口分散、条件艰苦、利润小，国际巨头们自然看不上农村这碗没有油水的"清水白菜"，上海贝尔也不例外。

上海贝尔是我国通信领域的第一家合资企业，于 1984 年由邮电部与比利时贝尔公司联合组建，是 20 世纪八九十年代的时候国内程控交换机的首家供应商和领军企业。

1992 年，江苏邳州撤县设市，此时，华为和上海贝尔之间的无烟战斗就已经打响。1993 年，华为的 C&C08 2000 门数字交换机在浙江义乌开局，开始冲击上海贝尔的市场。上海贝尔设备更新缓慢，服务意识比较淡薄，虽然华为的 C&C08 产品在外观上不如上海贝尔，性能上也存在一些小问题，但贵在机动灵活、服务好。

江苏邳州"战事"胶着，任正非审时度势，在僵局中祭出了屡试不爽的招式：农村包围城市。"让开大路，占领两厢"，迂回包抄。华为的主力军表面上仍然在江苏邳州与上海贝尔相抗，实际上却将另一支加强连悄悄开赴了"后方战场"，把眼光放在了上海贝尔力所不能及的广大农村，从东北、西北、西南等经济水平和科技水平相对落后的区域，运用大面积"包抄"战术进行布局。华为以低价为策略，牢牢地占据了农村市场，在逐渐获取这些市场的控制权之后，再杀个回马枪，重新夺取城市中的市场。这一招也是"农村包围城市"战略与价格战的经典结合。

在经济相对落后的市场中，低价使得上海贝尔的竞争优势消失殆尽。上海贝尔的产品虽然有质量和性能上的优势，但其昂贵的价格使之无法占领农村和贫困区域的广袤市场。

同时，华为有着特殊的销路拓展模式。在相对落后的市场中，华为通过 V5 接 1Z1 的宣传攻势，辅之以 HONNET 接入网的输入，在技术层面与上海贝尔分庭抗礼。这是华为握在手中的硬牌。在销售策略上，华为凭借着丰厚的盈利，鼓励销售人员通过低价策略与对手交锋，以此形成一种"以战养战"的独有战术。

任正非的这种战略很快就得到了预期的效果。上海贝尔在这种战术的压制下，利润空间不断缩小，从邳州到农村，颓势渐现。

在这场争夺农村和落后地区市场的商战中，华为大获全胜，而邳州的僵局也自然迎刃而解。虽然获得了这么大的胜利，但任正非还是不敢掉以轻心。他率领华为继续在农村开辟消费市场，在数据通信技术的输出上又取得了另一番成绩。

此后的运营商们无不认同华为是"宽带城域网"的倡导者和发起者，纷纷加快了同华为的合作。"宽带城域网"的使用意味着上海贝尔的失败已成定局，它再也没有卷土重来、再战华为的实力与可能。

1999年，当华为进入四川时，上海贝尔已在四川深耕多年，市场占有率高达90%，战绩辉煌，处于绝对垄断的地步。如此高的市场占有率说明了四川市场对上海贝尔品牌的认可，华为要想进来，可谓油泼不进、针扎不入。此时华为若采用价格战的话，效果不会太明显。于是，华为避其锋芒，采用了免费策略。当时将电话接入网是要收费的，而华为将自己的接入网免费送给了客户使用，借此在四川各地的网络上都布了点。

这是一种既出力又不讨好的赔本买卖，沉溺于以往胜利之中的上海贝尔根本没有放在眼里。这种轻敌意识，让其犯下了致命的错误。

就像龟兔赛跑，趁上海贝尔呼呼大睡之际，华为不动声色、不费一刀一枪就抢占了很多接入网，并将在市场和网络上布下的点整合成线和面，实现了在交换机中接入网技术的延伸。就这样，在悄无声息中，华为就抢占了四川新增市场70%的份额。等上海贝尔从睡梦中醒来，发现"江山"已丢失多半了。

华为以客户为中心，永远把客户的需求放在第一位，不管何时，只要客户的设备出了问题，华为人都随叫随到。为拿下一个项目，华为会花费七八个月的时间和与回报不符的投入。这种不计成本的虎口夺食，使华为的影响力日渐提升。1999年以后，华为的销售额已突破100亿元，将上海贝尔远远甩在了身后。

战略滞后的上海贝尔早已无招架之力，逐渐显示出颓势。2002年，阿尔卡特与上海贝尔合并，取名上海贝尔阿尔卡特。然而由于经营策略上的多次失误，上海贝尔阿尔卡特屡失商机，市场份额急剧缩水。

2006年，阿尔卡特又合并了朗讯，把朗讯原在中国的业务整合到了上海贝尔阿尔卡特。2009年，上海贝尔阿尔卡特改回来了原来的名字——上海贝尔。2015年，诺基亚以156亿欧元的价格收购了阿尔卡特朗讯，上海贝尔又改名为诺基亚上海贝尔。几番折腾下来，上海贝尔早已元气大伤，回天乏术。

点评

　　运筹帷幄、决胜总在决战前。没有一家企业会无缘无故地变成巨无霸，只不过是在变成巨无霸的过程中打败了数不清的对手罢了。免费策略就是如此，要么在不知不觉中战胜对手，要么就在竞争对手的全体震惊中占领市场。

60. 北电网络：巨鲸倒下

北电网络出身不俗，它的缔造者正是电话发明者亚历山大·贝尔。1876 年，贝尔发明了世界上第一部电话机；第二年，贝尔在美国成立了贝尔电话公司。1880 年，贝尔在加拿大设立分公司制造电话机，也就是加拿大贝尔公司。后来加拿大分公司独立，逐渐发展成了北电网络。1914 年，第一次世界大战爆发，主打军用通信设备的北电网络迅速完成了原始的资本积累。1939 年，北电网络又搭上第二次世界大战的顺风车，全面转型为军工服务企业，其海上空中无线电、坦克无线电等技术在二战战场大放异彩，赚得盆满钵满。此后，北电的技术标准成为产业主流，北电也一跃成为加拿大的"国宝级"企业，之后更是一路顺风顺水、不断壮大。

1995 年 12 月，北电开始进入中国市场，靠着技术和资金优势，逐步蚕食"七国八制"的中国通信市场，将业务发展至了国内的 20 个省。北电网络生产的大型排队机（寻呼台所用的大型呼叫设备）的市场占有率世界第一，它的产品技术成熟、性能稳定，多年来盘踞在中国市场上，可以说是"稳如泰山"。

当时华为为了躲避与国际巨头的正面交锋，选择了"农村包围城市"的路线，不料农村市场也是北电的主要战场。此时的华为和北电在产品的定位、价格、市场路线等方面都没有明显的差异，但是华为却十分善于明察秋毫。经过仔细研究，华为找到了北电的"软肋"：

鞭长莫及。当时北电的技术研发全部设在国外，所有的设备都是从国外进口的，因此设备一旦出现问题、需要技术支持时，技术专家很难及时赶到。

而华为则建立了为客户服务的、灵活快捷的反应机制。华为人员24小时待命，节假日也是如此，客户有什么紧急需求，华为技术人员都会在最短的时间内赶到现场，第一时间解决问题。同时，华为会对定制化的产品提供"送货上门"服务。华为通过为客户提供高效的售后服务，使自己的产品竞争力上了一个台阶。

快速和优质的服务，使得越来越多的不被跨国巨头放在眼里的乡镇电信局选择了华为。尽管后期北电意识到了这个问题，在北京、广州建立了自研中心，但华为的产品和服务早已深入人心，北电的口碑已经无法挽回。

虽然在中国市场失利，但在全球，北电依然是当之无愧的霸主。2000年，北电迎来了自己的巅峰时刻，总营收高达303亿美元，占据了全球43%的光纤设备市场，是排名第二的美国朗讯规模的近3倍。此时，北电市值也达到了2670亿美元，相当于整个多伦多交易所总市值的37%，这个成绩至今无人能破。

但随着北电股价的节节高涨，北电的高管和员工变得只关心二级市场，失去了曾经对技术的追求。2000年，互联网泡沫席卷全球，全球的科技股都跌入低谷，电信运营商纷纷倒闭，北电最引以为傲的订单一夜间化为乌有，导致北电出现了大量的库存积压。再加之此前北电的几笔大并购，几乎掏空了北电的现金储备，此时的北电已经是弹尽粮绝。

眼看北电一步步滑入深渊，辉煌的缔造者罗世杰选择了"功成身退"，将北电的股票套现后即远离了这块是非之地。北电财务官邓富康接任CEO后，不但将最重要的中央研发部门BNR进行了拆解，导致北电无法再推出具有革命性意义的新产品，而且还出现了严重的财务造假问题，北电股价随之暴跌。2006年，华尔街"大神"迈克·扎菲罗夫斯基接手了这个烂摊子。

为了挽救公司，扎菲罗夫斯基做了一个错误的决定——他押错了 3G 时代的技术路线。北电先是把研发重点放在了没多少人用的 CDMA2000 路线上（当年中国电信的 3G 路线），却将 UMTS（WCDMA 路线的核心，也是当年中国联通的 3G 路线）转让给了阿尔卡特。谁料最终 WCDMA 技术成了 3G 技术的标准，而 CDMA2000 则被彻底边缘化。自此，北电在 3G 时代只能分得残羹冷炙。

与此同时，将重点放在 WCDMA 技术研发上的华为则势如破竹。后来，华为自研的 SingleRAN 算法的信号基站首创了分布式基站，并实现了频谱资源的共享，横扫欧洲各大运营商，让无线产品收入跃居全球第二，逼近爱立信。

但是北电不会善罢甘休，它正在积极准备新一轮的战斗。扎菲尔洛夫斯基重新部署了北电的全球布局，在北京、广州增加了研发中心。2007 年 4 月，北电又在上海建立了亚洲第一个全球运营卓越中心，将供应链中心也搬到了中国。2006 年 9 月，北电将 LJMITS 部门出售给阿尔卡特朗讯，并扬言将备战 4G。然而，北电的壮志雄心却被市场无情地抛弃了，华为则趁势追击。

一再押错宝的北电，终于在 2009 年因无法偿还 1.07 亿美元的债务利息而申请破产，这家拥有 129 年历史的科技巨头就此陨落。

一鲸落则万物生，倒下的北电很快就被各大巨头瓜分殆尽。

华为曾有意收购北电的部分业务和专利，但最终由于各种"阻挠"被拒绝了。无奈之下，华为只能退而求其次，招揽北电的技术人才，将他们投入华为的 4G 和 5G 产品研发中。原本担任北电全球网络技术实验室主管的童文博士，便是在这一时期加入了华为渥太华研究所，成为华为无线通信首席科学家，现在更是在担任华为 5G 首席科学家。而北电这个华为曾经在国内的最强对手，也自此从通信江湖中消失了。

对于加拿大"国宝"级企业北电的衰败，很多加拿大人却将帽子扣到了华为的头上，理由是华为当年的价格战。而实际上，北电失败的原因很多，巨额且高溢价的并购、财务丑闻、研发方向失误，而其中最重要的就是业绩高增后，整个团队的傲慢与涣散。

点评

从 1880 年创立，到 2009 年申请破产，129 年的豪门巨头北电最终还是消失在了历史的长河中。由此可见，一家企业无论其技术底蕴多么雄厚，无论它曾经在市场中有多么成功，从它开始傲慢的那一时刻起，它的丧钟就已经敲响了。

61. 朗讯陨落

AT&T 自创立起，便是行业的龙头。1877 年，电话发明者贝尔创建了 AT&T。1925 年，AT&T 创立了历史上最成功的私有实验室——贝尔实验室，并由 AT&T 拿出营业额的 3% 作为实验室的研发经费。贝尔实验室先后走出了 11 位诺贝尔物理学奖、化学奖、生理学或医学奖得主，获得过 9 项美国国家科学奖、8 项美国国家科技奖。贝尔实验室是信息领域科学家心目中的圣地。1997 年年底，任正非在访问贝尔实验室时说："我年轻时就十分崇拜贝尔实验室，仰慕之情超越爱情。"并在著名的晶体三极管发明者巴丁先生的纪念栏前合影留念。

在 1983 年，AT&T 坐拥 1600 亿美元资产，控制着美国 80% 的电信业务市场。1984 年，美国政府根据《反垄断法》，"肢解"了 AT&T。但是，新的 AT&T 依然强悍，仍是世界第一。1994 年，AT&T 的营业额达到了 700 亿美元，处于巅峰。

1994 年，AT&T 进入中国。华为与 AT&T 迎面撞上，但才刚刚交手，AT&T 就因业务过繁，于 1995 年再次分裂。AT&T 在中国的设备制造业务被朗讯继承，称为朗讯中国，成为华为的新对手。

从分裂中破土而出的朗讯专注交换机业务，不但没有颓败的趋势，反而以崭新的面貌杀入中国市场、势头逼人。有贝尔实验室做强大后盾，朗讯中国大肆布子、抢占市场，设立了 8 个地区办事处、2 个贝尔实验室分部、4 个研发中心，以及相当数量的合资企业和独资企业。

朗讯在中国青岛设立了基地，企图以山东为根据地，开辟中国战场。投产不到 1 个月，朗讯就和全国 30 多家运营商签订了上亿美元的合同。刚刚站稳脚跟的华为被朗讯这股凌厉的势头压得透不过气来。

作为老牌的通信公司，朗讯在全球呼叫中心业务方面的市场占有率最高，在中国的非通信市场上也遥遥领先。朗讯在技术领域和一些顶级的世界公司关系密切，客户基础扎实，大多数客户在使用朗讯的产品，华为想要介入，可谓是水泼不进、针扎不入。

而在非通信领域，华为还处于起步阶段。于是，任正非选择了调大将邓涛坐镇齐鲁战场。1999 年，在山东省菏泽市，华为发现市场几乎全被朗讯和西门子占领了，自己连电信局的门都进不去。头两个月，华为打着解决老产品（如华为电源）问题的旗号，设法和客户联系上，跟客户攀谈，讲华为的企业文化和过往的华为人与事，但绝口不提销售。华为向客户描绘华为在深圳的发展，并盛情邀请客户到深圳去。到了第三个月，当地局方高层终于答应到深圳参观华为。在深圳华为公司，局方亲眼看见了华为的发展以及技术实力，大为震撼。大半年后，在菏泽新一轮的整网招标中，华为毫无意外地胜出了。就这样，华为以"地利"为基础，大打"人和"牌。华为的精英业务员依照任正非的指示四处公关，凭着三寸不烂之舌，和很多客户交上了朋友，就这样百折不回，硬生生地抢走了朗讯的大批客户。

2000 年，华为在国内市场上已经占有了相当的分量，与朗讯的正面对决不可避免了。2000 年，中国银行总行建立全国性呼叫中心，承包商是 IBM，而朗讯与 IBM、中国银行系统有多年的合作关系。朗讯认为自己胜券在握，但华为人知难而上，在进行了周密的策划后，华为决定绕过 IBM，直接从客户关系方面重点打击对手，以客户关系战略来打击朗讯。华为派出公司的骨干力量在各地进行公关活动。经过艰辛曲折的谈判，华为最终搞定了客户这个最关键的环节，赢得了中国银行总行对华为实力的认可。打蛇打七寸，只要抓住最关键的环节，剩余的工作自然就顺理成章了。

接下来，华为马不停蹄地发动了价格战，针对朗讯维持了 20 多年的 300 美元／线的产品，华为硬是把利润压到最薄，报出了 80 美元／线，甚至 50 美元／线的价格。加上有意仿制朗讯机器，华为把售后服务由市场通行的 1 年拉长到了 6 年。

通过采用这种战术，华为处处紧逼，每一个项目都不放过，结果朗讯在中国市场上节节败退，在中国的市场被华为大范围地抢占。

同时，受 2000 年互联网泡沫破灭的影响，朗讯股价雪崩般地下滑，一蹶不振。曾经不可一世的朗讯，把希望押注在中国山东，妄图借中国市场重塑辉煌，却一度用力过猛。比如，朗讯以频繁请中国官员去美国旅行的方式行贿，受到了美国监管的严厉处罚。与此同时，朗讯中国也停下了开拓的脚步，节节败退；在与华为的上百次交锋中，朗讯中国多以失败告终。

2006 年 4 月，朗讯宣布和另一巨头阿尔卡特重组，阿尔卡特公司以 111 亿欧元（约合 134 亿美元）的价格收购朗讯科技公司，改名为阿尔卡特朗讯。2015 年，阿尔卡特朗讯又被诺基亚以 156 亿欧元的价格收购。这个脱胎于美国老牌电信公司 AT&T 的朗讯公司，从此在世界舞台上消失。

点评

朗讯作为 AT&T 二代，技术很厉害，在中国市场对华为展开了猛烈的攻势。但精明而灵活的华为不追求利润最大化，而是采取了迂回策略，加紧了与客户的合作。华为的合作客户与日俱增，而朗讯却慢慢失势，并于 2006 年慢慢淡出了人们的视线。华为的经营哲学是不追求利润的最大化，而是追求在一定利润率水平上，成长的最大化，这也是华为遵循的成长逻辑。华为一直把活着作为自己的最低纲领，也是最高纲领。只有在市场上存活下去，才能看见公司长期战略的价值。客户为什么选择你，而不是竞争对手？一定是更低的价格、更好的质量、更加能满足客户需求的产品。为了能在未来长期获取利润，就必须克制短期对利润的渴望。

62. 华为和中兴：市场不相信眼泪

在 20 世纪 90 年代，我国通信行业的 4 家公司——巨龙通信、大唐电信、中兴通信、华为技术诞生了，被并称为"巨大中华"。原本，"四巨头"在市场上各有千秋。

巨龙通信有着强大的军方背景，凭借研发的国内首台万门程控交换机 HJD04-ISDN 迅速发家。但由于公司股权结构复杂和技术团队的撤出导致巨龙的快速衰落，并多次被重组拍卖。大唐电信是电信技术研究院旗下的企业，凭着 TD-SCDMA 成为 3G 时代的主流技术标准之一，曾一时之间风头无两，后来由于重金投入的 3G 迅速被 4G 取代而逐渐式微。

在时代浪潮的冲刷下，"巨大中华"只剩下了华为与中兴。

华为创建于 1987 年，中兴创建于 1985 年，创立时间相近，且总部都在深圳。1990 年，中兴通讯自主研发成功了第一台数据数字用户交换机 ZX500，从此在市场站稳了脚跟。1992 年，华为也正式进入了自主研发的行列中。

当时两家公司水平相当，不分伯仲。1995 年，国家相继出台了一系列扶持民族通信品牌的政策。华为在万门机的研发商用领域领先了中兴半年时间，使得华为有了领先中兴的机会。但中兴很快又在接入网市场上实现了翻盘，反超了华为。后来，华为的 HONET（2.2 亿元）在销售额上对中兴的 ZXA10（1.2 亿元）实现了压倒性的领先，从此华为对中兴就一直处于领先地位。华为与中兴摩擦不断，在销售、渠道和价格上更是你争我夺，互不相让。

1998年，为了争夺湖南、河南的市场，华为在给目标客户的交换机说明书中，悄悄加入了大量与中兴的对比数据，暗示华为的产品更优，并免费送给目标客户。

中兴获知后，决定以牙还牙，马上起草了一份中兴电源与华为的数据比较说明书，把华为的短板列举出来，发给了目标客户。华为在电源的投标战中败下阵来。被中兴抢了单的华为十分不服气，决定先发制人，状告中兴故意引用失实数据误导消费者，侵犯了华为的合法权益，要求赔偿。大为光火的中兴自然也不甘示弱，也用同样的理由状告华为，要求赔偿。两家各不相让，矛盾逐渐白热化。几番折腾下来，中兴稍占上风，华为共赔偿中兴90.5万元。媒体争相报道，聪明的任正非巧妙利用这次机会，增加了华为的曝光度，给企业做了大量的免费广告。华为"明输暗赢"，成为国内家喻户晓的知名品牌，并且销量飙升，一举奠定了自己的王者地位。

1998年，中国联通第一次CDMA95招标项目中途停止，是继续主攻CDMA95项目，还是主攻CDMA2000？中兴和华为做出了不同的选择。2001年5月，中国联通第一期CDMA再次正式招标，选用的标准是CDMA95的加强版。主攻CDMA95的中兴毫无悬念地中标，一举拿下了10个省共7.5%的份额。凭借一期优势，在二期建设招标中，中兴再接再厉，获得了12个省份总额为15.7亿元的一类主设备采购合同，而主攻CDMA2000的华为则在两次投标中都颗粒无收。然而更令任正非郁闷的还在后面。当时风靡日本的小灵通技术被UT斯达康引进国内后，由于辐射低、价格便宜，迅速在全国各地掀起了一股热潮。华为认为小灵通技术落伍，不出5年就会被淘汰，这个判断也不算错，但中兴却迅速推出了小灵通，利用小灵通5年的发展期赚得盆满钵满。

商场竞争从来不看一时，在选择3G技术路线时，华为选择了专利分散、成本低的 WCDMA；中兴选择了技术先进的 CDMA，但缺点是授权费用高、研发费用大。路线的不同让两家企业的营业额逐渐拉开了差距。2018 年，华为营收高达 7212 亿，而中兴只有 855 亿，华为是中兴的 8.4 倍。

同时，中兴与华为在海外市场也展开了激烈的竞争。比如在 2003 年的印度 CDMA 招标战当中，两家就互相拆台，两败俱伤。在 2005 年尼泊尔的招投标中，两家依然斗得你死我活，虽然最后中兴以 390 万美元中标，但是鹬蚌相争，渔翁得利，中兴获得的却是赔本生意，而暗自得意的是投标方。

华为与中兴的价格战几乎是行业公开的秘密，无论是在印度市场，还是在亚非拉市场，甚至是欧洲市场，双方都会大打价格战。以至于在国外招标过程中，每逢招标都会故意同时叫上华为与中兴，当作彼此压价的棋子。杀敌一千，自损八百。多年来，双方的价格战不仅伤害到了自身，甚至影响到了整个国家产业链的利益，甚至导致官方都不得不出面协调华为与中兴的矛盾。

这种低价的竞争随后还引来了"反倾销"的处罚。2009 年，印度海关针对中国的数字传输设备发起了反倾销调查，最后华为被处以提高 50% 的反倾销税，而中兴更是被处以 236% 的重税。

在 2018 年的全球五大电信设备制造商的 5G 测试量排名中，华为和中兴两家各占据了全球一半左右的市场份额，这引起了美国的不适。为了阻挠中国的 5G 进程，美国对华为和中兴施行了禁令，华为和中兴都在此刻接受着严峻的考验。

2018 年 7 月 12 日，美国商务部表示，美国已经与中兴通讯签署协议，取消近 3 个月来禁止美国供应商与中兴进行商业往来的禁令。中兴公司将能够恢复运营，禁令将在中兴向美国支付 4 亿保证金之后解除。一时间，舆论哗然。

但华为自始至终都顶着巨大的压力一路前行。虽然华为与中兴的竞争从来没停过，但在中兴被美国制裁时，顾全大局的任正非第一时间撤销了对中兴侵权的全部起诉，下令"严禁对中兴落井下石，不许去搬迁中兴的设备，不许挖中兴的人"。这种不落井下石、朴素的民族主义，让人肃然起敬。

　　中兴被华为甩下，是值得写进中国管理史教科书的案例。两者都在世界上竞争最激烈的通信市场，在强敌环伺的情况下努力拼搏，最终撕开了一道口子，并与世界上最顶尖的对手在战斗中取得了不同程度上的胜利，从而深刻地改变了通信行业。但因为两者背景的不同，价值选择各异，管理举措各有千秋，最后导致各自不同的选择，走上了不同的道路。

63. 华为与思科的巅峰对决

通信行业的霸主思科（Cisco）成立于 1984 年，实力雄厚，是全球最早发展网络硬件设备的厂商，在路由器、以太网交换机领域一骑绝尘。1994 年，思科公司正式进入中国市场发展，并迅速发展了 20 多个业务分支机构。在路由器设备上，思科甚至突破了 80% 的市场份额。2000 年，思科正处于鼎盛时期，在全球上市公司中，思科的市值突破了 5792 亿美元，成为世界第一。1992 年，求胜心切的思科情报员将费尽心思搜集捕获到的华为交换机和设备图及产品价格等信息，以机密文件的方式传回了思科总部。当时的思科总裁摩格里奇漫不经心地瞅了一眼，就傲慢地将信息扔进了废纸篓，一脸不屑地说："中国人玩玩花拳绣腿还可以，但要在高科技领域与我们平起平坐，简直是异想天开，我看他们至少还需要再努力 100 年。"

思科 CEO 钱伯斯是个铁腕人物，被称为"互联网先生"。在钱伯斯的带领下，思科成为全球最具竞争实力的十大公司之一。而当时的华为，在海外市场的收入刚过 1 亿美元。

风头正盛的思科，开始关注国内外竞争对手的状况。华为与思科之间，有着同样的产品成色，而前者的价格可以下浮 20%~50%。低价是华为出海早期的撒手锏。华为的抢滩策略只有一句话："唯一的不同就是价格。"此策略虽然令华为如入无人之境，却彻底惹怒了思科。特别是在南美的一场招标会上，思科败给了华为，睡榻之侧岂容别人酣睡？钱伯斯再也不能允许华为的攻城略地了，他愤懑地表示："在今后几年里，思科将只有一个竞争对手，那就是华为。"

2002年，美国亚特兰大举办了声势浩大的通信产品展，钱伯斯在会场上看到了华为的路由器广告语，说是同其他路由器相比，区别只是价格。钱伯斯不露声色地进来逛了逛，问了很多问题后，便默不作声地离开了。

2002年12月10日，思科给华为发了一份华为侵犯思科知识产权的通知函：要求华为10日内从市场上撤出产品，并删除产品中经核查方认定已经侵犯思科知识产权的任何代码。思科强势地要求华为通知客户在30天内停止使用侵权产品。

任正非希望通过交流、和谈解决问题，并表示欢迎思科来检查华为的产品。思科却咄咄逼人，寸步不让。双方开电话会议进行交涉，竟然从当天上午开到了第二天的凌晨4点半，因为思科表示谁先下线就代表谁没有诚意。

2003年1月，在中国农历春节期间，思科在美国对华为提起了侵权诉讼，诉状多达77页，指控涉及专利、版权、不正当竞争和商业秘密等21项罪名。自此，一场有关知识产权的"世纪之讼"全面拉开。

明明是华为的自主研发，却被思科诬陷为剽窃，并恶意纠缠。钱伯斯精心策划，对华为死磕剽窃这一点，令华为一时间全面陷入了被动。任正非担心的不是官司本身，而是华为进军美国的机遇受阻。

商战最忌恋战，为减少负面影响，任正非决定先退让一步。通过公司自查，发现华为和思科产品的相似度不到2%。华为将结果向思科公示，并主动表示，会从美国退出一部分和思科重叠的产品。但强势的思科不仅不领情，还制造舆论，花费了1.5亿美元找公关团队抹黑华为。

任正非看清了思科的目的。思科诉讼不是想要和解获取赔偿，而是要通过诉讼打击华为在市场上的竞争力，从而遏制华为，保住思科在美国市场乃至世界范围内一家独大的地位。为此，任正非果断应诉，表示："敢打才能和，小输就是赢！"

华为更换了公关公司，找到一家愿意相信华为善意的美国知名律师事务所。律所给出了中肯的意见："他打你剽窃，你就打他垄断。思科对华为所有的恶意行为，都是为了垄断。"打蛇打七寸，这个策略在诉讼中起了关键作用。在美国人的商业世界里，垄断是罪大恶极的。因此，华为选择避开思科的锋芒，直戳其后脊梁，效果立竿见影，美国舆论转向中性。

2003年3月，华为宣布与思科最大的本土竞争对手3Com公司合作，共同经营数据通信产品的研究开发、生产和销售业务。听到这个消息，思科的执行副总裁查尔斯·吉安卡罗大发雷霆，几天都没有理人。单独的一个竞争对手3Com就已经令思科头疼不已了，如今华为与3Com强强联手，傲慢自大的思科终于也有了怕的时候，它感到了极大的威胁。有了3Com的助力，再加上思科最终也找不到可以证明华为专利侵权的证据，而思科80%的市占率又面临垄断的指控，如果官司再缠斗下去，受益的只能是竞争对手。意识到形势不妙的思科知趣地妥协了。2004年7月，思科与华为签订了和解协议，世纪诉讼落下帷幕。

华为在海外做过一次品牌调研。华为虽然一直被排斥在美国市场之外，但华为在美国的知名度明显比在西欧高。因为钱伯斯对华为很警惕，因此每每被问及竞争对手，钱伯斯就一定会提到华为。不承想，钱伯斯无心插柳的举动，却给华为带来了品牌效应。

点评

其实在战争中，无所谓赢家。思科发动的这场"没有硝烟的战争"，使思科辉煌不再、节节败退，特别是思科在中国市场的占有率更是一落千丈，从80%暴跌至1%。而华为也为此付出了巨大代价，在美国大好的市场形势被迫打断，只能留在美国偏远地区发展一些小客户。但好处是，通过与思科这种级别的对手同场竞技，华为真正开始走向了全球市场。这次诉讼等于打了一次漂亮的广告，让华为获得了更多商业机会。商场如战场，甚至有时候比战场还复杂多变，其中有太多的博弈和妥协，既要争一时之短长，更要争长远之格局。

64."以土地换和平"，敌人变友商

在生意场中，没有永远的朋友，也没有永远的敌人，只有永远的利益。要能当众拥抱敌人，化敌为友，才能称得上商场中的高手。

任正非曾说："我们把竞争对手称为友商，我们的友商是阿尔卡特、西门子、爱立信和摩托罗拉等。我们要向拉宾学习，以土地换和平。"拉宾是以色列前总理，他提出了"以土地换和平"的概念。2000年IT泡沫破灭后，整个通信行业的发展趋于理性，华为要快速增长，就意味着要从友商手里夺取份额，这就直接威胁到了友商们的生存和发展，可能会让华为在国际市场上到处树敌，甚至遭到群起而攻之的处境。但华为现在还很弱小，还不足以和国际友商直接抗衡，因此华为要韬光养晦，向拉宾学习，"以土地换和平"，宁愿放弃一些市场、一些利益，也要与友商合作，成为伙伴，共同创造良好的生存空间，共享价值链的利益。此时的华为已在很多领域与友商进行了合作，经过五六年的努力，大家已经能接受华为了。因此，当时的国际大公司认为，和华为的关系已经越来越趋近于朋友。如果友商们都认为华为是敌人的话，那么华为的处境是很困难的。这些年，华为一直跟国际同行在诸多领域携手合作，并通过合作取得共赢、分享成功，实现了"和而不同"。和谐以共生共长，不同以相辅相成，这是东方古代的智慧。

华为将建立广泛的利益共同体，长期合作、相互依存、共同发展。例如，华为跟美国3Com公司合作成立了合资企业。华为以低端数通技术占股51%，3Com出资1.65亿美元（占股49%），这样一来，3Com就可以把研发中心转移到中国，实现了对成本的降低。而华为则利用了 3Com 世界级的网络营销渠道来销售华为的数通产品，大幅度地提升了产品的销售量。2004 年，华为的销售额增长了 100%，和 3Com 的合作实现了优势互补、互惠双赢，同时也为华为的资本运作积累了一些经验、培养了人才，开创了国际化合作新模式。

此外，华为和西门子在 PDS 方面也有合作。在不同领域销售华为的产品，能达到共鸣的状态。在对海外市场的拓展上，华为强调不打价格战，要与友商共存双赢，不扰乱市场，以免西方公司对华为群起而攻之。华为通过提供高质量的产品和优质的服务来获取客户认可，绝不能做市场规则的破坏者。

当年华为刚在通信市场崭露头角，初生牛犊不怕虎，因此遭到了行业巨头思科的迎头重击，差点把华为置于死地。任正非的态度是以打求和，小输就是赢。华为派出了应诉团队，在美国同思科正面抗争。经过一系列对抗、博弈和妥协，两家公司终于达成了和解。而经过这一场"世纪大战"，华为一举闻名天下，竞争对手和客户算是真正认可了华为的实力，行业内也开始把华为视为同思科同等重量的玩家。

任正非说："如果没有这场'世纪诉讼'，经历长时间成功的华为就没有危机感，也不会意识到产权、核心技术的重要性。"不打不相识，英雄惜英雄，思科和华为之争的一个意外结果，就是钱伯斯和任正非成了朋友。任正非多次表示："我不如钱伯斯，我倾听客户的声音不够……思科是很值得华为尊敬与学习的公司，钱伯斯是一代伟大的巨人，思科在数据通信领域为人类做出了巨大的贡献，思科在管理、市场、知识产权方面是很成功的。"

2005 年，钱伯斯到访华为，任正非罕见地穿起了一身正装，表达自己对这个伟大对手的敬意。钱伯斯也对任正非评价很高，认为他是一个很好的企业领导人，华为在他的带领下，组织规模不断扩大和成熟。"我一直关注他的言论。我们对于为中国带来数字化，以及数字化带来的好处的理解是一致的。"

据说钱伯斯在退休前还就思科接班人的问题咨询过任正非的意

见，他还邀请任正非到美国去考察，没想到被任正非谢绝了，任正非说："不去，美国市场太小了。"钱伯斯听了哈哈大笑，高兴地说："那我就放心了。"钱伯斯之所以觉得放心，是因为思科在美国市场上不用与华为展开竞争了；而任正非不去美国，则是源于自己一直以来"不做西楚霸王""以土地换和平"的理念。

任正非曾强调：在开拓海外市场业务时，华为员工不可以靠价格战取胜，要和友商共存，市场份额我们占1/3左右就行，剩下的给对手，置别人于死地不是我们的目的。因此，华为在自己研发出海思麒麟芯片后，并没有将其全部引用到自己的产品当中，而是仍然大规模地采用高通、英特尔的芯片，还互相授权专利。许多本身和华为有竞争关系的企业，也逐步成为华为的合作伙伴。

华为高管苏箐曾经担任过华为的首席架构师，并领导开发了华为达·芬奇的AI芯片架构和K3V2手机处理器，后来开始负责华为的汽车业务，在华为一直担任着重要的研发岗位。

但在2021年7月的世界人工智能大会上，身为华为汽车BU智能驾驶产品线总裁的苏箐竟将特斯拉近几年的高事故率比喻为"杀人"，并称在100年内，人类都无法实现完全的自动化驾驶，一棍子打翻了整船人，得罪了整个行业。近年以来，华为一直积极地与各车企联合开发新能源汽车，苏箐的言论无疑为华为树敌无数，与任正非"变敌人为友商"的策略背道而驰，最终，苏箐被免职。

华为前董事长孙亚芳曾说："因为有友商的存在，才逼得华为不敢多打一个盹儿。"

在很多情况下，华为都是客场作战。在亚非拉、在欧洲、在美国，华为不占天时、地利，能靠的只有人和。有时在一些领域，明明是华为更有竞争优势，但任正非宁愿藏起自己的锋芒，并每年支付给那些竞争对手使用专利的费用。几年后，这些对手都成了华为的好朋友。

"我们不能把价格降低太多，降低以后，就把所有下面的公司全挤死了，就成为'西楚霸王'了，最终也是要灭亡的，所以我们不能在产业中这样做。苹果是榜样，永远是做一把大'伞'，让下面的小厂家都能活。如果苹果卖萝卜白菜价，全世界就没有其他手机了。"

点评

任正非曾问华为员工："我们强大到可以没朋友吗？"当然不是。妥协是一种智慧，合作才能共赢。商场如战场，做生意不是打打杀杀，讲究的是权衡利弊、博弈和妥协，既要争一时之短长，更要争长远之格局。大直若屈，明道若昧，进道若退。胜利是一种信仰，只要能够赢得胜利，暂时的忍让和妥协就是值得的。

65. 一剑封喉，姜是老的辣

李一男的科技才能非常强悍，这个戴着比啤酒瓶底还厚的眼镜的男生，在当时的华为员工们看来弱不禁风。刚入职时，几乎没有人相信他能在日后掀起滔天巨浪。然而李一男成就惊人，他主导了中国第一个数字程控交换机的开发，华为通过这项技术掌握了核心竞争力，拿到了李嘉诚的 13 亿大单。正是这笔 13 亿元的资金奠定了华为在科技领域的江湖地位。

在华为企业当中，李一男主要负责的是研究与开发。在他领导开发的 7 年时间内，华为的技术实现了一个又一个突破。依靠这些技术，华为在市场上攻城略地，营收突破 200 亿。

与此同时，李一男也在华为内飞一般地升迁，他的升迁速度令很多老员工都感到瞠目结舌，27 岁的李一男竟然成为华为商业帝国的副总裁，成为华为企业一人之下、万人之上的存在。

有着任正非的无限信任与宠爱，再加上李一男在华为企业内干出的不俗成绩，很多人都认为李一男是任正非当之无愧的继承人，因此李一男一度被视为"华为太子"。但是李一男情商过低，有很多华为员工都觉得李一男虽然是技术天才，但缺乏管理才能，无法操控华为这样一家庞大的企业。

1997 年，由于业务发展迅速，华为企业内部出现了危机。华为在迅速扩张的同时，也埋下了虚胖的种子。当时华为内部的人都在想办法搭建自己的山头，整个华为内部可以说是山头林立，各扫门前雪。

任正非敏锐地意识到了这个问题，为了改善华为还没有成为大企业、却已经发展出来的大企业病，任正非引进了先进的国际管理经验。为了打破企业内部已经固化的职权结构，任正非在人事任命上进行了一系列调整。李一男从核心研发部门被调到了市场部门。这让李一男有了危机感，他认为任正非不再重视自己了，是在将自己边缘化。任正非却觉得，李一男尚缺乏历练，将他调到最能锻炼人的销售岗位上，可以全面锻炼他的能力。就这样，两人陷入了囚徒困境：任正非不知道李一男的想法，李一男也不明白任正非的苦心，虽然近在咫尺，彼此间却有了隔阂。

2000 年，华为出了一条规定，鼓励老员工离职创业，同时允许他们将手中所持有的华为股权兑现为华为的产品，并以此成为华为的经销商。

这个消息让李一男看到了一丝曙光，他觉得自己找到了解脱的渠道，便很快提出了辞职。任正非非常不舍，离职那天，任正非还为李一男举行了离职典礼，提前庆祝李一男在商业上获得成功。离别之时，任正非目光复杂，既有不舍，又有欣赏。

离职后，李一男创办了港湾网络，他将手中的华为股权兑换了一些华为设备，成为华为的经销商。第二年，港湾网络就实现了近 1.5 个亿的营业收入。李一男当然不甘心只做代理商，他要掌握核心技术。李一男用自己的品牌获得了 1900 万美元的巨额投资，欲与老东家华为在通信市场上一较高下。2003 年时，李一男收购了京天企业，靠着两家公司的融合，李一男在市场上疯狂挤占华为的市场份额。与此同时，李一男也在华为企业内部不断高薪挖人，这让任正非十分恼火。正常的商业竞争无可厚非，可是李一男却做出这种挖墙根的事情，就是对华为赤裸裸的背叛。是可忍，孰不可忍！

既然你肆无忌惮地深挖墙脚，那我就来一个釜底抽薪，一招制敌。在任正非的带领下，华为成立了"打港办"，由当时的董事长孙亚芳带队，拨款 4 亿元和港湾网络打消耗战。只要港湾网络的员工再次回到华为，职级上调，薪资翻倍。华为拿出 1000 万挖走了港湾网络整个深圳研发小组的 16 名核心员工。这哪里是挖人？分明是明枪真刀地对干。科技企业挖一两个人情有可原，但将整个团队一锅端，真是闻所未闻。

在挖人的同时，华为开始夺回自己被港湾网络拿去的市场份额。凡是有港湾网络参与投标的项目，华为必然参与，而且会拿出优势价格甚至是免费提供给客户。有一个在李一男的港湾网络报价 60 万的白菜价项目，竟然被华为以 40 万的报价，亏本做项目接手。华为这样"杀敌一千，自损八百"的方法的确奏效，港湾作为初创公司，在手段上还是显得有些稚嫩。港湾网络最终败下阵来。2006 年，华为用 17 亿的价格将港湾网络收入囊中。但令李一男意想不到的是，条款中还有一条特别的规定：要求李一男回到华为工作两年。就这样，李一男也不得不重新回到华为，担任副总裁兼首席电信科学家。

李一男的职务表面看起来很光鲜，其实只是金玉其外，并没有对重大事项的参与权。而且，任正非还专门给李一男准备了一间特殊的、全透明的办公室，每一个高层都能看到李一男每天在做什么，算是对李一男背叛华为的惩罚。这一招确实有些狠了，一举一动都在别人的视线之下，这样的环境让李一男如芒在背、如坐针毡。

经历过市场打拼的李一男在华为度过了最煎熬的两年时光。合同约定的时间一到，2008 年李一男迅速辞职，离开了这家曾经给他辉煌，又让他无比落魄的企业。这一年，他已经 38 岁。之后几经周折，李一男曾经担任过百度的 CTO，并在中国移动担任无线讯奇"12580"的 CEO，却再也无法复制当年出道时的风光。

随后，李一男又以合伙人的身份加盟金沙江创投。这也成了他的命运转折点。2016 年 3 月，李一男由于涉嫌股票内幕交易，被判处两年半有期徒刑。2017 年出狱后，他把目光投向了现在最热门的新能源汽车领域。2021 年 12 月 16 日，李一男以一场简单的媒体沟通会向外界宣告了他们已正式进入了汽车行业。尽管经历过失败，但这些挫折依旧没有使他倒下。如今的李一男，更是信心满满地踏进了前景光明的新能源汽车领域。

点评

　　李一男的经历让人唏嘘不已。从曾经的"华为太子"到后来的阶下之囚，李一男的人生充满了传奇。从各个方面来看，李一男更像是一位工程师、一位学者、一位科学家，而不是一位企业管理者。他没有任正非那样的铁腕手段，更没有任正非的战略智慧。他是一位缺乏历练的天才。如果岁月可回头，他从一开始就一直待在华为从事自己擅长的研发工作，相信他一定能够带领华为走向更加辉煌的未来。但是，没有如果。希望这些经历能让李一男成长，在一个新的领域做出自己的成绩。

66. 华为有一把"鸡毛掸子"

鸡毛掸子最早源于我国 4000 年前的夏代。据传，一个叫少康的人看见一只受伤的野鸡拖着长长的尾巴往前走，所到之处的地面干净了很多。于是，他便将野鸡的毛绑在一起制成了鸡毛掸子。鸡毛掸子与拂尘功能类似，都是用来清除灰尘的，"拂尘时时勤拂拭，华灯处处现辉煌"。

在华为，任正非把"自我批判"比喻成用鸡毛掸子掸灰尘。他表示，自我批判是一种武器，也是一种精神。"我们提倡自我批判，但不提倡批判。因为批判是批别人，多数人掌握不了轻重，容易伤人。自我批判是自己批自己，多数人会手下留情。"虽然是鸡毛掸子，但多打几次也会起到同样的效果。

曾子云："吾日三省吾身。"只有长期坚持自我批判的人，才有广阔的胸怀；只有长期坚持自我批判的公司，才有光明的未来。"是自我批判让我们走到了今天；我们还能向前走多远，取决于我们还能继续坚持自我批判多久。"

在华为，有三个自我批判的平台：创刊于 1993 年的《华为人》报；创刊于 1997 年 5 月的《管理优化》报；于 2008 年 6 月上线的"心声社区"网站。

《华为人》报是对外的，传递的是正能量，比如华为拿下了哪个大项目、客户表扬、员工持续奋斗、金牌员工的感想等，以此不断释放标杆的价值，用的是"拉"的力量。

《管理优化》报是面向全体员工的内刊，也是华为自我批判的主要平台。比如对客户态度恶劣、流程僵化、内部推诿、拉帮结派等现象，通过曝光，轻则像鸡毛掸子一样不断地掸掉灰尘，重则像小锥子一样不断地在背后锥，发挥自我批判的价值，用的是"推"的力量。

任正非认为，人性同时具有两面性，有天使的一面，也有魔鬼的一面，因此需要一推一拉的合力，才能不断推进组织进步。

内部论坛"心声社区"非常活跃，华为员工可以对公司的政策提出自己的不同看法，可以匿名发表意见。"心声社区"是华为的"罗马广场""稷下学宫"，奉行"百花齐放、百家争鸣"的原则。任正非亲自发话："有员工在'心声社区'暴露部门的问题，这是好事儿。如果有干部去追查员工的工号，一律把我的工号告诉他。不要怕批评，那些敢于公开提出批评的人，是有出息的人。哪怕他们批评错误，由此而引发的辩论，也会把认识推向纵深。"

在华为，员工对于任正非的批判也并不鲜见。2017年1月，在公司内网上，一篇题为《任老板，您要么就别来了，要么微服私访，不然挺扰民的！》的文章成为热帖，其批判的矛头直指任正非。可见，华为把批判和自我批判做到了极致。

华为早些年曾修建了一些小建筑，却因为规划问题很快被拆掉了。不久之后，华为内部就贴出了通知：因该建筑规划失误造成公司损失，对决策人任正非罚款1000元。

2006年，华为公司进行了一次新厂区建设，但是最后却因为设计方案错误，导致施工到一半才发现错误，于是只能推翻原有的计划重新施工，这也为华为公司带来了一笔很大的损失。于是华为公司的董事会开始追查这件事的原委，最后发现是决策出现了问题。于是华为公司给这次计划的决策人——任正非做出了4万元现金的处罚，任正非也坦然承认错误，心甘情愿地交了罚款。

2013年，任正非去日本出差，报销时不小心将应该自付的100多元酒店洗衣费连同出差费一起报销了。后来公司审计部专门找他谈话，毫不客气地指出："任总，对不起，这笔费用得退回来，还得写份检讨。"任正非欣然接受，不仅全额退还了公司报销的 100 多元费用，还写了一篇悔过书发在了总裁信中。

2018 年 1 月，华为公司的一个产品被消费者反映出现了品控问题，于是董事会决定严查此事，并很快发出了"对经营管理不善领导责任人问责"的通报，表示华为部分经营单位发生了经营质量事故和业务造假行为，公司管理层对此负有管理不力的责任。经董事会常务委员会讨论决定，对公司主要责任领导作出问责，并通报公司全体员工。作为公司的 CEO，任正非被罚款 100 万元，华为公司副董事长郭平、徐直军和人力资源部总裁李杰每人被处以 50 万元罚款。

华为最典型的理念是"从泥坑里爬起来的人就是圣人"。在华为的"自我批判大会"上，曾把研发中由于工作不认真、测试不严格、盲目创新等原因而产生的呆死料单板器件，以及因此而救火产生的机票，用镜框装裱起来，作为"奖品"发给研发系统的几百名骨干。

华为的严格精神已经渗透到了企业文化内部，任正非曾公开表示，华为的自我批评效率很高，自己也经常骂人。他曾骂过余承东，但这是因为爱之深则责之切。华为内部经常争论甚至吵架，但吵完了、意见达成一致了，大家就又去干活了。

在华为，没有自我批判意识的员工是不得再被提拔的，就连总裁也包括在内。只要没有这种精神，3 年后都一律免职。

2022 年 2 月 3 日，任正非在华为内部发全员公告，就注册姚安娜商标事件进行道歉。华为在内部"心声社区"发布了《关于公司代理姚安娜商标注册的几点说明》已而说明称，"社会上有些公司或个人恶意抢注姚安娜商标，我们不得已而为之""任总是第一次公权私用，为此向全体员工道歉"。这份关于公司代理姚安娜商标注册的说明指出：姚思为是任正非的女儿，姚安娜是她的艺名；社会上有些公司或个人恶意抢注姚安娜商标，华为不得已而为之，若自己不注册，商标就会被持续地恶意抢注，就会有许多对华为不利的地方；根据中国商标法的规定，中国大陆公民必须用公司的名义或持有个体工商营业执照才可申请注册商标，而姚安娜刚毕业，还没有注册自己的公司，因此，任正非委托华为知识产权部代理注册，以后再转让给姚安娜的工作室，费用由她支付；这是任正非第一次公权私用，他为此向全体员工道歉。

 点评

　　闻过则喜，需要境界、需要胸怀、需要修炼、需要磨难。自我批判的目的是不断进步、不断改进，而不是自我否定。只有坚持自我批判，才能倾听、扬弃和持续超越，才能更容易尊重他人和与他人合作。任正非不仅仅是自我批判的倡导者，也是自我批判的践行者，他对自己比对别人更狠、更彻底，因为他肩负着三重自我批判的责任——对作为个体的任正非的自我批判；对作为公司领导的任正非的自我批判；对作为他所领导华为的自我批判。

67. 末位淘汰制

外界对华为公司"狼文化"的印象，主要源于两个方面，一方面是华为的市场人员进攻性很强，特别善战；一方面是因为华为内部的"优胜劣汰"原则，其中最为大家熟知的就是"末位淘汰"制度。

任正非作为华为"狼群"的"狼王"，菩萨心肠，霹雳手段。任正非对员工很好，他把自己的绝大多数股份分给了员工。他宁愿自己吃苦，也不让雷锋吃亏。他对新员工很包容，鼓励员工进步，给年轻人成长的机会。

但慈不掌兵，任正非也有不讲情面的一面，比如残酷的"末位淘汰制"。华为的原则是让市场的压力在公司无障碍传递，目的是让组织一直保持被激活的状态。由此，内部的优胜劣汰就不可避免，凡是落后的人员，就不可避免地要面对被淘汰的结果。

然而，那些被淘汰的员工，难道说他们的素质和能力就真的很差吗？当然不是，据华为创业时期的高管透露，他们有时候也很无奈，大家都是并肩作战的兄弟，本身也没有犯什么错误，能力也不差，但华为就像一个跑道，在一路奔跑前行的人中，总有落在后面的。公司给各个部门分配了淘汰指标，各部门也只得忍痛放弃落在最后面的人。末位淘汰制度就像无情的鞭子，鞭策着所有华为人拼尽全力地往前跑，只有这样才能让组织永远充满活力。

"流水不腐，户枢不蠹"，任正非深知此理。客观地讲，在华为创业阶段，选择这样的方式无可厚非，因为公司要生存、要发展。商场如战场，如果不对自己残酷一点，就面对不了市场的残酷。没有绝对完美的制度，只能在不同的阶段采取相对合适的制度。但是在公司具体的运转过程中，管理者还是要有的放矢，掌握好主次和节奏。

每年华为公司都会给各个部门下指标，部门主管要把淘汰的人员进行上报。每年的这个时刻，都是部门主管最纠结的时候，大家都是并肩作战的战友，都在拼命地努力，没有一个是滥竽充数的人，不论取谁舍谁，对主管来说都是一个艰难的抉择。但游戏规则就是如此，没有转圜的余地，业绩落后的人必须被淘汰掉。一位华为高管说："其实被华为末位淘汰掉的员工都曾是华为的无名英雄，他们并非不优秀，只是在奔跑的某一程中，暂时落后了。"

市场不相信眼泪。"通过无依赖的市场压力传递，使内部机制永远处于激活状态。"《华为基本法》里说得很明白，华为不搞终身雇佣制，公司在人力资源管理中引入了竞争、选择和淘汰机制。多年来，华为一直坚守着两个硬性原则：一是每年拿出不低于 10% 的销售收入投入研发，二是末位淘汰制。

"要把一群食草动物转变成一个狼性组织，就必须有狼的出现，也就必须有被狼'吃掉'的个体！"当狼群中的狼王老了的时候，年轻的狼会把它从头狼的位置上拉下来，只有这样才能保持群狼整体的强大，这是狼的淘汰机制。跑得慢的会被吃掉，在华为内部被称为"末位淘汰制"。在中国，部分行业采用了末位淘汰制，使该行业中真正不合格的人遭到了淘汰，而少数优秀人才则脱颖而出。末位淘汰制也有其消极意义：员工没有主人翁感，人人沉浸在危机感中。

为什么任正非多来年一直坚定不移地强调末位淘汰制度，裁掉那些不努力工作的员工或不胜任工作的员工呢？这是为了激活整个组织，消除"沉淀层"，让一个大公司始终保持着小公司一样的活力。

对此，任正非讲过两个故事："不拉马的士兵"和"好望角的蜜蜂"。

一位炮兵军官上升后，到下属部队视察，发现在每个部队的操练队伍中，都有一个士兵站在大炮的炮管下面一动不动。军官问及原因，部队回复："这是操练条例规定的。"军官经过反复查阅军事文献发现，炮管下的士兵主要任务是负责拉马缰，而如今随着大炮的自动化和机械化发展，早就不用马车运载大炮了。由于操练条例没有及时调整，因此出现了"不拉马的士兵"。军官的发现使他获得了国防部的嘉奖。在企业里，如果有不拉马的士兵，那就是被末位淘汰的对象了。

还有一种如南非好望角的蜜蜂，也是企业末位淘汰的对象。这种蜜蜂过着寄生生活，它从不工作，只吃现成的蜂蜜，凭着超强的伪装能力，将卵混在其他蜂种的卵中，被其他工蜂傻傻地抚育着。数天后，这种蜜蜂开始疯狂繁殖。由于它们只会消耗花蜜，而从不工作，因此整个蜂巢就会崩溃。而崩溃之时，它们却能全身而退，继续去寻找下一个寄生的目标。

如果一家企业在长期运作中出现了"不拉马的士兵"和"好望角的蜜蜂"，那么整个团队的动力就会潜移默化地衰竭，进而失去战斗力。一个战斗力不强的队伍，其必然的结果就是失败、灭亡。而"不拉马的士兵""不采蜜的蜜蜂"，则会因闲着无事而越发懒惰、落后、消极，就像慢性传染病一样，不断扩散繁殖，让整个组织的肌体慢慢坏死。企业要是容纳的这种人太多，其组织的积极性就会被大大挫伤，团队也就会士气低落。只有淘汰不拉马的士兵、不采蜜的蜜蜂，企业才能高效快速发展。

任正非曾在一次内部讲话中指示，"每年华为要保持5%的自然淘汰率"。这在华为内部被称为"末位淘汰制"。华为认为，通过淘汰5%的落后分子能促进全体员工努力前进，让员工更有危机感、更有紧迫意识。

IT行业是技术性很强、竞争很残酷的行业。华为从一开始就非常注意培养员工的竞争意识和危机意识，让员工真切地知道，除了来自外界的危机和竞争外，公司内部也有竞争。这种危机意识和竞争意识一直贯穿在华为员工的整个人生历程中。华为的入职培训是很艰苦的，并且坚持着 5% 的淘汰率。一个班的二三十人中，最后一名无论考试成绩多好，都要被淘汰。这种内部竞争机制激励着华为每一名新员工努力学习、力争上游。

点评

　　如何在市场低潮期间培育出一支强劲的队伍来，这是市场系统的一个大命题。要强化绩效考核管理、实行末位淘汰、裁掉后进员工、激活整个队伍。大家都说美国的将军很年轻，其实在了解了西点军校的军官培训体系和军衔的晋升制度后就会知道，通往将军之路就是艰难困苦之路，西点军校就坚定不移地贯彻着末位淘汰制度。

第七章

国际化战略：让更多人享受科技成果

"从谷底到巅峰，我们迸发着野火，永不放弃，永不停歇，不怕跌倒，所以飞翔。"这是华为手机品牌国际推广短片的内容。这部短片展示了"梦想"就是华为的信念和精神支柱，支撑着华为近年来在海外的拓展之路，让华为有力量走过一切艰难困苦。

68. 打通香港跟国际连接的桥梁

1995 年，中国通信市场竞争格局发生了巨大变化，由于通信设备的关税相对较低，造成国内、国际市场竞争态势呈白热化。当时，国际市场的萎缩使中国企业在国际市场拓展乏力，而跨国通信设备巨头则在国际市场需求下滑的情况下，转入方兴未艾的中国市场攫取更多利润。

在这样险恶的情况下，华为面临着"活下去"的紧迫问题，于是国际化就成了"逼上梁山"的选择。任正非对当时局势的总结是："我们的队伍太年轻，而且又生长在我们顺利发展的时期，抗风险意识与驾驭危机的能力都较弱，经不起打击……不趁着短暂的领先，尽快抢占一些市场，加大投入来巩固和延长我们的先进，那这一点点领先的优势势必会稍纵即逝。不努力，就会徒伤悲。我们应在该出击时就出击，我们现在还不十分危险，但若 3 至 5 年之内建立不起国际化的队伍，那么中国市场一旦饱和，我们将只能坐以待毙！"

华为今天的国际化成就瞩目，与其早期与香港企业的合作密不可分。而深圳的高速发展，更与香港紧密相连。两个城市仅一河之隔，深圳被称为"香港的后花园"。而 1987 年创立于深圳的华为，也与香港息息相关。最初，华为就是靠代理香港一家生产用户交换机（PBX）的公司产品起家的。

后来，任正非意识到技术是企业生存发展的压舱石，没有自己的自主知识产权，企业随时都有可能被别人掐住脖子。于是，华为走向自主研发之路。华为自主研发的网络数字程序交换机上市后，价格相对便宜又好用，市场销售很好，当时华为交换机在国内一年的销售额达到十几亿元。华为从代理到自主研发，再到市场推广，市场销售规模不断增长，已经在当时国内同行业的企业中遥遥领先。

走出去，天地更广阔。华为的交换机在中国大陆市场饱和之后，便想着进军全球市场。华为选择了中国香港这个世界通信巨头密布的国际化城市，作为华为海外布局的前站。

1996年，为了打开香港市场，任正非派出营销团队进驻香港。有一天，香港的营销团队传来了一个振奋人心的消息：李嘉诚的长江实业旗下的和记电讯拿到了固定电话运营牌照，需要在3个月内实现移机不改号的业务，正在紧急招标中。

任正非早就对李嘉诚心向往之，他知道睿智的李嘉诚也早已敏锐地看到了电讯市场的前景，事业重心已慢慢转向了电信网络。1985年，李嘉诚拿出了30多亿现金，成功地收购了香港两大电力公司之一——香港电灯公司，控制了香港电力市场的半壁江山。后来这家公司的市值直接翻了近20倍，价值600亿。

李嘉诚也比较倾向于与内地企业做生意，只是对内地产品的质量和服务不太放心。由于时间紧、任务重，和记电讯公司亟需找到一家靠谱的公司，于是他们直奔通信行业发达的欧洲，找到了所有能提供设备的供应商。

运营商们对和记电讯的项目当然很感兴趣，但一听说要在3个月内完成，纷纷耸肩摇头："NO，NO，NO！"在这么短的时间里移机不改号？根本不可能！一些运营商提出，只要把工期改为6个月，就可以接受，但提出的价格却高得离谱。

和记电讯忧心如焚，如果3个月限期一过，无法如期完成合同，他们不但要承担违约责任，而且多年积累的信誉也会受到影响。就在此时，消息灵通的任正非适时地打来电话。和记电讯几番思量，最终决定和华为合作。

任正非十分珍惜这次合作的机会，为了打响第一炮，他派出精兵强将，将当时的得力大将、技术研发"大拿"李一男及其团队派到了香港。然而，好事多磨，华为的C&C08数字交换机才刚刚运到香港，问题就接踵而来：香港寸土寸金，机房非常狭小，华为的柜式交换机无法安放进香港空间狭小的机房中。任正非得知此事后，立即作出指示："进军香港，是华为进军海外市场的前站，如果前站打不好，接下来还怎么打？所以，无论遇到什么困难，一定要想办法克服。"军令如山！执行力强的华为人发挥出了自己的"狠劲儿"，只用了很短的时间，就专门为香港的机房提供了壁挂式的远端模块。同时，为了满足香港号码自由迁移的要求，华为为其提供了定制化的号码携带NP功能，困扰他们多日的问题终于迎刃而解。他们快马加鞭地进行联网实验，但一波未平一波又起，很快新的问题出现了：C&C08数字交换机与和记电讯公司原有的交换机不兼容！

不畏困难的华为人从各个角度分析原因，为了赶工程进度，华为的技术人员废寝忘食、夜以继日，困了就在机房打地铺休息一会儿，团队24小时连轴转进行调试。同时，内地的员工也给了他们最大的支持。每到周末，深圳总部的设计人员都自动放弃休息，协助调试。那段时间，每到凌晨两三点钟，项目组组长的手机就特别繁忙，不停地传递调试信息。"人心齐，泰山移"，经过一次又一次的仔细调试，不兼容的问题终于被圆满解决。工程师们听着从连接模块的话筒中传来清晰的通话声，疲惫的脸上终于露出了笑容。

只用了不到3个月的时间，华为就顺利地完成了项目。华为的产品与国际一流的产品相比，除了价格上的优势，还有电信业务的新功能，这让和记电讯惊喜不已。华为提供的壁挂式电信设备甚至可以放在楼梯间里，非常适合香港人多地少的特点。

C&C08壁挂式数字交换机经过调试，运行稳定、通话流畅，顺利通过了验收，并很快就拿到了香港电信业务的经营通行证，顺利进入了香港市场。

华为人身上敢打敢拼的精神赢得了李嘉诚的认可和信任，也为华为赢得了越来越多的发展机会。华为全球化的前站大获全胜，之后不久，华为的数字交换机就进入了香港20多个电信局，其产品覆盖了香港主要的商业区、3000多座写字楼和香港机场。

点评

香港是连接内地跟国际的桥梁，要进入国际市场，就必须先攻占香港市场。华为能够成功，当然离不开自己的努力，再加上贵人的帮助，自然是事半功倍。从这一次探路开始，华为的国际化行动就"跌跌撞撞地开始了"。华为利用香港市场，进一步打开了国际市场的大门，这才有了华为的今天。

69.华为抢滩登陆俄罗斯

20 世纪 80 年代末，西方跨国公司几乎垄断了我们国内的整个通信市场，这就是业界俗称的"七国八制"。没有根基、一穷二白的华为，在当时只是一家没有"护城河"的民营企业，想要在激烈的市场竞争中争得一线生机，真是难于上青天。于是，此山不开，另开他山，华为将目光投向了国外市场。

俄罗斯这块"硬骨头"，任正非早就想啃下了。华为海外拓展的第一站就是俄罗斯，当时的俄罗斯正处于市场转型的初期。中俄有着相似的政治文化背景，任正非在中俄关系的积极变化中捕捉到了商机，决心把疆域辽阔的俄罗斯通信市场作为华为海外扩张战略的首个突破口，因此，华为正式进军俄罗斯。

早在 1994 年，华为一线员工李杰就被派往俄罗斯开拓市场，但李杰团队在俄罗斯扎根多年，却一直没有进展。在俄罗斯人看来，电信业是发达国家的专长，中国作为发展中国家，是缺乏实力的，因此对中国的电信设备供应商并不信任，这使得华为在俄罗斯的市场开拓行动进展得非常艰难。同时，地处北极圈的俄罗斯地广人稀，常年气候寒冷、经济萧条。很多假冒伪劣的产品一直充斥着俄罗斯市场，"中国货"被很多店铺排斥，当地人根本不相信中国产品，更不相信中国还有高科技公司可以做出交换机。因此，对于派驻俄罗斯的华为员工来说，相比俄罗斯酷寒的天气，冷清的市场和冷漠的态度更让他们寒心。

一次，华为参加日内瓦世界电信大会，李杰向任正非汇报了华为在俄罗斯市场的困难。任正非说："如果有一天俄罗斯市场复苏了，而华为却被拒之门外，你就留在那儿吧！"

1996年，任正非派华为高管徐直军带领团队前往俄罗斯支援李杰，但情况并未得到丝毫改观。徐直军一行人去了俄罗斯两个星期，却连一个客户也没有遇到。临走时，李杰引荐了俄罗斯一家企业的软件业务负责人接待徐直军，这位负责人告诉徐直军："俄罗斯不会使用任何新型交换机，也不相信中国公司的高科技产品。"[1]

面对俄罗斯人的傲慢与偏见，华为越挫越勇。为鼓舞士气，任正非亲临俄罗斯市场。1996年6月，任正非参加了第8届俄罗斯国际通信展，这次展会让任正非见识到了俄罗斯未来通信市场的发展潜力。华为邀请俄罗斯电信部门领导与企业家到华为参观、考察，俄罗斯人心中的冰山开始融化了。

1997年4月8日，华为与俄罗斯的合营公司签订了合同。但当时，1997年的俄罗斯经济正处于低谷，电信市场投资一度陷入停滞，华为在俄罗斯更是举步维艰。但华为没有放弃，依然选择了坚守。1998年，俄罗斯经历了亚洲金融危机的打击，卢布疯狂贬值。西门子、阿尔卡特等众多大牌企业纷纷撤资，只有华为坚定地留了下来。

1999年，事情终于出现了转机。俄罗斯电信公司与俄罗斯贝托康采恩找到华为，在俄罗斯乌法市建立了华为在俄罗斯市场的第一家合资企业——贝托华为。有了"根据地"，李杰团队的斗志一下子就高昂起来，他们开启了"土狼式"打法。当竞争对手在喝咖啡、滑雪、享受休闲生活的时候，当国内的华为兄弟在跟家人新年团聚的时候，

---

[1]资料来源：《放弃欧美，开拓俄罗斯，华为员工3年赚38美元，任正非：华为还在》迪哥说财经 2021-07-12 23:05.

远离亲人的李杰团队却冒着严寒，扫遍了俄罗斯电信市场的每一个角落。终于，华为多年的耕耘有了一丝丝收获——多年零业绩的华为团队终于在俄罗斯市场开了张：一单价值 38 美元的元器件。就是这小小的一单，让整个团队感慨万千，任正非更是发来了贺信：好样的，至少让俄罗斯人知道，华为还在！

就是这单 38 美元的订单，让华为在俄罗斯市场打开了局面，销售渐入佳境。

华为的坚守让华为打开了国际市场。经过 7 年的"冰雪之旅"，华为终于赢得了俄罗斯人的信任。2001 年，贝托华为取得了俄罗斯电信部门认证的俄罗斯国产厂商的荣誉。华为与俄罗斯国家电信部门签署了上千万美元的 GSM 设备供应合同。此后，华为在俄罗斯市场的销售额更是首次突破 1 亿美元。2002 年年底，华为又取得了 3797 公里的超长距离 320G 的从圣彼得堡到莫斯科国家光传输干线（DWDM 系统）的订单。2004 年，华为在俄罗斯的销售额已经达到了 4 亿美元。2005 年，华为在俄罗斯的销售额增长到了 6.14 亿美元。2007 年，华为成为俄罗斯电信市场的绝对领跑者，并持续至今。华为在俄罗斯的耕耘与成功，是中国企业海外拓展的重要参考案例。

点评

开拓俄罗斯市场在华为整个全球市场方面，是一个非常重要的决策。在这 10 年中，华为在整个俄罗斯市场得到了客户的支持，得到了社会的支持，取得了非常大的成就和进展。远离欧美发达地区，深耕"亚非拉"等不被国际电信巨头看好的地域，是华为打开国际市场，用"农村包围城市"思想的重要战略转型。

70. 华为模式的撬点: 农村包围城市

任正非曾有豪言壮语: "10年之后, 世界通信制造业三分天下, 必有华为一席。"在全球电信投资里, 大约有30%在北美, 30%在欧洲。面对巨大的市场, 如果不尽快使华为的产品在全球覆盖, 那就是对投资的浪费、机会的浪费。这意味着华为将不可避免地走上全球化的"不归路"。

当华为走出国门、拓展国际市场时, 放眼一望, 看得到的"良田沃土"早已被西方公司龙盘虎踞。只有那些偏远、动乱、自然环境恶劣, 根本入不了西方公司眼的地方, 华为才有一线机会。

斟酌之下, 任正非决定把华为的国际战略放在亚非拉。三大区域中, 非洲最为贫困, 但"中国制造"在非洲人的心里却也早已饱受诟病。虽然非洲看好中国的工业, 却仅将中国当成一个"世界加工工厂"。他们眼中真正意义上的"世界工厂", 只有美国、日本和德国等极少数发达国家, 但华为还是决定迎难而上。

华为在1997年进入非洲, 率先将一些价位低廉的产品销售给一些最贫困、亟待发展的国家, 如津巴布韦、刚果及博茨瓦纳等。之后, 华为悉心挖掘南非、刚果、肯尼亚等非洲国家的市场潜力, 将自己的通信网络产品、技术以及服务几乎覆盖了整个南非。

不仅如此, 华为在拉丁美洲的市场也硕果累累、捷报频传。运用与非洲相似的战略, 2004年2月, 巴西境内最大的数据和长途运营商的下一代网络项目被华为收入囊中，合同总价高达 700 万美元。2005年年中，华为再度征战阿根廷，并在商业领域有所建树。

亚洲则与非洲、拉丁美洲不同。亚洲不但疆域面积更为辽阔、区域分明，民族和文化呈现出的多样性，也要求华为在拓展亚洲市场时"因地制宜"，做到"具体问题具体分析"。任正非知道，华为要在亚洲立足，必须着眼于那些既不过于贫穷，又居于日本和"亚洲四小龙"之下的国家。他把目标定在以丰富的石油资源著称的中东地区。

沙特阿拉伯由于石油资源格外充足、经济情况良好，而且还有大量的外汇储备、有宗教信仰，当地民众心地纯澈，更重视"市场道德"，不会超越底线。华为提出的对策：在当地招募员工，工作人员主要以当地人为主。面对伶牙俐齿、亲和力强的华为员工，"沙特族人"也展现出了自己的友好，显得很好说话。同时，华为产品性能优越，使得沙特阿拉伯的客户认可度很高，在短短两三年内对华为的评价直线上升。除了在中东地区战绩斐然，华为在亚洲其他国家和地区也取得了不错的成绩，与华为展开合作的主流供应商更是星罗棋布，除了日本、韩国、中国台湾、新加坡等，亚洲 4000 多万平方公里的土地上皆有华为的身影，这标志着华为的国际化之路走得非常顺畅。

美国《商业周刊》这样描述：如果没有华为，西伯利亚的居民就收不到信号，乞力马扎罗火山的登山客无法找人求救。8000 米以上的喜马拉雅山珠峰，零下 40 摄氏度的北极和南极，都见得到华为的足迹。

尼日利亚是一个人口近 1.7 亿的非洲大国。1999 年，华为进入尼日利亚市场，使当地绝大多数人用上了手机，通信资费由每分钟 1 美元降低到了 0.06 美元。随着华为智能手机在尼日利亚的生产和销售，华为品牌已成为当地民众了解和感受中国的一个窗口。

在尼日利亚首都阿布贾，坐落着华为西非技术服务培训中心。这座于 2006 年落成的培训中心已经为当地培养了 5000 多名工程师，展示了华为"科技转移"造福当地的承诺。2014 年，为表彰华为对尼电信发展做出的贡献，尼联合媒体授予华为"十年最佳科技支撑奖"。

　　华为的故事同样在南美洲有着"天涯之国"之称的智利经历着。2010 年 2 月 27 日凌晨，智利第二大城市康塞普西翁发生里氏 8.8 级强烈地震，造成华为当地客户 Nextel 公司的一个微波站点建筑坍塌，经过该站点的业务全部中断，客户向华为发来紧急求助。华为智利代表处工程师孙大伟与两名本地员工接到客户的求助后，迅速向灾区进发。驻智利的华为人冒着生命危险第一时间赶到现场进行救助。危急的情景让参与救助的华为人孙大伟至今回忆起来都不寒而栗，但这段刻骨铭心的经历也让他颇为骄傲："在这样的时刻，每一个华为人都会拿出实际行动，让客户知道，华为是最值得信赖的伙伴。"

点评

　　从 1996 年开始"走出去"，华为的运营网点已遍布全球 140 多个国家。到 2017 年年底，华为已经在全球部署了超过 50 万个基站，商用连接突破 1000 万，与 1000 多家生态合作伙伴共建生态。197 家世界 500 强企业、45 家世界 100 强企业选择了华为作为数字化转型的合作伙伴。

71. "撒豆子战略"

"从谷底到巅峰，我们迸发着野火，永不放弃，永不停歇，不怕跌倒，所以飞翔。"这是华为手机品牌国际推广短片的内容。这部短片展示了"梦想"就是华为的信念和精神支柱，支撑着华为近年来在海外的拓展之路，让华为有力量走过一切艰难困苦。

华为的全球化是被逼出来的。当时国内电信运营商正在酝酿第一次重组，几个运营商都在忙着内部重组，谁都不订货；产品和设备卖不出去，所以逼迫着华为往外寻找市场。

华为早期的全球化是一种"撒豆子战略"。1998 年，华为"走出去"的首选市场就是俄罗斯。对此，华为人可以说是两眼一抹黑，只能从了解客户开始，做好充分调研，再等待进入的时机。那时候的海外电信市场竞争激烈，华为在俄罗斯的最初几年异常艰辛，几乎没有什么回报。但华为仍然坚持了下来。2000 年的互联网泡沫为华为带来了机遇——当时所有西方公司都撤走了，坚守的华为终于获得了市场，也拿到在俄罗斯的第一单合同，约 16 亿美元。

1998 年，刚刚赴任拉美地区部经理的曹贻安，带着几个小伙子来到巴西圣保罗，住在一个小宾馆里。当时华为在巴西已经有公司的办事处，任正非去巴西时把随去的女翻译刘学敏留在了那里开拓市场。刘学敏说得一口流利的英语，但不太懂技术，于是公司便派了一个研发技术人员过去做支持。他俩接触不到大的通信运营商，只联系上了一个搞通信传输的小公司，便邀请那个公司的人员来中国考察参观，带他们在北京爬长城、看故宫，让他们感受中国的悠久历史文化，再到上海让他感受中国经济贸易之都的繁荣。之后，再带他们到深圳，让他们了解一个小渔村是如何在 20 年时间里变成一个现代化的大都市的，以及华为的发展。虽然这一趟效果很好，但回巴西后，该公司也只是让华为有资格参加投票而已。

就这样，曹贻安带了七八个人，走一个国家撒一颗"豆子"，负责在那儿开展业务。他们在异国他乡吃尽了苦头，资源缺乏，语言不通，沟通不畅。等曹贻安走到最后一个国家时，前面的"豆子"都跑了，曹贻安也回国离职了。

但仍然有一些"豆子"最后顽强地破土而出，甚至在峭壁上扎了根。彭中阳就是其中的一颗"豆子"。这颗"豆子"不仅发了芽、生了根，而且开了一片花、结了一堆果。整整 12 年，其中的艰辛一言难尽。彭中阳从小国代表到大国代表，从国家代表到地区部总裁，历经过在战乱中的坚守、室内经常停水停电、室外高温 50 多摄氏度的酷热和蚊虫叮咬的艰苦，以及客户无数次的冷遇和团队能力的欠缺。

1997 年，29 岁的彭中阳从华中理工大学毕业加入华为，在国内技术支援部门做一名普通的技服。半年后，彭中阳就被公司派到了俄罗斯，担任俄罗斯代表处传输项目经理及拓展工程师。在俄罗斯干了13 个月后，彭中阳又被派到也门担任也门代表处代表。当时的他一个人在一个仅有 1700 万人口却拥有 6000 万支枪的动荡国家做客服和开拓市场，时常面临着室外 50 多摄氏度酷热高温和蚊虫叮咬，条件有多么艰辛可想而知。但彭中阳坚持了下来，并在工作实践中为华为创造了一个延续至今的"铁三角"模式。

在 2004 年，因为业绩不错，彭中阳被派到苏丹组建代表处。当时的苏丹项目部面临团队沟通不畅、信息不共享、客户关系不到位、执行产品解决方案不能符合客户要求、交付能力差等多重问题。经过探索，2006 年年底，彭中阳任命饶晓波、王锷、王海清 3 个人组成客户系统部的核心管理团队，而这样的模式后来被彭中阳称作"铁三角"。即一个客户经理、一个产品经理和一个交付经理，3个人同时负责1个客户群，并把整个代表处从上到下建成一个三三制组织，使之能够很快提升工作效率和作战业绩。铁三角后来很快成为华为市场部门组织变革的方向之一。

因为多年来在俄罗斯、中东、也门等电信业务不发达的地区开展业务，且完成得非常出色，彭中阳收获了一个外号——"最能啃骨头的华为人"。

多年的海外历练，让彭中阳很受重视。此后，彭中阳快步升职为华为董事、中国区总裁，继而成为华为总干部部长。

2019年年底，一个在海外工作了15年的华为员工阿琥在心声社区分享了自己的外派经历。2005年，阿琥被派到非洲中部一个内陆国家乍得，一下飞机，他就被眼前的景象惊呆了：机场距离CBD只有5分钟车程，一个15平方米左右的黎巴嫩超市便是首都最大的卖场，一只一只二手鞋被挂在树上卖。这里经常没水没电没网络，因为缺水，洗头不方便，大家都剃了光头、穿着西装，这一度成为华为公司员工在当地的标识。为了办公，64K的卫星网络升级到了128k、256k，十七八个人一起使用，而且NOTES邮箱收邮件至少要等待30分钟。在乍得，每天的工作都十分忙碌，新局点经常升级，各种问题不断。

有一次，适逢雨季、天气骤变、黑云遮日，住在一楼的阿琥正开着风扇纳凉，突然发现陈旧的窗式空调缝隙处密密麻麻地爬满了黑色虫子，墙面黑压压的一片，犹如《盗墓笔记》中那种古老生命。慌乱之下，阿琥左右手各抄起一瓶杀虫剂，对着黑色虫子就是一顿喷杀。墙壁下面的黑虫逐渐褪去，阿琥站到椅子上，右手高举着杀虫剂向天花板喷去。突然，他惊叫了一声，一股红色的液体洒在他的脸上、身上——原来是他的手被运转的风扇刮掉了几片肉。室友们跑过来，发现阿琥通红的双眼里布满了恐惧，房间里血迹斑斑，墙边一堆黑色的虫子……

2015 年，阿琥重回非洲，常驻尼日利亚首都阿布贾。一次，阿琥在从机场回宿舍的路上，持枪"军警"在路边示意停车检查，司机却一脚油门就冲了过去。到了安全地带，司机惊魂未定地说："路边那些持枪的根本不是军警，而是强盗，如果我们停车，今天就栽到这儿了。"

在塞内加尔时，阿琥要负责 6 个小国家的业务。面对很多不确定的客户与项目，必须谨慎小心。因为业务颗粒度小、风险高，资源都是以共享方式进行灵活调配的，因此除了马里，每个国家的常驻中方员工数量都少得可怜，一个人要同时担任多个角色。

在华为这样的案例还有很多。多年前撒出去的"豆子"，今天在全球的每一个角落生根发芽、开花结果。从珠峰到西伯利亚，从南极到北极，世界上有人的地方就有华为人，没有人的地方也有华为人所提供的产品和服务。而成长和扩张的背后，全是血、汗、泪的艰辛付出。

点评

德国军事家克劳塞维茨在《战争论》曾说：在黑暗之中，只要有一点微光，就会带着队伍走向胜利。华为人背井离乡，远离亲人，奔赴"亚非拉"，如同一群土狼一般，生生地为华为在国际市场划开了一道口子。无论是在硝烟弥漫的非洲大地，或在枪林弹雨的伊拉克，都留下了华为人艰苦卓绝的身影。

72. 不轻易错过任何一块"盐碱地"

任正非曾在华为的财经变革项目规划汇报会上提到"盐碱地"的概念。盐碱地是盐类集积的一个种类，是指土壤里面所含的盐分影响到了作物的正常生长，在严重的盐碱土壤地区，植物几乎不能生存。同样，在很多市场，由于国际环境等诸多因素影响，辛勤耕耘却可能换来颗粒无收，这些地区和国家就被老板任正非形象地称为华为的"盐碱地"。

不要轻易错过任何一块"盐碱地"，任正非说："华为的成功在于坚持不懈地推进'鸡肋战略'，在西方大公司看不上的'盐碱地'上一点一点地清洗耕耘，而且薄利也逼着公司在很窄的夹缝中锻炼了能力，提高了管理水平。"

任正非认为，在国际市场上同样具有很多"盐碱地"，由于国际环境、政治因素、战争风险、环境因素的影响，企业在这些市场上的辛勤投入换来的可能是颗粒无收。通常情况下，这类"盐碱地"是西方那些大公司看不上的，这就为华为的进入提供了机会。

华为适度进入别人看不上的市场，一点点地进行耕耘和扩张，不仅让自己站稳了脚跟、打响了自己的品牌，还在困难重重的市场环境中提升了企业的应变能力、经营能力以及管理水平。对于俄罗斯、非洲国家，西方国家长期在投与不投间纠结权衡，而华为当机立断，迅速进军，从而在国际市场上快速发展，并且获得了惊人的成就。其产品和解决方案已应用于全球 100 多个国家，以及 31 个全球前 50 强的运营商，服务了全球超过 10 亿用户。2006 年，华为的海外销售额已占其整体销售额的 65%。

"青山处处埋忠骨，何须马革裹尸还"，非洲不仅有大象、角马和羚羊，还有广阔的电信市场。但对于到海外发展的中国企业来说，面临的第一个直接困难就是员工的人身安全和衣食住行问题。在刚果（金），基础设施薄弱，很多地方甚至没有公路。由于项目交付都是在野外安装、调测基站，华为的工程人员经常只能连续驾车三四天赶往野外站点施工。站点周围荒无人烟，他们只能自己带上几桶水和一些干粮充饥解渴，吃住都在车上，很多时候甚至只能吃面包。如果能吃上一包热水煮方便面，再加一点老干妈辣酱，就已经谢天谢地了。

在拓展非洲市场的过程中，很多华为员工都有不少困难和危险经历。疟疾这种可以致命的疾病，对于很多华为员工来说已经成了类似感冒的常见病。刚果（金）代表处的服务工程师高学新曾多次往返于各站点调测基站，由于过度劳累，他在 3 个月的时间里曾连续 4 次得疟疾。

非洲一些国家政局不稳，这也为华为员工带来了安全隐患。在一些国家的战乱时期，华为的工程师如要去基层进行设备安装、调试和维护，客户甚至要派全副武装的警察贴身保护才有安全保障。尽管如此，在客户有需求时，他们还是会不顾危险、及时赶到。正是这种不顾个人安危的精神，使客户深深感受到了华为是值得信赖的真正的合作伙伴。

2007 年，27 岁的华为员工小杜被派到刚果（金）做项目支持工作。飞机抵达刚果（金）首都 Kinshasa 后，小杜便又风尘仆仆地坐飞机赶往 Goma。飞机平安降落后，乘客们纷纷鼓掌，庆祝自己跟死神擦肩而过。飞机跑道是修整后的土跑道，行李直接就放在了飞机旁边。在小杜去宿舍的路上，都是火山岩铺砌二层，路边停着坦克和装甲车。同事小声提醒他：这里有很多莫名其妙的虫子，如果身上有虫子在爬，要轻轻打掉，千万不要拍，因为如果被打死的是硫酸蚁，那一块皮肤就会被腐蚀；千万不能喝生水，否则容易得结石和生病；本地是疟疾多发区，如果感觉身体不舒服，就要吃青蒿素、打针……

2008年春节的一天傍晚，小杜和同事正围坐在客厅畅谈人生。突然冲进来一帮劫匪，抢走了他们的钱和电脑。

这还只是生活上的困难，拓展市场的过程更是惊心动魄、艰难万分。要知道在早期，当地运营商采用的可全都是国外大牌，当时华为在海外没有名气，客户对华为品牌认知度不高，业务开展起来可谓是难于上青天。

华为负责非洲东部区域的销售人员在面对这种情况时却一点不气馁，每天都去现场跟客户聊天，送点小礼品。一回生二回熟，客户也就慢慢地了解了华为。但让客户接受华为的产品，却不是那么容易的事儿。

有一次，下了一场大暴雨，雷击把运营商的核心机房烧毁了，信号大面积中断。运营商心急如焚，华为的销售人员在第一时间赶了过去，说华为通过紧急调货，可以在一个月内解决问题。

客户难以置信：一个来自中国的小公司竟能有如此高的效率？但除此之外客户别无他法，于是便和华为签了供货协议。当然为保万全，客户也和之前合作的厂商签订了同样的协议，规定两家公司哪家货先到就用哪家的设备。

仅仅3天时间，华为的技术专家就从国内赶到了现场，并在3周内供货、安装、运行全部完成，一系列操作如行云流水，客户倍感惊喜，拍手称快。就这样，华为赢得了客户的信任。

刚从国内派到西非开发市场的销售人员阿明发现，当地采用的基本都是知名大品牌公司的设备，并且大公司的客户关系维护做得非常好，市场格局基本被垄断。华为的销售到了那儿，客户连见面的机会都不给。半年过去了，市场局面依然无法打开。于是，阿明就找竞争对手的销售人员"套近乎"，请教经验。竞争对手的销售人员逐渐被阿明的真诚打动，从防备到信任，二人成了好朋友。最后，竞争对手的销售人员被阿明的人格魅力和华为的高薪所吸引，主动加入了华为。就这样，慢慢地，一大批优质销售人员加入了华为。华为获得了人马，又获得了资源和客户。半年后，华为的销售人员经过不懈地攻城略地，终于拿下了大单。

有一次，非洲西部一个国家的电信运营商要进行上亿美元的设备招标。当时华为与客户关系维护得很好，相处非常融洽。当然竞争对手与客户的关系也很紧密。对于这次招标，双方从产品到技术，从服务到沟通，可谓旗鼓相当、不相上下，谁也没有必胜的把握。在当天的招标会上，竞争对手做了充分的准备，光是投标资料就准备了几大箱，但是当他们准备赶往竞标现场时，却迟迟等不来司机和车，打电话无人接听。无奈之下，只得临时找了一辆车，然而等他们费尽周折赶到现场时，招标会已经结束了。华为就这样毫无悬念地中标了。竞争对手了解之后，才发现自己的司机居然早已经被华为策反了。出其不意的奇招让竞争对手顿首跳脚、哭笑不得，最后不得不承认自己"技"不如人。

点评

华为的国际化道路，就是善于寻找未被西方企业控制的市场，善于寻找一些被忽略的空隙，配合相对低廉的价格、出色的技术水平和良好的服务，从而产生和增强市场吸引力，是一种高明的战略。华为善于寻找空隙，不轻易放弃"盐碱地"，善于啃"鸡肋"的战略，给了企业生存发展很好的启示。

73. 征战法国：在罗曼·罗兰之乡扎下脚跟

欧洲是通信产业的发祥地，很长一段时间，欧洲电信市场一直被西门子、爱立信、阿尔卡特等国际通信行业巨头盘踞。1996 年，美国颁布《电信改革法案》，电信运营市场得以全球化放开。欧洲不甘落后，紧紧追随，但由于创新力不足，老牌运营商负担很重。欧洲市场陷入混战时代。

任正非看准了时机，将法国作为征战欧洲的突破口，开始一步步攻破欧洲的铜墙铁壁。

法国人生性浪漫，讲究美食，也特别讲朋友关系。华为法国分公司的总经理温群直接把法国人称作"欧洲的中国人"。为了拉近与客户的距离，温群入乡随俗，学习法语、穿法国服装、吃法国大餐，还给自己取了一个法国名字，把自己从头到脚都"法国化"了。

法国的阿尔斯通是一家非常有名的系统集成商，专门承揽电信集成项目。阿尔斯通为了追求利益更大化，常常会寻找一些性价比更高的设备商展开合作。

于是华为便找到阿尔斯通，毛遂自荐，主动提出合作。对于这个在法国人眼中并不起眼的"小公司"，阿尔斯通半信半疑，抱着试一试的想法与华为展开了初步合作。华为人的认真负责、严谨坚韧与高效守信让阿尔斯通对华为越来越信服。随着合作的深入，阿尔斯通对华为的信任度和满意度与日俱增。

2001年年初，法国电信的另一家运营商NEUF在法国全境建立了一套骨干光传输网络系统，用户只需要每月付30欧元，就能享受到电视节目、互联网和传统电话的打包服务。但这个项目的技术要求之高，令很多通信公司望而生畏。而NEUF公司的批发业务，仅向电信运营商提供光纤网络，因此如果想要提供面向企业和个人用户的服务，NEUF公司就需要一个更强大的供应商。

在NEUF公司原本圈定的合作企业名单中，华为连入围的机会都没有。阿尔斯通与NEUF公司关系紧密，鉴于对华为的认可与信任，阿尔斯通高层领导专门致电NEUF公司CEO米歇尔·保兰，强烈向他推荐华为，希望他们能把这个传输网络的项目合作机会给华为。NEUF公司并不相信中国的科研实力，因此对华为毫无兴趣，但又不好驳老朋友的面子，这才勉强同意让华为试试。

华为非常珍惜来之不易的机会，为了表示合作的诚意，主动提出了优惠的合作价格，并给对方打包票：保证3个月内完成项目任务。

富有狼性精神的华为人一旦对自己狠起来，谁都要为之让步。以超常的速度完成任务，正是华为的优势所在。华为的集体战斗力在这3个月内展现得淋漓尽致，不到3个月，华为就圆满完成了任务，令NEUF公司刮目相看。

米歇尔·保兰给予华为极高的评价："这为我们节约了至少10%的投资，而且我们获得了想要的速度。要知道，在几年前，所有的市场都是法国电信的，而现在我们成了它最大的竞争对手。"

几个漂亮的项目做下来，华为在法国声名鹊起，顺利打入了法国市场，之后还成为NEUF公司的第一供应商。华为一骑绝尘，将思科、阿尔卡特都远远地甩在后面。

由于欧洲市场国家众多，华为采取的主要方式是通过联合开发和招投标双管齐下，从而获得了大量的供货合同。

2009年，华为在巴黎近郊举行了隆重的新址落成仪式，庆祝华为的 3 家研发中心在法国成功创立。这 3 家研发中心分别负责无线技术的基础性研发、固定宽带的技术性创新和移动宽带性能的革新流程。

　　在国际市场上，尤其是在欧美发达国家市场上，运营商更看重的是产品在质量基础上的性价比。只有产品具有高质量、先进的技术、合理的价格，并且能提供到位的服务，才有可能得到运营商的青睐。建立在优秀的技术和廉价的人力成本基础上的低价竞争，使华为赢得了市场。华为高性价比的产品，加上快速响应客户需求的服务，才是它屡屡获得海外运营商订单的主要原因。

74. 华为开拓荷兰市场：郁金香国度里绽放的一朵"奇葩"

在法国和欧洲一些国家取得不俗的成果后，华为立足欧洲的信心大增，并逐渐从在市场边缘"偷生"的状态转变为直接与欧洲企业抢夺市场。欧洲是 GSM、3G 技术的发源地，当时有阿尔卡特、爱立信、西门子、诺基亚 4 家电信设备巨头在欧洲龙盘虎踞。竞争对手就像大山一样，压得华为喘不过气来，让华为感到了无边的绝望。也就是在那时，华为认识到，唯有创新和质量超过它们，才有机会叩开欧洲市场的大门。

当时，荷兰有 4 家运营商，其中最小的一家叫泰尔弗国际教育集团（Telfort），在 2000 年年中购买了一张 3G 牌照，准备建网，但却遇到了一个难题：由于机房空间较小，摆不下第二台机柜。因为泰尔弗采用的全网设备都是诺基亚提供的，于是泰尔弗找到诺基亚，提出能否为他开发一种小型机柜，以便让 3G 机柜也能放置进去。诺基亚领导一听，觉得这不是异想天开吗？一家小小的公司居然提出这么匪夷所思的要求，便直接拒绝了："我们没有这种产品，市场需求的规模没有那么大，单独为你们开发的话成本太高，实在不好意思。"

在诺基亚那儿碰了一鼻子灰，泰尔弗便又去找当时的市场老大爱立信，表示愿意舍弃全网的诺基亚设备，跟爱立信合作。但爱立信根本看不上一家小小的公司，觉得它没有跟自己谈判的筹码，便直接拒绝了，还傲慢地说不可能为一家小公司改变自己的路标。

泰尔弗一筹莫展，由于各种技术运作上的原因，始终没有开通3G业务。2004年6月，任正非授权陈海军主持华为在荷兰的战略部署。当陈海军听说泰尔弗在2000年7月就拿到了3G牌照，然而却一直没有开展3G服务时，他顿时眼前一亮，像发现了宝藏一般。接着，陈海军对泰尔弗公司进行全方位的分析、调查，发现了该公司没开通3G业务的原因：一是荷兰在移动业务方面的竞争格外激烈，以至于稳定的市场环境并不是真的"稳定"，总会显露一定程度的不和谐；二是泰尔弗公司的研发实力较弱；三是国家安装新基站和射频设备要通过所在建筑物的业主的批准，并需要支付高额费用。知己知彼，百战百胜，陈海军通过荷兰邮政电信部门的熟人开始与泰尔弗接触。当泰尔弗听说当时的华为在荷兰连办事处也没有时，感到匪夷所思，根本不相信华为。但是当时泰尔弗已经走投无路，别无良策，只好硬着头皮听华为"画饼"。

华为与泰尔弗共同制定了3G商业计划。首先，华为和泰尔弗合作成立了一个移动创新中心，专门研究在荷兰市场适合推出哪些移动服务项目；其次，华为在原来就有的小基站解决方案的基础上提出了分布式基站的解决方案，将基站室内部分做成分体式空调一样，体积只有DVD一般大小，然后把大部分功能抛到室外去。

这两点正切中泰尔弗公司的需求，但泰尔弗公司还是有顾虑，因为他们根本不相信基站可以自由分合。

华为全力以赴，快马加鞭用了8个月的时间，为泰尔弗量身定做的分布式基站诞生了。华为的技术和解决方案使泰尔弗公司90%以上的站点都可以利用原有的站点，总体拥有成本(TCO)比常规的方案节省了30%左右。

然而，千算万算，不值天一划。华为和泰尔弗的合作还没正式实施，泰尔弗便因经营不善被当地第一大运营商荷兰皇家电信（KPN）收购了，合作化为泡影。

市场一线人员、研发人员、交付人员，费尽千辛万苦才盘下的一个项目，瞬间化为乌有。荷兰皇家电信直接舍弃了华为，他们的逻辑很简单——无线网络不是设备做得漂亮就可以，关键得有用户，很多人用起来不出问题。他们不愿冒险，甚至连尝试的机会都没有给华为。

经过这次沉重的打击，华为在欧洲市场的拓展又耽搁了两年。2006年，当时世界第一大运营商沃达丰遇到一个难题：它在西班牙的主网竞争不过当地龙头西班牙电信公司（Telefonica）。这时，沃达丰想到了华为的分布式基站。

沃达丰愿意给华为一个机会，但机会仅此一次。对此，华为丝毫不敢懈怠，因为他们深知，一旦沃达丰否决了华为的分布式基站，今后华为在欧洲的市场便寸步难行。

华为全力以赴，最终沃达丰对华为的分布式基站非常满意。就这样，华为抓住了缝隙中的市场，在欧洲捅出了一道口子。到了2007年，华为在行业内已经获得了不错的位置，靠分布式基站陆陆续续斩获了大单。

但华为此时却面临着一个选择，准备将产品升级换代——他们瞄准的对象是爱立信。华为用与爱立信完全不一致的架构，去做革命性的产品升级换代，这条路之前从没有人走过。

一天，分布式基站的第一发明人余承东和同事爬到了深圳海拔最高的山——梧桐山。余承东反复问："要不要做第四代基站？"同事认为如果继续研发的话，有很多技术风险无法克服，成本会升高1.5倍，价格压力太大，对一线销售人员挑战很大。

爬了5小时山，余承东一直在给相关人员打电话，但没有一个人赞同他的想法，都觉得风险和难度太大了。下山后，余承东拍着腿说："必须做，不然永远会跟在别人的屁股后面跑。"他将想法一股脑汇报给任正非，任正非当机立断：做！只要想好了你就放心大胆地去做！但如此大规模的投入，一旦达不到市场预期，可能几年都翻不了身。

有了任正非的支持，余承东心里有了底。他顶住压力，倾尽无线部门的力量，调动全球顶尖专家，用一年多时间，终于在 2008 年攻克难关，做出了华为第四代基站（Single RAN），

Single RAN 产品甫一问世，便石破天惊，震惊了世界。

当时华为在欧洲应标时有一个不成文的规定：任何一个标的，只要技术标华为没有拿到第一，项目负责人就得下台。华为当时将项目分为三个标：技术标（技术排名）、服务标（交互工程方面）、商务标（性价比）。华为非常自信，因为 Single RAN 在技术上优势明显。当时的基站需要使用插板，爱立信需要插 12 块板，而华为只需插 3 块板就足够了。这次技术突破，一举奠定了华为在无线方面的优势地位，让华为以风卷残云般的势头横扫了整个欧洲市场。2010 年之前，华为无线花了多年时间才在西欧市场取得 9% 的份额，但两年后，华为的市场份额就飙升至 33%，高居欧洲第一。

点评

凭借无线业务扫平障碍后，华为在欧洲的品牌形象也逐渐建立起来，并为其他业务在欧洲的拓展奠定了基础。2013 年，华为在欧洲企业市场的订货量同比增长 200%，远高于其在国内的增速。2014 年第二季度，华为智能手机在欧洲市场的出货量同比增长了 120%。

75. 华为开拓英国市场

富庶的欧洲市场绝对是天下群雄逐鹿之地，这是一个真正的主流市场，一个富饶丰盈的"产粮区"，是华为要走向世界级企业，必须通过的一道关隘。华为的国际战略此时已经经过了俄罗斯市场的考验、非洲市场的磨炼，以及法国的顺利开局，任正非信心倍增，决定进军英国电信市场。"擒贼先擒王"，任正非深知，想要进入英国电信市场，自然避不开英国最大的电信公司——英国电信集团公司（British Telecom，简称BT）。只要华为跨过了英国电信集团这个"高门槛"，打开英国电信市场便一定会势如破竹。

BT赫赫有名，是一家世界领先的跨国型通信服务公司，多年来一直着力于在全球进行通信等领域的大布局。2004年，英国电信发布了"21世纪网络"战略，率先开始了对下一代网络（NGN）的升级改造，这是全球电信业转型初期的重要标志性项目。在这个项目投标之初，华为的经历可谓惊心动魄。刚开始接触英国电信（简称BT），华为便吃了闭门羹——英国人根本不相信中国人能制造出高质量的交换机，压根不给华为参加招标的机会。华为自然不会轻易放弃，华为人便四处辗转打听，这才恍然大悟——原来参加BT投标是有门槛的：它们招标的对象都是自己掌握的短名单里的成员，要参加投标必须先经过他们的认证。

要成为一流的设备商，就要拿下一流的运营商。在全球电信运营

商中排名第九的 BT 就是名副其实的大 T（指全球顶级运营商），它
有着严格的市场准入门槛，即使许多西方电信设备巨头对它也不敢等
闲视之。要成为 BT 的供应商，就必须通过 BT 的供应商认证，这需
要经过严格的程序考核，此认证耗时漫长，覆盖多达十二个方面的内
容。

　　经过一番艰苦的运作，华为终于进入了英国电信集团的"21 世纪
网络"竞标行列，条件是英国电信集团要对华为进行一次实地考察。
这次考察共历时 4 天，不仅要考察华为的技术和产品质量，更重要的
是要考察华为的管理体系、质量控制能力，特别是对产品蕴含的可复
制性和可预测性的把关。

　　为此，华为成立了由孙亚芳为总指挥、常务副总裁费敏总负责的
BT 认证筹备工作小组，涵盖销售、市场、供应链、人力资源、财务
等诸多部门，开始进入"紧急备考"状态。

　　2003 年 11 月，BT 采购认证团来到华为，对华为进行为期 4 天的
严格"体检"。此次考察重点考核的是华为的管理体系、质量控制体系、
环境体系等，而不是技术，以此保障华为对客户交付产品的可预测性
和可复制性。BT 的考核还包括对华为合作伙伴的运营和信用的考核、
对华为的供应商的资信审核，甚至还包括对华为的人权（诸如华为给
员工提供的食堂、宿舍等生活条件）状况的考核。在国际一流水准专
家的"火眼金睛"注视下，很多隐蔽的漏洞都无处遁形。

　　BT 专家问道："谁能告诉我，从端到端全流程的角度看，影响
华为高质量将产品和服务交付给客户的前 5 个问题是什么？"在场的
所有华为专家面面相觑，无言以对。

　　BT 专家在考察华为的 ISC 时，提出："华为如何保证产品的及
时交付？"华为自信地回答："我们有非常严格的产品出货率指标进
行考核。"专家一针见血地指出："客户更关心产品的及时到货率。"

　　此时，出现了一个令人意想不到的插曲。在英国电信专家视察的
过程中，生产现场的一位开发人员在没有采用任何静电防护措施的情

况下，就随意从正在调试的机架上粗暴地拔出了一块电路板，揣在腋下走了。而更令人尴尬的是，厂房中偏偏有一摊不知道从哪里来的水迹。细节见真章。最终，BT 专家给华为的 13 个考核单元打出了分数：华为在基础设施上得分较高，在业务的整体交付能力等软性指标上严重不及格。

在离开华为之前，BT 专家表示："华为还没有针对英国电信的明确的商业计划，除市场人员外，其他部门的员工还不清楚英国电信对供应商的基本要求，所以不可能为英国电信提供具有针对性的支持和服务。""希望华为能成为进步最快的公司。"BT 专家留下这句意味深长的批评后，扬长而去。

这句话极大地刺激了华为人。任正非深刻地意识到，华为与西方大公司之间还存在很大差距，华为要顺利打开英国的市场，还需要积蓄实力。走向国际化，就必须得到大 T 的认可。华为花了两年多的时间，不惜耗资数亿元，学习英国电信集团在管理和质量控制等方面的长处。经过一个阶段的艰难学习，华为有了长足的进步。2004 年，英国电信集团再度减少合作名额，仅仅保留了 8 家最优秀的合作商，被称为"八家短名单"。从来不畏惧挑战的华为决定迎难而上，冲击"八家短名单"。

经过严苛的考验，华为终于过关斩将，凭借自身的实力，在 2005 年 4 月拿到了 BT 交来的"金钥匙"，成为英国电信集团"21 世纪网络"的优先供应商。

对华为来说，这次竞标的成功，其意义远在投标成功之外——这是华为迈向全球高端市场的重要开端。任正非"擒贼先擒王"的策略大获成功，其他电信公司也纷纷向华为伸出了橄榄枝。

一位华为高层说："这已经不仅仅是为了英国电信，而是为了真正接近世界级电信设备商的管理水平。今后都是硬碰硬的较量，取巧不得。所以华为被认证的过程，其实比认证的最终结果对我们更有意义。"

2005 年 11 月，固网老大沃达丰给华为送来了"丰盛的午餐"，两家达成合作。2005 年 12 月 23 日，华为与英国电信签署了正式供货合同，"豪门俱乐部"的大门向华为敞开了。2006 年，华为在伦敦成立了分公司。华为顺利赢得了"英国攻坚战"，向成为世界级企业迈出了关键的一步。2019 年 1 月 21 日，英国电信公司 Three UK 宣布和华为签下了价值 20 亿英镑的 5G 合作协议。Three UK 是李嘉诚在英国投资的电信公司，这使得华为打破了以美国为首的欧美等国家对其的层层封锁，顺利推进了全球 5G 计划的第一步。无独有偶，英国运营商 O2 也宣布已与华为在伦敦签署了 200 个地点测试设备合同。另外，两家英国电信商 EE 和沃达丰也对外宣布，"不会将华为 5G 设备排除在外"，已经测试了华为的设备。

据统计，在英国电信市场中，EE、O2、沃达丰以及 Three U.K. 这四大巨头共计占据了近 87% 的市场份额。这也意味着华为已经拿下了大部分的英国市场。

点评

对于华为来说，挺进英国市场是一个值得纪念的里程碑。这意味着华为正凭借自身的实力和中国企业在全球的影响力打破美国联盟的包围圈。

76.开拓德国市场：拆开最坚固的一道墙

华为将德国定位为自己在欧洲的最后一站。最后攻克的，往往是最难的。德国是欧洲的发动机，处于欧洲电子通信行业的前沿。"德国制造"是一块金字招牌，德国产品的品质和技术含量世界闻名。要杀入以高品质、高科技著称的德国，真是难于上青天。

德国电信运营商 QSC 是德国最大的电信运营公司。华为深知，要想在德国立足，就绕不开 QSC 电信运营公司。QSC 公司不但拥有属于自己的 DSL 网络的全国性电信提供商，而且对广大商业用户和市内居民的服务输出，提供了丰富且高性能的宽带通信业务，还建起了广泛的客户企业网络。在 2004 年年终，QSC 公司宣布将在德国建设一项崭新的工程——NGN 网络，要选择合作伙伴。很多电信企业摩拳擦掌，华为当然也不例外，不仅提交了方案，还将设备运到了 QSC，接受为期 4 个月的产品对比测试。

华为从来不打无准备之仗，早在 QSC 公司刚刚宣布这项工程时，华为已经在公司内部做过了无数次虚拟演练考核，华为团队的应变能力及管理机制等方面都具有优势。德意志民族向来以认真和严谨著称，如果这次不能通过对方的测试，今后再想跨进德国市场的门槛，将更加艰难。

功夫不负有心人，华为团队表现完美，在此次测试中脱颖而出。2005 年 2 月，在众多国际巨头惊讶的目光中，QSC 公司宣布华为独家中标，华为为 NGN 项目提交的方案 U—SYS 的业务兼容性、设备稳定性、协议标准性，都是最好的。

QSC 公司出于对华为的信任，坦率地做出了未来的合作承诺，表示将与华为结成战略合作伙伴，共同建设覆盖德国全境 200 多个城市的 NGN 网络。

由此，华为在德国的事业落地生根，开花结果。2007 年，华为在欧洲的总部从英国迁移至德国的杜塞尔多夫。此外，在慕尼黑、法兰克福、达姆斯塔特等地华为也成立了分部。

越是电信企业竞争激烈的地方，机会越多。德国地理位置优越，被称为"欧洲大陆的十字路口"。华为将欧洲总部和重要分部转移到德国，可以更顺畅地获取欧洲市场的丰富资源。同时，德国在研发技术上的优势明显，创新务实的德国公司会抽调销售额 7% 投入产品研发，从而形成良性循环。并且，德国非常注重创新，总是踩在巨人的肩膀上。在德国，华为在壮大自身研发实力的同时，也能继续完成国际化的战略指标。

随后，在西班牙电信旗下的 O2 运营竞标中，华为实现了全德国规模最大的现网升级。华为运用自身专用的 SingleRAN 解决方案，将3000 多个基站慷慨地送给了 O2，以帮助其实现网络扩容发展计划。华为的壮举，为华为在德国的进一步发展提供了强大的动能。2010 年，华为科技投资 2000 万欧元在杜塞尔多夫设立的创新中心开土兴建，华为由此完成了在欧洲的布局。

在德国，华为非常重视研发工作，与众多大学和科研机构进行了合作，其中包括亚琛工业大学和弗劳恩霍夫研究所。华为在慕尼黑设立了华为欧洲研发总部，并且在整个欧洲范围内设有 18 个研发机构。2006 年以来，华为在德国与 19 个不同的机构进行了超过 30 个研发项目的合作。华为公司和沃达丰、西班牙电信以及德国电信合作，实施了无数网络架构工程。2014 年，华为首次在德国销售了超过 100 万个移动终端。

华为在慕尼黑设立了5G测试环境，并得到了巴伐利亚州、慕尼黑市政府、慕尼黑工业大学和M—net的支持。华为是德国政治和经济的忠实合作伙伴，积极参与了BITKOM（德国信息技术、电信和新媒体协会）、VATM（电信和增值媒体供应商联合会）、"德国宽带倡议"、"欧洲行动"、数字安全联盟等组织和活动。

点评

经过多年的探索，华为已经构建一个由浅入深的"国际化睡莲"战略根据地，达到"进可攻，退可守"的战略目的。华为的业务已遍及全球170多个国家和地区，服务30多亿人口。华为也用超于常人的毅力与坚持书写了中国企业走出国门，迈向国际化蓝海市场的传奇。华为的国际化进程是一部企业管理史，更展现了任正非"敢为天下先"的自我思维进化，对产品质量、组织转型的不懈探索，以及打造世界级领先企业的梦想与情怀。

77. 一人一厨一狗

华为从1996年开始"走出去"，10年后海外销售额已然超过了国内销售额。到2016年，华为的业务已经遍及全球170多个国家和地区，支持1500多个网络的稳定运行，服务了全球1/3以上的人口。

在华为内部，有一个广为人知的"一人一厨一狗"的员工故事。这个故事讲的是在印度洋上有一个叫科摩罗的岛国，经济极端落后，当时华为公司只有一个员工在这个岛上，有一只狗陪着他，后来为了改善后勤生活，又增加了一名厨师。

科摩罗位于非洲大陆与马达加斯加岛之间，是一个人口只有80万的岛国，经济落后、基础设施很差。华为在科摩罗耕耘多年的海底光缆项目，于2013年重新启动，24岁的华为员工叶辉辉被派去支撑项目。叶辉辉有在非洲工作和生活的经验，自学过法语，经受过疟疾的折磨。带着对未知国度的向往，他坐上了飞机。从机场出来，叶辉辉坐上当地司机开的皮卡，前往宿舍。透过车窗，他看到道路两边都是破败的建筑和街道，隐隐感觉不妙。

科摩罗条件艰苦，每天只有一两个小时有电，而且通信信号很差，还是ADSL（非对称数字用户线路）网络拨号上网。这里物资极度匮乏、基础设施极度落后、疟疾和登革热肆虐，而且由于是火山岩地质，蔬菜水果也极度匮乏。这里的房屋看上去年久失修、设施破旧，没有水也没有电。叶辉辉拿出手机想给父母报个平安，却发现电话根本没有信号。风尘仆仆、一身疲惫的他刚坐到床上，准备休息，"轰隆"一声，床竟然塌了！白天，叶辉辉去客户的机房蹭电蹭网；晚上回到宿舍，他利用一小时的供电时间给手机和电器充电、烧水做饭洗澡。在这里，洗澡就是从水窖打一桶水拎到卫生间，用水瓢舀着浇在身上。有一次，一个中方产品经理来出差，带了两颗圆白菜，当天吃了一颗，留了一颗舍不得吃，就放在冰箱里。结果由于断电，白菜很快就腐烂了，两个人都心痛不已，悔不当初。

2014 年下半年，华为在科摩罗的业务终于有了起色。公司正式在科摩罗设了办事处，并配了一名中国厨师。大家都打趣说，叶辉辉是一个拥有"御厨"的人。

厨师老王 50 多岁，做得一手好吃的川菜，他说在外面吃饱了才不会想家。每到开饭时间，老王都会细心观察谁没有回来，然后留好饭菜。一次，一个刚过来交付的兄弟晚上 10 点多才从客户那边赶回来，捧着老王刚热好的饭菜，哽咽了。

2013 年，科摩罗市场被西方厂商垄断，客户更认可西方的产品，对华为并不买账。刚开始的时候，客户根本不给叶辉辉见面的机会，一次他在客户门口，从下午一直等到凌晨一两点，才终于见到了客户。当他操着生硬的法语跟客户交流时，客户看了他一眼，扭头就走了。叶辉辉努力学习法语，每天都要背大量的单词，还缠着本地人练习口语，终于可以和客户"对上话"了。

进出小岛的交通条件十分凶险，只能靠九座螺旋桨小飞机和冲锋舟，还时常会遭遇海上风浪。有一次，叶辉辉在客户那儿签单回来，结果在冲锋舟上遇到了暴风雨。眼看冲锋舟就要掀翻，叶辉辉赶紧把合同文件夹塞到衣服最里面，以防被打湿，好在最后有惊无险。如今，这份带着泛黄水渍的合同就保存在华为深圳坂田总部。

和客户接触时，叶辉辉并不急于推销华为的产品和服务，而是首先与客户做朋友，真诚展示通信所能带来的改变。同时，华为优于其他厂商的地方还在于，华为有一支本地维保团队，可以随时为客户服务。客户看到了华为的诚意与实力，终于开始与华为合作。

2014 年，叶辉辉他们养了一只小狗，于是关于科摩罗、关于"一人一厨一狗"的趣事就在华为内部传开了。2016 年，华为团队克服重重困难，在科摩罗这个满是火山岩的小岛上完成了国家骨干传输网的建设。这是东南非第一个海底光缆项目，这个项目彻底改变了科摩罗与世界"隔绝"的状态，科摩罗从此与世界紧密相连。

随后，华为启动 FMC（固定网络与移动网络融合）网络现代化项目。该项目从规划、研讨，到批贷、签订融资协议，总共历时两年，几经坎坷，终于在 2019 年年初得以交付。项目建成后，科摩罗将实现全岛的 2G、3G、4G 网格覆盖和光纤到户。以后，在科摩罗的任何一个角落都可以上网了。

点评

如今，科摩罗的网民也越来越多了，智能手机在科摩罗国内的销售量直线上升。越来越多的企业和国家愿意来科摩罗投资，极大地促进了当地的基础设施建设，更带动了当地的经济发展。在科摩罗这座火山岛上有一种叫作红树林的神奇植物，它长在岩石缝里，生命力极其顽强。每一个华为人就像红树林一样，即使没有肥沃的土壤、充足的淡水，依然能够破石而出，坚韧生长，并将根深深扎进石缝里，向上伸展，直到枝繁叶茂。

78. 把意见领袖"请进来"

品牌国际化，是指以国际社会普遍认可的价值观和方式，用全球的资源做全球的生意。品牌的国际化有三个层次：一是成功地把产品销往海外市场；二是利用全球的资源做全球的生意；三是在文化传播上保持民族特性的同时，形成普遍的文化包容性和文化认同，从"走出去"转变为"走进去"。华为品牌国际化的历程，淋漓尽致地展现了这三个层次。

华为在艰难求生阶段，奠定了品牌的发展基础。在华为成立之初，国内电信设备市场还在被跨国公司所把控。当时我们缺乏自主产品和品牌，华为也是在夹缝中艰难求生。任正非意识到自主研发的重要性，便逐渐将微薄的利润投入了产品研发中，为以后的品牌国际化战略模式打下了坚实的基础。

在市场扩张阶段，华为开始向外发展，将产品销往海外市场。2001年，华为的产品进入了非洲和亚洲的十几个国家，华为的品牌也开始在这些国家和地区逐步叫响。在东欧和南欧相继打开市场后，华为开始向西欧、北美挺进，并逐渐在全球市场站稳了脚跟。

在国际化进程中，为了改变当地人对中国和中国企业的刻板印象，华为积极与当地人、当地政府进行交流，向他们详细介绍中国的发展水平以及华为的企业形象。每到一个市场，华为都会不惜重金在当地举办声势浩大的通信展，通过展览会和技术汇报会宣传中国、宣传华为，增加品牌曝光度；不断在国际舞台上展示自己的产品，以期获得入网许可证或者选型准入资格。

华为的国际传播策略，正是靠着华为员工长期以来锲而不舍的坚持，是他们长期驻守国外开拓市场，并通过参加、举办国际专业展览的方式，才打开了华为品牌的国际知名度。

2000 年，华为开始实施"走出去，请进来"战略。"走出去"就是要把品牌主动带出去。为此，华为采取了与海外合作商联合举办行业高层峰会的形式，将品牌对受众进行精准传播。

同时，华为也借助海外合作商的行业影响力，提升了自身品牌的知名度。华为带领客户到中国电信和中国移动的机房里参观华为生产的通信设备，以及参观华为的现代化厂房和科研基地，加深了客户对华为品牌的了解，让其明白其通话质量、电话普及率已经接近世界领先水平，而华为已经是中国最大的电信设备供应商。[1]

华为在 40 多个国家开设了代表处，制订了"新丝绸之路"计划，尽可能地邀请海外合作商访问中国，组织海外合作商参观北京上海深圳、参观深圳坂田基地，向客户展示中国改革开放后的巨大变化，让他们了解在改革开放下，新中国的新面貌，展示华为的规模和实力，使他们对中国和华为从陌生到熟悉，从拒绝到接受。

华为每年都要参加 20 余个大型国际展览，在国际舞台上充分展示自己的品牌。在展会上，华为展出的都是华为最先进的技术和产品，供海外合作商参观、了解。2003 年，华为参加 ITU 展会时，租下了一个 500 余平方米的展台，从视觉观感上吸引了海外参展商的好奇心，同时也展示了自己的品牌、产品实力。通过这些展览，华为让更多参展的运营商开始关注华为的产品和技术。这就是后来为人所称道的"新

---

[1]资料来源：《星星之火，可以燎原——华为品牌国际化战略浅析》作者：王永《中国工商》2021 年.

丝绸之路"品牌行动的核心理念。

2014 年，任正非在接受国际媒体采访时，表明华为会慢慢走向开放，让华为在大众心中不再神秘。同时，华为开始花巨资赞助欧洲球队，如欧洲马德里竞技、AC 米兰、巴黎圣日耳曼、阿森纳、阿贾克斯、安德莱赫特、印度板球队等多个国家的著名球队。华为请体育明星、影视明星等拍摄各类产品广告宣传片、企业宣传片，并在电视、网络和手机上进行投放。华为品牌的联想度和国际影响力得到进一步加强。

同时，华为因地制宜，输出品牌文化。2015 年 1 月 4 日，华为推出"芭蕾脚"的平面广告："我们的人生，痛，并快乐着。""芭蕾脚"体现了华为的价值观。2020 年，华为推出的系列宣传短片《如果世界没有路》《如果世界没有联接》《如果世界没有算力》，清晰地呈现出了华为迎难而上的品牌发展历程。华为几乎注册了整本《山海经》中的神兽名称，将其用于研发产品的命名上。华为将操作系统取名为"鸿蒙"、手机芯片取名为"麒麟"、服务器芯片取名为"鲲鹏"……作为一种高语境文化，华为产品中的每个名字都有其寓意，体现出了华为作为中国品牌的文化自信，也是华为讲好品牌故事的具体表现。

点评

为从文化融合走向文化选择，以多元化的视角选择讯息，华为致力于构建"开放、协作、共赢"的生态系统，以维持品牌在全球范围内输出品牌价值观的重要渠道。在与全球合作伙伴的合作过程中，华为也坚持携手合作伙伴、以客户为中心，持续为客户创造长期价值，进而成就客户。

第八章

创新战略：模仿不会长久，颠覆性创新虽败亦荣

我们常常用"鲜花插在牛粪上"这句俗语来表达一种惋惜，比喻珍贵的东西落在不适合拥有它的人手中。鲜花是美丽的，牛粪是丑陋的，将美丽的东西置于丑陋的东西上，是不协调的。为什么鲜花总是插在牛粪上？鲜花可否想过牛粪的营养价值呢？这个带着戏谑嘲讽的句子，在华为却有着特别的含义。

79. 有底气，才不受制于人

华为创立之初，可谓一穷二白，"四大皆空"：无资本、无技术、无人才、无管理。但好在深圳特区的信息优势给了华为发展的机会。华为从香港拿产品到内地售卖，以赚取中间差价。后来，华为代理了香港鸿年公司的 HAX 模拟交换机，转卖给国内县级邮电局和乡镇、矿山等。小型交换机是通信组网的关键设备。当年中国还处于改革开放初期，装座机电话要排队批条。一部家庭电话，光初装费就要 4000 多元，单位用户要 5000 元，还要排队等几个月，甚至一年。那时候装得起电话的家庭，绝非一般的家庭，家里有固定电话，是倍儿有面子的事情。

电话市场如此火爆，对交换机的需求也水涨船高，而且客户买交换机还要排长队，要预付定金，一般半年后才能拿货。当时，只要开通 500 门交换机，连省领导都会到场剪彩。那时候，中国各类通信设备主要依靠进口，国内虽然有几百家小型的国营交换机厂家，但技术落后，只能销售给酒店、矿山等用户。

邮电局进口了各类通信设备，仅小型交换机就从 7 个国家进口，有 8 种标准，即日本的 NEC 和富士通，美国朗讯，加拿大北电，瑞典爱立信，德国西门子，比利时贝尔、法国阿尔卡特，这就是中国通信史上有名的"七国八制"。

国产交换机发展落后，进口交换机的价格自然是贵得离谱，利润十分丰厚，每线高达 300 ~ 400 美元，这些国际通信设备巨头在中国赚得盆满钵满。到了 1993 年，中国有超过 100 亿元的真金白银流入了那些外企的腰包。

虽然代理鸿年公司交换机是件辛苦的事，但华为还是借此赚到了真正的第一桶金。华为通过转手买卖和赊账式的交易模式代理鸿年的交换机——先提货，卖完后再付款，相当于鸿年公司两年间给了华为一个多亿人民币的无息贷款。

那时候，市场供不应求，进口商品非常吃香，只要能进到货，根本不用为销路发愁。所以每当有人在办公楼下喊："来货啦！"华为的所有领导以及员工都会眉开眼笑、欢呼雀跃，兴冲冲地奔到楼下，从大卡车上卸货。那热闹开心的劲头，犹如买彩票中了大奖一般。

在代理 HAX 模拟交换机的过程中，华为的营销网络和队伍建立了起来，并逐渐摸清了通信行业和市场，形成了自己独特的风格，并沉淀到了骨子里，成为华为的基因。

通信设备行业是一个突发状况非常多、后期维护时间长的行业，交换机设备经常出状况，甚至起火。华为人非常团结，能够抱团取暖、吃苦耐劳，做事态度认真，给客户留下了非常深刻的印象。

华为代理的交换机价格比从外国进口的价格优惠很多，质量虽然比国产的好，但只能算作二流产品，所以华为就在服务上下功夫。华为的服务意识是独一无二且超前的，维护人员 24 小时随时候着，一旦出现问题，就第一时间赶过去维修。华为态度好，又耐心热情，将服务做到了极致。

没有对比就没有差距，那些国外品牌的质量尽管要略好一些，但价格昂贵、后续维护非常困难，出了问题往往找不到人。中国丰富的人力资源和低廉的人力成本，是华为后来不断占领国际品牌地盘的重要因素。这种产品和服务并重的做法，让华为很快在众多品牌中脱颖而出，逐渐崭露头角，生意也越做越大。

但任正非把代理做得太好了，上游开始嫉妒眼红，一不高兴就断了华为的货源。没有货物，华为好不容易打开的市场、搭建的客户网，便没有了价值。为了保住客户，华为只得高价买货，低价卖给客户，倒贴钱来保住市场。天下熙熙皆为利来，天下攘攘皆为利往。丰厚的利润吸引着商人鱼贯而入，涌入通信市场，交换机代理公司一下子多了起来。半年后，深圳就有了上百家这样的公司，质量良莠不齐，大家掀起恶性竞争，价格低得离谱，市场乌烟瘴气。市场乱了，能够存活下来的公司自然少了。很快，那些赚快钱的公司便纷纷撤离了通信市场。

经此一折腾，任正非意识到，靠做代理是成不了大公司的，把握不了货源，就等于脖子时刻被掐在别人手里。只有掌握核心技术，才不会受制于人，才会有底气去竞争。这是任正非决心创新的根源。任正非决心研发出自己的交换机。于是，华为把很多精力都放在了自主研发上。

点评

华为作为一家生产销售通信设备的民营通信科技公司，虽然处于竞争最为激烈的通信领域，却在短时间内成长为全球领先的巨人，其根本的原因就是自主创新。华为的巨大成功其实就是创新精神的成功。华为的创新源于其掌舵者任正非创新意识的觉醒，一个优秀的企业家决定了一个企业的底色与基因，创新便是华为的基因。

80. "鲜花插在牛粪上"

我们常常用"鲜花插在牛粪上"这句俗语来表达一种惋惜，比喻珍贵的东西落在不适合拥有它的人手中。鲜花是美丽的，牛粪是丑陋的，将美丽的东西置于丑陋的东西上，是不协调的。为什么鲜花总是插在牛粪？鲜花可否想过牛粪的营养价值呢？这个带着戏谑嘲讽的句子，在华为却有着特别的含义。

华为长期坚持的战略，就是基于"鲜花插在牛粪上"的战略。华为从不离开传统去盲目创新，而是基于原有的存在去开放、去创新。鲜花长好后，又会成为新的"牛粪"。华为永远是基于存在的基础上去创新。"牛粪上的花"是华为的创新逻辑。"花"指的是研发成果，"牛粪"指的是企业现有的条件，或者说能力范围。

任正非从不主张凭空创新，而是坚持在现有基础上前进。如果创新超出了企业的能力，就无法转化成实际成果，何谈给企业带来效益呢？这样的创新机制是短暂的、没有生命力的，企业需要的是能够实现良性循环的创新机制。因此，"把鲜花插在牛粪上"的策略有着非常明确的现实意义。任正非曾说："科学家可以一辈子只研究蜘蛛腿上的一根毫毛。但我们行吗？如果我们只研究蜘蛛腿上的毫毛，谁给我们饭吃？因此，我们不能光研究蜘蛛腿，还要研究客户的需求，这才是华为应该做的。"

创新不能仅凭一腔孤勇，创新是冷静权衡之下做出的最优选择。

华为的技术创新更多表现在对技术的引进、吸收和再创新层面上，主要就是在国际企业的技术成果上进行一些功能、特性上的改进和集成能力上的提升，而不仅仅是从零开始，华为的创新是站在巨人肩膀上的产物。华为对于自身所缺少的核心技术，通过购买或支付专利许可费的方式，实现了产品的国际市场准入；再根据市场需求进行创新与融合，从而实现知识产权价值的最大化。

创新是大量的积累后，思维火花的乍现，也是机缘巧合下，偶然中的必然。任正非认为，"颠覆式创新"是很危险的，因为这种颠覆式的改变，既有可能让你成为"先驱"，也有可能让你成为"先烈"。"我从来不主张凭空创造一个东西，或者好高骛远地去规划一个未来看不见的情景，我认为要踩在现有的基础上前进创新。在前人的不断摸索积累下，在'牛粪'上去长出鲜花来，就是一步一步地延伸。"

早期，无论是西方公司还是华为，给运营商卖设备都是代理商的模式。产品质量差、小毛病不断，需要贴近客户耐心细致地去服务。在通信市场，有一个词叫"守局"（"局"指邮电局，即运营商），这个词非常形象。由于设备随时会出问题，因此设备安装后，华为的研究人员便会守在偏远县、乡的邮电局（所），白天设备运行，晚上华为人就去客户的机房检测和维护。这就逼出了华为的微创新文化。

有一次，华为交换机卖到了湖南。神奇的是，夏天的时候交换机一直好好的，一到冬天很多设备就莫名其妙地短路了。华为人抓耳挠腮，苦思冥想也找不到原因，于是就把故障的设备拉回深圳，细细查找问题。最后发现，机箱外壳上竟然有一摊老鼠尿。难道是老鼠尿的问题？于是，华为研究人员就在设备上洒了一些尿，然后插上电，却发现并不受影响。大家就继续讨论、集思广益，一个同事说："是不是昨天那个年轻小伙子撒尿前喝了水，尿液被稀释了？"于是，大家便建议一位老同事用晨尿试试。结果浓度高的晨尿一洒上去，电源一插，崩地一下就断了，症结果然在这里——尿里面所含的成分就是断电的原因。湖南的冬天，老鼠在屋内到处窜，老鼠尿液导致机器断电。

于是华为的工程师们就针对这一问题细致地对产品进行了改造，最终解决了问题。华为之所以能够从一家小公司成长为让全球客户信任的大企业和行业领导者，正是由于其多年来不间断地、大量地贴近客户进行微创新。多年来，华为面向客户需求进行的产品微创新，少说也有数千个。

"鲜花插在牛粪上"的战略是华为长期坚持的战略。华为在云平台的前进过程中，也一直强调"鲜花"要插在"牛粪"上，绑定电信运营商去创新，基于电信运营商需求去做云平台、云应用，要让电信运营商马上就可以用，这样容易促成它的成熟。

点评

技术创新最终还是要回归实际应用，能够创造价值的创新才是企业需要的创新。事实上，中国在某些领域已经具备了世界顶尖的创新能力，但并没有完全转化为实际应用。相比之下，技术上的差距很容易弥补，但企业运行机制上的差距却不容易弥补。正是出于这种考虑，任正非反复强调"鲜花插在牛粪上"。对于那些被证明前景广阔的创新，华为会不顾研发难度地尽力去做。

81. 继续爬喜马拉雅山

近年来，虽然中国的高新技术发展很快，并不断取得突破，但在半导体芯片技术上仍然落后于美国。中国作为第一大工业国，生产制造业发达，对芯片的需求量巨大。美国拥有多家芯片巨头企业，在全球的半导体芯片市场处于支配地位，中国许多电子产品企业的芯片都依赖于进口。据统计，中国90%以上的芯片都来自美国。

芯片制造成了我们国家的短板。华为海思一直致力于芯片研发，对国产半导体做出了巨大的贡献。在中国半导体几十年的发展历程中，只有华为海思半导体成功设计出了5nm的麒麟9000芯片。海思半导体的前身——华为集成电路设计中心，早在1991年就已经成立了。华为在芯片领域已经探索了30年，所以华为海思也一度成为国内第一大半导体企业。

眼见中国各方面的综合实力在不断提高，美国再也坐不住了。为了遏制中国的发展，美国不断修改芯片规则。2020年，在美国的制裁之下，台湾积体电路制造股份有限公司（简称台积电）无法再为海思提供代工。台积电掌握着全球最先进的晶圆制造技术，但在软件、设备和材料等关键技术方面依然摆脱不了美国的企业，因为ASML的光刻机是必需品。

在美国修改芯片规则后，台积电的芯片再也无法自由出货，只能按要求断供华为这个第二大客户，每年损失300多亿。而中芯国际的工艺达不到海思麒麟芯片的要求，海思高端芯片业务线因此处于停摆状态，空有设计芯片的实力，却无法生产。制裁导致华为海思在全球芯片市场的份额江河日下，一落千丈，从原来第三的位置，已经跌至全球第六，而且市场份额也仅剩3%。

任正非在《江山代有人才出》中谈及华为海思未来的发展，表示华为将继续支持海思芯片业务的发展，并源源不断地为海思提供更多帮助。任正非表示，对于长期研究的人，不需要担负产粮食的直接责任，就沿着科学探索的道路走下去即可。不同的道路有不同的评价机制，华为不会要求海思"投笔从戎"。"我们允许海思继续去爬喜马拉雅山，我们大部分人在山下种土豆、放牧，把干粮源源不断地送给爬山的人，因为珠穆朗玛峰上种不了水稻，这就是公司的机制，所以我们才有必胜的信心。"

芯片作为科技时代最重要的核心产物，各种智能设备都离不开芯片的支撑。而华为海思历经艰难险阻，才发展成全球知名的芯片设计巨头，同时也是国内最为强大的芯片设计公司。海思作为华为重要的芯片设计部门，华为对它没有盈利的诉求。海思如同华为的孩子，一直在成长，华为不会放弃海思业务，而是会一直对海思保持较高的研发投入，不断支援海思攀登高山，解决更大的难题，海思要担负更高的重任。目前，华为海思还在不断招聘芯片人才，继续扩大华为海思的芯片研发团队。

自研芯片在一定程度上是实力的象征。海思一直是华为重点发展的业务之一，保住海思的芯片业务，对华为而言意义非凡。在华为核心的消费者业务和通信运营商业务方面，都需要大量的芯片作为支撑，这也是华为立足市场的关键。如果华为放弃海思芯片业务，其整体的技术含金量将大幅度降低，华为将会被卡脖子。未来，会有越来越多的智能设备对芯片的需求非常大。只有掌握了芯片的核心技术，才能真正摆脱被"卡脖子"的问题。华为涉及的业务非常广泛，除了手机业务，在智能汽车、安防以及智能家居等领域都需要庞大的芯片数量。

如果华为没有自研芯片，就意味着这些业务的发展随时都存在被"卡脖子"的风险。

即便短期内华为海思无法取得进展，但只要坚持下来，就一定能突破封锁，毕竟国内半导体产业链都在努力，我国芯片技术正在快速进步。而且华为也不断在国内投资半导体相关企业，所以华为海思重回巅峰只是时间问题。

要"向上捅破天，向下扎到根"。如今，华为已全面布局半导体领域，不仅开始自研更多种类的芯片，还研发了新材料和终端设备，成立了哈勃投资公司，在半导体领域重金投入，以完善国内的半导体产业链。

半导体是一个超常规产业，它的产业链之长远超其他任何行业，因此无法快速实现突破。由于半导体的很多核心技术和专利都被美企掌握着，因此华为未来想要掌握主动权，就只能联合国内的产业链实现突破，摆脱非美技术生产芯片。

华为选择了"换道超车"的芯片路线，通过研发新材料和新技术，打造下一代芯片、掌握主动权。简而言之，就是华为要避开硅芯片路线，采用全新的芯片技术。首先是公布堆叠芯片技术专利，华为已公布的堆叠芯片技术，可以在不改变芯片工艺制程的情况下，让芯片的性能实现成倍提升，这样就可以避开缺少先进光刻机的问题。其次是全面投入光电芯片领域，以掌握下一代芯片的核心技术。因为光电芯片目前还没有太大的突破口，所以完全可以绕开美方技术，实现真正的核心技术自主掌控。而且光电芯片还有很大优势，更适合被应用于5G、物联网等领域。光电芯片具有更快的速度，同时传输载量也更大，是公认的下一代芯片技术突破口。

而为了在光电芯片领域掌握绝对领先的优势，华为海思早已布局多年，并且收购了多家国外相关公司，还计划在英国建设全球研发中心，目的就是在光电芯片领域继续突围。

华为不仅持续加大研发投入，还在全球广招芯片相关领域的博士，发布"天才少年"计划，挖掘更多有潜力的人才，帮助华为突破难题。

相信在华为的努力攻克下，海思未来在光电芯片领域一定能取得耀眼的成绩。虽然短期来看，华为的危机还未解除，但其实只需要10年，华为的自研芯片就会迎来崭新的时代。

点评

任正非的布局从来都是未雨绸缪的，不为眼前的利益，只为大局考虑。华为每年都会拿出总营收的20%作为研发资金，支持海思自研。华为其实在下一盘"大棋"，而海思就是这盘棋制胜的关键。海思半导体对华为有着重要的意义，未来华为能否重回巅峰，关键就在海思身上。海思是一张王牌，即便芯片无法生产，但海思依旧会保留研发成果。未来几年海思都会保持沉寂，但只有保住这株研发的火苗，等待东风到来时，才可呈燎原之势。届时，华为一定会王者归来。

82. 在攀登珠峰的征途中沿途下蛋

1925 年，美国无线电设备公司 Houdina Radio Control 设计出了一辆无线电无人驾驶车，《纽约时报》这样形容："就好像一只幽灵的手在方向盘上。"如今，这一关乎未来人类出行方式革命的科技潮流，正以人们难以抗拒的姿态涌来。而纵观世界，无人驾驶技术也已成为我国在汽车领域"弯道超车"的希望之一。

任正非在公司内部电邮讲话中提到："在追求理想主义的路上，不断孵化现实主义的产品与解决方案，在攀登珠峰的征途中沿途下蛋。无人驾驶，其实是一个珠穆朗玛峰，是一个领袖型产业。无人驾驶是基础研究，支持科学家为理想而奋斗。暂时不要去做商用产品，先让科学家一心一意研究科学，不要顾及商业利益。"朱广平（**华为技术战略部部长**）说："我们要做电信网络的无人驾驶。各种东西都可以引入无人驾驶这个思维概念，但是它不一定就是无人驾驶。"

任正非和海思半导体总裁何庭波在欧洲谈论无人驾驶时，何庭波发明了一个名词"沿途下蛋"。无人驾驶就是爬珠峰，在爬山过程中，有人可以半路去放羊，有人可以半路去挖矿，有人可以半路去滑雪……

把孵化的技术应用到各个领域中，就是"沿途下蛋"。将来，即使华为不能在马路上无人驾驶，也可以将研究成果在生产线上使用，在管理流程中使用，在低速条件下的工作中使用……各种东西都可以引入"无人驾驶"这个思维概念，但是它不一定就是"无人驾驶"。

现在，很多公司都把"无人驾驶"作为产品目标。当其"无人驾驶"项目失败时，华为就要网罗他们的人才，让其在华为"母鸡下蛋"。失败的人往往都是理想太大、平台太小。他们一旦到了华为这个大平台上，就可以成功了。所以，华为要反过来拥抱失败的人才，而不仅仅是拥抱成功的人才。[1]

同样，华为在走向 5G 的路上，也要将 5G 的先进技术先用到 4G 网络上。因为在 4G 网络的市场上，华为已经占有了全球很大的份额，如果 4G 好用，那么这些份额就是华为的地盘。

谈到 GTS 在站点规划上用人工智能，任正非表示，他在非洲看到以前一个熟练的工程师一天能规划 4 个站点，现在用人工智能，一个人一天能规划 1200 个站点。此外，无线也可以成立一个小组，要将人工智能做到产品中、做到站点上、做到网络里，实现电信网络的"自动驾驶"。华为的网络为什么有故障？一个站点的配置要输入几千个参数，一旦输错了，网络就容易瘫痪。"为了规避风险，我们需要搭建复杂的环境进行反复验证，这些成本都是大家的工资和奖金，如果可以用人工智能解决这些问题，我们的效益就提升了。"

"热"是未来无线技术中的尖端技术，"零流量零功耗"是一个牵引目标，永远不可能达到，但是会一路"下蛋"。摩尔定律到头以后，在没有新的材料替代的时候，芯片就要叠加，叠加起来中间这个部分的温度太高，就要散出去降低体温，热散不出去，体积就做不小。

我们要承认现实主义，不能总是理想主义，不能为了理想一直等待，我们要在攀登珠峰的征程中沿途"下蛋"。

当前，无人驾驶等都是时延问题。在欧洲，可以乘坐德国的无人驾驶汽车在高速公路狂奔两个多小时，欧洲已经在进入 L3 阶段的无人驾驶了。大家也看到了华为和奥迪在无人驾驶领域的合作，也是在

---

[1] 资料来源：心声社区.

L3 阶段。无人驾驶最高是 L5 阶段，达到 L5 阶段，5G 就开始起作用了，但还是存在时延问题。

东风汽车董事长竺延风问任正非关于无人驾驶的设想，任正非说："中国无人驾驶可以从拖拉机做起。我们不与西方同一个轨道竞争，把拖拉机做到 24 小时耕地，不怕蚊子、不怕下大雨、不怕爬高山，农业生产效率不就提高了吗？"任正非所带领的华为，就是在"无人驾驶"这一领域颇有建树。目前，华为与奥迪合作的无人驾驶已经进入了 L3 阶段，可以连续在高速公路上狂奔 2 小时。而将华为推上风口浪尖的 5G 技术，也是未来"无人驾驶"时代必不可缺的一项技术。

在无人驾驶领域，华为已经逐渐成长为能与国外企业分庭抗礼的存在。国外的老牌汽车强国在无人驾驶技术方面有着深厚的积累，其选择的技术路线是以单车智能为主。而中国作为汽车市场增长最快的国家，对车路协同技术更为重视，并从中积极寻找"弯道超车"的机会。

无人驾驶是多种科技的聚合体，无论是三大传感器的融合，还是载通信模块、互联网终端、通信服务以及决策芯片和算法的成熟，或者最终实现车路协同，都有一段不短的路要走。

点评

通往无人驾驶的路，没有捷径。要想让汽车在任意道路上都能随意出行，像个老司机一样精准判断所有的事物和信息，就必须拥有海量、真实的道路测试数据。在无人驾驶领域，华为还有很长的一段路要走。如今车至半途，胜负未分，但未来可期。

83. "通信如海鲜": 创新的前浪死在沙滩上

俗话说: "尝鲜要趁早。" 任何事物都有黄金期, 科研创新更是如此。1992 年, 华为还处在摆脱代理商身份的重要转折点, HJD48 模拟空分用户交换机的畅销成了华为活下去的保障。能活下去了, 自然要研发属于自己的技术和产品。HJD48 是给企业或者单位分机使用的, 而华为接下来研究的是给地方电信局使用的局部交换机。华为对新产品寄予厚望, 试图通过它打入更广阔、更牢固的电信运营商市场。

局用交换机前景诱人, 做成一单就相当于做成几百单用户交换机, 但在技术上很有挑战性。另外, 华为的营销网在局用领域没有积累, 关系网还需从头搭建。

最险峻的是对手的改变。之前做用户交换机, 华为的对手不过是国内的一些小型交换机公司和一些 "二道贩子", 但局用交换机的对手是美国的 AT&T、日本的 NEC、法国的阿尔卡特、瑞典的爱立信等 "七国八制" 中的大品牌。华为要动这些国际大公司的 "蛋糕", 简直就是蚍蜉撼大树, 可笑不自量。

但天不怕地不怕的华为还是选择硬着头皮往上冲。没想到, 华为这次却判断失误了。华为的第一个局用交换机是 JK1000, 采用空分模拟技术, 在技术上投入了巨额开发费用和全部开发力量后, 历经一年的艰辛, 终于在 1993 年年初研发成功, 并于 5 月获得了邮电部的入网证书。任正非对 JK1000 寄予厚望, 希望它再创辉煌。但是, 任正非错估了中国通信市场的发展速度。1990 年，我国固定电话的普及率仅为 1.1%，照这样的势头发展，任正非预料到 2000 年，我国固定电话的普及率应该在 6% 左右，这样研发局用交换机将是最好的选择，JK1000 足以胜任。而如果率先推进数字交换机的话，只会给发展中的地区带来沉重的负担。

然而，事实上，在 1992 年年初，数字交换机技术在欧美已经成熟，开始向全世界推广。1993 年年初，国内电话普及率已经超过了 6%。被任正非寄予厚望的 JK1000 才刚刚问世，便出师未捷身先死，处于被淘汰的边缘。

在 20 世纪 90 年代初的中国通信市场上，国外的电信巨头及他们的合资厂把持着国内大型局用与用户交换机的市场，国内厂商被挤占得几乎没有生存空间，只在一些小型模拟局用和用户交换机上拥有一些份额。

如此广阔的交换机市场空间使得大家都在努力提升技术档次，以期进入大容量的数字程控交换机市场。通信圈子中的人对这个行业的风险一清二楚。在 20 世纪 80 年代末，上海一家生产纵横制交换设备的厂家年产量高达 30 万线，却仍可谓一线难求，电信局都要通过各种关系才能买到它的设备。然而一年后，市场行情风云突变，设备大量积压，其销售量不足 1 万线的厂家面临倒闭。激烈的竞争让高科技的通信产品如海鲜上市，早上热卖的龙虾非常抢手，说不定到晚上就无人问津了。一个看上去红火的公司在升级换代的大潮中稍晚一步，商机就会转瞬即逝。

尤为致命的是，华为进入局用交换机这个战场，才真切感受到了那些国际巨无霸企业的厉害。他们向中国邮电部提出要"通信网建设一步到位"，避免重复投资。这一招"釜底抽薪"打在了华为技术的"七寸"上，JK1000 面临着刚上市就成废品的命运。

不甘失败的任正非四处奔波，他认为，电信建设应该慢慢来，不能一蹴而就，宣传 JK1000 是适合中国当下国情的，要先上空分交换机，再慢慢过渡到数字交换机。一阵吆喝下来，毫无结果。百般无奈下任正非想起了军旅生涯曾学习过的"农村包围城市"战略，于是在城市毫无胜算的任正非选择了避开对手的锋芒，把目光瞄准对手的薄弱之处——农村和偏远县城。华为组织了一支技术力量和责任心很强的装机队伍走遍大江南北，奔波在塞外高原和边陲小镇，终于卖出了200多台JK1000。

华为毕竟是第一次开发局用交换机，在很多技术上都不过关，而局用交换机对质量的要求比用户机要高得多。局用机不像用户机，如果有中断故障发生，造成的影响将很坏。如果开不通局，那问题就更严重。

华为JK1000在电信局里的使用中出现了很多问题，最严重的就是电源防雷问题。打雷的时候，有好几台正在使用中的JK1000都起火了，差点把机房烧掉。这也害得好几位与华为关系比较好的电信局长丢了"乌纱帽"。因为邮电部有规定，电信网中断2小时，局长自动免职。

更讽刺的是，有几次华为宣传部门刚刚在报纸上登载华为交换机能防雷击，就收到用户关于打雷时华为交换机出事故的投诉。而新技术的发展正以势不可当的势头狂啸而来。到了1993年年底，空分交换机已寿终正寝，完全没有了市场，而数字程控交换机却一骑绝尘，在飞速发展的路上飞马扬鞭。

JK1000还没来得及改进和稳定就被淘汰了，华为在这个产品上的投入也付之东流。JK1000的失败，让任正非见识到了通信技术飞速更新换代的残酷。

点评

　　从来没有随随便便的成功，创新需要不断尝试、不断试错。长江后浪推前浪，不成熟的技术正是在为后来的成熟技术铺路。

84. 义务开局：成功了就是万丈平原，失败了就是万丈悬崖

在 1992 年年初，全球数字交换机已经率先在欧美国家研发成熟，并开始向全球积极推进，这让任正非感受到了巨大的威胁。任正非认为，一旦数字化产品在全球风靡起来，没有跟上潮流的华为很可能会有倒闭的危险。

于是任正非当机立断，开始制定研究开发数字程控交换机的目标。1993 年下半年，在华为的秘密研究室里，一项即将取代 JK1000 的新型产品——C&C08 数字程控交换机开始在市场"试探"。C&C08 数字程控交换机除了数字化，还有内部光纤、智能化的智慧结晶。

研发是要烧钱的，知识产权都是真金白银烧出来的。在研发 C&C08 机型的这段时间里，华为的资金渐渐耗尽，不得不拖欠工资，很多员工都辞职了。铁打的营盘流水的兵，每天都有新员工进来、老员工离去。华为的办公室越搬越小，员工拿了工资就辞职，因为不知道华为哪一天破产，下个月工资是否能拿到。

当时深圳正在严查暂住证，经常有警察和保安半夜敲门查暂住证，如果没有暂住证，直接就被抓走遣返。当时的社会治安不是很好，华为公司租在民房里，东西经常被偷，不是空调压缩机不见了，就是刚研发出的新机器被偷走了。

C&C08 研发的进度迟缓，好在华为市场部门比较给力，C&C08 还没研发完就卖给了浙江义乌邮电局。但原计划 1993 年 5 月或 6 月开局，结果却一拖再拖。

项目经理毛生江每天看到软件经理刘平都要忍不住催促嘟哝："再不出去开局，老板要杀了我。"

挨到 10 月，压力大如山，项目组人员急得心里发毛，他们在公司实在待不住，测试还没完成，就将第一台 C&C08 2000 门交换机搬到了浙江义乌开局。为了方便进行技术支持，整个研发团队也浩浩荡荡地跟着去了义乌。

义乌开局是华为数字程控交换机第一单，华为上上下下严阵以待，异常重视。总工郑宝用亲临现场指挥，任正非也千里迢迢来到义乌督战，陪大家一起加班，吃住都在一起。大家心里都很清楚，胜败在此一举，华为已经没有任何退路，只得破釜沉舟，决战此役。

第一台 C&C08 性能非常不稳定，不是断线、死机，就是打不通电话，有时候电话打到一半突然中断，或者直接串线了。义乌各方面的条件都比不上华为公司研发部，只有一台交换机，又要测试、又要调试。时间紧迫，每个人的脚后跟都如同有重锤敲打追击一般，推着你不得不前进。为了赶时间，工作人员只好 24 小时两班倒。

当时邮电系统内部对这款中国自主研发的产品寄予厚望，用这台机器的义乌邮电局也给予华为很大的容忍空间。佛堂支局局长提了很多开发要求，华为都不厌其烦一一满足。局长发现，华为人做事情跟玩命一般，敢于拿命相搏，他们不修边幅，在艰苦的环境中怡然自乐，让人心生敬意。局长用专业的眼光，对 C&C08 给出了积极的评价："我们以前安装的是上海贝尔公司生产的 1240 交换机。贝尔的人早就说要开发每板 16 个用户的用户板，但直到目前还没有推出。想不到你们公司这么快就推出来了，而且工艺水平这么高，你们走在了前面。"

C&C08 终端采用全中文菜单方式，支持鼠标操作，并设计有热键帮助系统，界面清晰美观、操作方便、简单易学，使操作员们免去了培训的辛苦，也减少了误操作的可能性，他们十分高兴。

局长拿出佛堂支局自酿的江南甜酒——青柴滚，招待那些雪夜里睡在电信机房加班加点的华为年轻人。喝着青柴滚，大家热泪滚滚。

通过义乌开局，华为展现出了超前的技术眼光和研发实力，更激发了华为人的拼搏精神。因为对华为人来说，只能成功，不许失败，成功了就是万丈平原，失败了就是万丈悬崖。

1994 年，C&C08 交换机全面通过了广东省邮电科学研究院的测试鉴定，在当年的北京国际通信展上首次展出。同年，第一个超万门的 C&C08 交换机在江苏邳州开通，11 月通过省局鉴定。1995 年，C&C08 交换机通过邮电部的生产定型鉴定。

而 1995 年，中央提出的"村村通"计划为 C&C08 交换机的发展提供了宝贵的契机。华为把 C&C08 交换机作为"农村包围城市"战略的拳头产品，最终，将 13 亿元的大订单收入囊中。

C&C08 交换机的技术非常成熟，拥有很强的竞争力，已经达到了当时的国际先进水平，华为借此撬开了海外市场。1996 年，C&C08 交换机在香港和记电讯商用，首次服务内地以外的运营商。1997 年，C&C08 交换机进入俄罗斯，首次打入国际市场。

作为华为的明星产品，C&C08 交换机销量惊人，销往全球 50 多个国家、服务了上亿用户，为华为创造了巨大的商业价值，也为国产通信设备赢得了良好的声誉。

尤为重要的是，C&C08 交换机不仅仅是一款单一型号产品的成功，它还提供了一个产品平台。华为后来的所有产品，都是在这个平台上发展起来的，包括传输、移动、智能、数据通信等，都能依稀看到 C&C08 的影子。

对华为来说，C&C08 是一个里程碑式的产品，不仅是在产品技术上，在人才培养方面，C&C08 项目也堪称华为的黄埔军校。华为公司后来的绝大多数技术领袖都出自这个项目。

点评

C&C08 交换机是华为早期自主研发的核心成果，是帮助华为咸鱼翻身的"爆款"产品，也是当今华为万亿帝国当之无愧的奠基石。就是凭借这一产品，华为才真正在通信行业站稳了脚跟。而 C&C08 交换机的研发过程，就是华为创业过程的一个缩影，也是中国通信企业自主创新、奋起直追的过程的一个缩影。其中的酸甜苦辣，只有亲历者才能够体会。

85. 创新蜂巢模式：华为的秘密武器

当人类步入移动互联网＋智能终端普及的新时代，共同创新、社交化生产和聚众文化的兴起，会带来一些不同的管理理念。而在企业组织结构中，传统上自上而下式的决策方式，也应随之发生改变。特别是由于科技进步，人们的工作和社交方式都发生了巨变，人们之间的联系越来越顺畅，现在的人们更像一个一个 USB，不需要总是依赖某个大组织和大公司，就可以随时连接同伴和组织。于是，华为另辟蹊径地独创了蜂巢型企业模式，犹如一群蜜蜂，即便没有蜂王发号施令，它们也会朝着同一个方向飞。

任正非认为，行业的力量源自每一位工程师的头脑。这是一个基于沙子的行业，所有芯片都来自硅晶体，而硅晶体的最初来源材料就是沙子——一种很简单的、容易获取的材料，如果不是人类发现了它们的价值，它们将永远沉潜在水底。企业的成功必须依循损耗最低、效用最大的原则。而蜂巢的六角柱型体就是用最少的耗材，制成最大的菱形容器。在华为的蜂巢组织模式中，组织架构就是去中心化的管理模式，利用数字化链接，汇聚全球员工的智慧，更开放、自由、高效。

华为没有一位领导者，实行轮值 CEO 制度，三位轮值 CEO，每6 个月轮换一次。靠集体民主决策而非一人独裁，保证了华为避免因个人意志和判断对企业造成巨大的起落和风险。

华为作为一个 100% 员工持有的公司，大家有更多的自由掌握自己的命运。任正非只拥有公司股份的 1.01%，其余股份归华为员工所有。这一分享机制无疑让员工多了使命感和责任感，确保了一大群优秀的工程师们"力出一孔，利出一孔"，在巨大的平台上共同创造。

华为的蜂巢模式意味着企业的发展必须是所有华为人共同为之努力。员工成为公司的所有者，有绝对的掌握自身发展的权利。正因如此，华为可以坚持做好自己的事，不受资本羁绊。比如，华为坚持将收入的 10% 投入研发，确保企业在科技创新方面保持领先的基础实力。

华为聚合了全球最顶尖的地缘资源和最优秀的创新力量，在旧金山建立了 UI 设计中心、在伦敦西区附近设立了设计中心、在巴黎设立美学研究中心聚焦设计趋势和材料、在莫斯科设立算法中心、在日本设立通信研发中心、在印度设立软件中心和在欧洲设立 5G 研发中心。这是一个由 17 万员工组成的蜂巢，其中 4 万为外国人。华为有 16 个研发中心，遍布全球，同时还有 28 个联合创新中心，在华为的员工中，有 45% 从事研发。

华为的管理模式不是固化的，会依据不同的情形有所改变。比如在国外，任正非允许"一国一策"，根据不同地区、不同国家的情况要创新华为在不同国家的经营模式。比如华为手机在中东这个拥有特殊宗教文化的地区的发展就是一个例子。在中东市场，绝大多数手机是通过公开市场进行销售的，运营商定制很少。这时候，用 B2B 模式卖手机根本没有出路。于是，华为发展了自己的代理商。在渠道上，中东主要以线下零售为主，一部分是连锁电器店，一部分是众多夫妻店。中东地区天气炎热，由于宗教限制，当地缺乏娱乐设施，中东用户更喜欢去线下零售店进行逛街、社交，所以线下零售店非常发达，相比起来电商几乎没有什么发展空间。华为开始探索建立自己的零售阵地，一方面和当地连锁店建立紧密联系，一方面在中东发明了"微分销"的理念，直接向为数众多的夫妻店供货，构建起了坚实的零售阵地，并将服务作为自己最大的特色。位于迪拜繁华区域的华为迪拜服务中心，客户体验超级棒，不仅可以免费停车，进入服务大厅后，还有免费提供的水、椰枣、巧克力、咖啡、奶茶等。进行手机维修服务时，有标准化的体验台和新机体验，以及个性化的镭雕服务，可以对旗舰机进行免费服务。

华为将国内先进的服务引入了迪拜，绝不仅仅是为了售后服务，更是为了华为品牌的名片。任正非表示："我们一个地区一个国家至少要有一个华为直接管理（建设＋运营管理）的客户服务中心，因为这个服务中心敢吃亏，吃亏也是品牌。我们在服务上一定要敢于投资，拿出一部分利润，增加服务投资的成本。要称霸世界就要钉马掌，服务就要做'成吉思汗的马掌'，支撑我们称霸世界的雄心。"

点评

来自大自然的蜂群模式是最有生命力的。蜂群思维的神奇在于，没有一只蜜蜂是被控制的，没有人发号施令，但却有一只看不见的手，一只从大量普通成员中涌现出来的手，控制着整个群体。这只看不见的手，其实就是经过千万年的生存之后所形成的、从无意识到有意识的生存力。只有这样的方式，才能让蜜蜂这一族群延续下来。而对华为而言，胜利的要义在于依靠聚众力量的新商业模式，对主流基于个人权威模式的胜利。

86. 制度创新：实现"工者有其股"

华为是一家实力雄厚的企业，任正非却很少上过富豪榜。对此，任正非十分淡定地说："不好意思，我拖了中国富豪的后腿。"的确，作为全球通信行业的引领者以及中国最大的民营企业老板，他所拥有的自创公司的股权仅为 1.01%。在世界 500 强企业中，华为是唯一一家全员持股的非上市公司。

期权制度是最早由美国企业发明的员工激励制度，在美国高科技公司的快速成长中起到了巨大的"核聚变效应"。期权制度和创新精神所代表的是物质力量和精神力量，华为的员工持股制度并非有意去学，而是被形势逼出来的。

任正非在《一江春水向东流》中，道出了华为员工持股制度的产生过程："我创建公司时设计了员工持股制度，通过利益分享，团结起员工。那时我还不懂期权制度，更不知道西方在这方面很发达，有多种形式的激励机制。仅凭自己过去的人生挫折，感悟到要与员工分担责任、分享利益。创立之初，我与我父亲相商过这种做法，结果得到了他的大力支持，他在 20 世纪 30 年代学过经济学。这种无意中插的花，今天竟然开放得如此鲜艳，成就了华为的大事业。"

无背景、无资源、缺资本、缺管理的华为，又要与世界巨头和国企拼市场、抢人才，华为唯一的出路就是大家一起做老板，共同打天下。

任正非开诚布公地表示："不要把我想得多么高尚，我要是当初选择做房地产，地是我跑关系拿的，款是我找门路贷的，风险主要由我承担，我为什么要把股权分给大家？华为是科技企业，要更多的聪明人、有理想的人一起做事，所以就只能一起抱团、同甘共苦，越是老一代的创业者和高层领导干部，越要想到自觉奉献，只有不断地主动稀释自己的股票，才能激励更多的人加入华为的事业一起奋斗……"

让全员持股，华为这一大胆的决定在国内民营企业中是绝无仅有的大创举。华为的股权激励计划几乎都发生在企业困难时期，且几次扭转了华为紧张的局面，带领华为走出了困境。

1997 年，华为建立了全员持股计划。其实，这种内部股权激励计划早在 1990 年就开始了，华为至今已经经历了四次较大规模的股权激励计划。

华为第一次实施股权激励是 1990 年，当时华为正处于创业初期的困难时期，需要大量资金来扩大市场、规模和科研投资。当时民营企业融资困难，于是华为选择了内部融资。这样华为不用支付利息，降低了财务风险，也让公司内部的员工受益，增强了他们的归属感，激发了他们的工作热情。员工只有分红权，没有表决权、参与管理权；提前约定退出价格，员工从公司离职，价格按照原始价格计算，不进行溢价。当时华为的股价为每股 10 元，15% 的税后利润用来进行股权分红。那么此后，员工的报酬就由工资、奖金和股权分红三部分组成。

第二次股权激励是在 2001 年 IT 业泡沫时期，也是华为遭遇史上第一个寒冬的时候。当时整个电信产业正遭受毁灭性的打击，融资极其困难。这次，华为进行了期权改革，推行虚拟受限股。员工需按照公司当年净资产的价格出资购买股权，而后可以获得相应的分红和对应的增值部分，员工没有股权对应的所有权、表决权，员工也不能私自转让和对外出售。员工离职，股权由工会收回。员工每年可兑现不超过其持股数量的 1/4，价格是公司公布的当年每股净资产价格。华为中高层在职期间，每年兑现不超过其持股数的 1/10。中高层离职，在确认其没有同公司构成同业竞争、没有在华为"挖墙脚"等限制性条件后，在 6 个月后可全额兑现。

第三次股权激励是配股制。2003 年国内暴发非典，华为的海外扩张受阻，美国思科起诉华为及华为美国分公司。当年除了自愿降薪运动，华为还推出了配股制度。为了稳住员工，渡过企业难关，华为将配股额度放大了很多，同时将参股权更多倾向于骨干员工，而且兑现方式也发生了很大改变。配股的细则：全员激励，但重点激励骨干员工，为员工配发的股份与其原持有的股份基本持平，股份 3 年锁定期，每年兑换不得超过其持有股权的 1/4，持股多的员工每年不得超过 1/10。员工购股资金来源仍采用个人助业贷款方式，员工本人出资15%，剩余的 85% 由公司和银行协商解决。这一次改革，表面上使员工的利益受损了，但却成功地带领华为走出了困境，实现了销售业绩和净利润的突飞猛涨。

第四次股权激励是饱和配股制。2008 年，美国次贷危机引发了全球经济危机，世界范围内的企业都或多或少地受到了波及。此时华为推出了"饱和配股"，即规定每个级别的员工配股上限，在达到上限后，不再参与新的配股；核心层的配股数量由华为董事会内部评定。"饱和配股"对华为的新员工是极大的激励。

第五次股权激励是 TUP 计划。2012 年，华为 TUP 计划出台。TUP 计划即奖励期权计划，员工不需要出钱购买，公司根据员工的岗位、绩效等因素每年授予；计划采取"递延 + 递增"的 5 年期分配方案。TUP 计划的好处：减轻了员工的筹资压力，消除了一劳永逸、少劳多得的弊端，符合华为以奋斗者为本的价值观。

华为全员持股也并非一帆风顺，由于任正非发行股票没有经过证券行业监管部门的批准，股票需要员工拿钱购买，但员工并不享受正常股票的所有权利。因为同股不同权，华为曾经被举报非法集资。

点评

华为全员持股的计划可以说是"前无古人，后无来者"，但却成功地将华为带上了成功之路。这一措施将员工个人与企业的未来紧密地联系在了一起，可谓"一荣俱荣，一损俱损"，双方形成了利益共同体。员工参股后，他的努力既是为了公司，也是为了个人，目标就是实现公司的发展和个人财富的增值。华为通过内部融资的方式，在缓冲公司现金流紧张局面的同时，还可以增强员工的归属感，保持队伍的稳定性。如果员工缺少购买股权的资金，公司还会为他们提供贷款的担保，以确保每位员工的参与性。华为的员工持股客观上起到了在企业内部上下同欲的目的，帮助华为渡过了一次又一次的危机，一步步助力华为登顶世界通信行业霸主地位，让华为成为业界传奇。

87. 5G 让华为更从容

华为 5G 是由华为公司的技术团队共同发明的。5G 技术是由欧盟发起，全球各大通信公司共同研发、分享成果的项目。在后期研发中，贡献最大的是华为技术团队，其技术遥遥领先于其他国家。5G 是指第五代移动通信技术。具有高速率、低时延和大连接特点的新一代宽带移动通信技术，5G 通信设施是实现人机物互联的网络基础设施。

华为在 5G 领域的成就离不开土耳其数学家埃达尔·阿勒坎的贡献。任正非表示："10 年时间，我们就把土耳其教授的数学论文变成了技术和标准，这是数学家与工程师的胜利。"

埃达尔·阿勒坎自麻省理工学院毕业，在学术上师出名门，是赫赫有名的信息论鼻祖香农的弟子、世界通信理论权威罗伯特·加拉格教授的弟子。阿勒坎博士毕业后供职于土耳其毕尔肯大学。十年磨一剑，2008 年，阿勒坎在 IEEE 期刊上发表了主要用于 5G 通信编码的极化码技术方案的论文，引起了学术界的广泛讨论。

华为的科学家捕捉到这篇论文后，评估了阿勒坎的论文，他们敏锐地意识到这项技术也许可以用于 5G 编码。于是，华为迅速组织人力与阿勒坎取得联系。华为集中了大量的专家、科学家、工程师投入其中，对其进行解析。

华为的研发系统非常敏感，最后成功将该原理转化为技术，技术再转为有竞争力的产品。华为在这项技术的基础上申请了一批专利，并以阿勒坎的极化码为基础进行了专利封锁。华为掌握了先发优势，并迅速实现了赶超，也因此在全球 5G 领域一枝独秀，成为 5G 技术的领头羊。从追赶到在 5G 领域的引领，任正非将之归功于"数学的力量"。

任正非表示："只有具备了独到性优势，我们在世界竞争中才有筹码。如果不实现这个转变，那么在全球竞争中，我们将永远是被动的。其实美国也一直在做开发 5G 的工作，美国依靠的是 20 世纪 60 年代的一篇数学论文，这篇论文刚好是阿勒坎的博士导师加拉格写的。我们在这个领域中共同开发 5G，是一种合作和友好的力量。"美国把 5G 的标准选在毫米波，是因为毫米波的带宽远远比 5G 宽得多，但是毫米波有覆盖距离很短的缺点。美国以为 5G 时代不会这么快到来，将来 6G 产品的覆盖理论和覆盖技术可能有时间得到解决，没想到只 10 年工夫 5G 就形成了产业，大规模进入市场。华为选择的是厘米波，厘米波是中频，当年在选择的时候，华为心里也并没有底，也是一场赌博，因为很少有厂家愿意跟着华为选择这个频率，只有华为选择了厘米波。当然华为也在做毫米波，但是华为的两个组判断，厘米波代表了未来的前景。时势造英雄，华为赌对了这条路——毫米波在短时间内还不能被广泛使用，6G 也还不能广泛使用。华为在 6G 领域也处于领先地位，但华为判断 6G 的广泛运用需要在 10 年以后。而 10 年以后，5G 已经在全世界部署完成了。因为 5G 带宽已经足够宽到人们可能用不完了，那么新的蜂窝系统还会不会产生呢？这还是一个问号。

如今，5G 已成为全球科技企业的兵家必争之地，其应用领域广泛，涵盖医疗、教育、工业和农业等，又随电动车、智慧城市等产业不断蔓延，成为未来 10 年内最重要的产业之一。华为已拥有 1600 多项 5G 核心专利，在全球交付了超过 10000 个 5G 基站，这让华为在即将到来的 5G 时代占据了更大的话语权，从而获得了更多的利益。在云计算方面，华为的云服务已经遍布全球 130 多个国家和地区，建立了 400 多个云数据中心。华为根据客户和企业自身条件和实际需求为客户提供定制化的云服务，在众多云服务厂商中脱颖而出。

进入21世纪20年代，5G技术成了当下国际社会中的热门话题，毕竟现在全球各个大国都面临着经济结构转型，而5G则是下一代技术革命的"敲门砖"。5G面向行业的应用正在成为运营商收入增长的新引擎。目前，在油气、制造、交通等领域，全球多个市场中已涌现出由5G驱动的新应用。

华为能够成功，靠的是对技术前瞻性的预判和不计亏损的研发投入。近10年来，华为累计在研发中投入了高达5000亿元。截至2019年6月，华为仅在5G网络上就投入了40亿美元的研发资金，是竞争对手爱立信和诺基亚的5G研发投入之和。任正非有个著名的"城墙理论"，他认为华为在技术上的突破就像是古代士兵攻城，多年来华为的18万员工只朝着一堵城墙进攻，撕开口子后再一拥而上，向纵深发展。正是因为华为在5G研发上的不遗余力，所以华为对5G标准的贡献自然排名全球第一。随着美国对华为的封锁打压，华为也开始布局欧洲市场。德国哲学家尼采有句名言："凡是杀不死我的，终将使我更强大。"在人心所向的天下大势面前，胜利一定属于华为。

88. 专利筑就护城河

知识产权制度是创新发展的基本保障，为建设创新型国家，我国实施了知识产权策略。华为一直以来在研发领域都保持着很高的投入，为在激烈的市场竞争中不被淘汰出局，华为公司制定了适合自身发展的企业知识产权战略。1995 年，华为成立了知识产权部。成立之初，知识产权部只是公司经营的辅助性部门。但随着华为进军国际市场，面对发达国家通信巨头企业移动终端售价 1% 到 7% 的专利许可费，华为逐渐意识到了专利竞争力对企业开拓市场的重要性。如今，知识产权部已发展成为华为的战略核心部门。

到 2020 年，华为的专利数量已超过了 10 万件，其中有 90% 是发明专利。发明专利是几大专利中含金量最高的。仅 2021 年全年，华为申请专利的数量就高达 6952 件，这已经是华为连续 5 年霸榜专利申请之首了。手持 6952 柄"专利之剑"，在美国的封锁下，华为越挫越勇，万众一心、齐心协力，激发出了华为更大的潜力，华为每年申请的专利也在不断攀升。

在深圳举行的"开拓创新视野：2022 创新和知识产权论坛"上，华为公布了在其两年一度的"十大发明"评选活动中获奖的重大发明：全新的加法神经网络；多目标博弈算法；光虹膜；全精度浮点计算；抬头显示系统；确定性 IP；风筝（网络）方案；BladeAAU 和 Massive

MIMO 方案（5G）；5G Single Air（已商用）；双活网络附属存储、LinkTurbo 和 Hyperhold 等。这只是华为推出的一部分产品、技术和创新，甚至只是很少的一部分。这些发明涵盖自动驾驶、工业互联网、通信网络、智能手机等领域，在提升性能、降低能耗和成本方面表现优异。

一流的技术意味着一流的成本。华为在研发上的投入不遗余力。在华为创业早期，就有华为到底是"技术公司"还是"销售公司"的争论。任正非和其团队认为自己是技术型公司，华为重视技术研发是写在了《华为基本法》里的："我们保证按销售额的 10% 拨付研发经费，有必要且可能时还将加大拨付的比例。"

多年来，华为的研发投入占总收入比例一直高于 10%，并且呈逐年增加趋势。2019 年，更是占到了华为全年收入的 15.3%，总额 1317 亿元人民币。2021 年，华为公司的研发投入占全年收入的 22.4%，达到人民币 1427 亿元，研发费用额和费用率均处于近 10 年的最高位。目前，华为的研发投入在全球企业中位居第二，华为公司近 10 年累计投入的研发费用超过人民币 8450 亿元。

华为从 2019 年开始就面临着严峻的外部环境，而越是在困难的时期，就越考验华为对未来投入的决心。一般来说，具有商业经营属性的企业往往会平衡投入和产出，从而形成较为健康的经营现金流。当外部形势严峻、压力巨大时，研发作为成本中心也面临着开源节流的压力，此时最便捷有效的方法当然是专利收费变现，而节流便是缩减研发人力和资源开支。而华为却"反其道而行之"，不仅没有选择节流，还继续维持高位研发支出，同时开源专利收费也依然以较为稳定的方式进行着。

在中国，像华为这样在研发上高投入的科技互联网公司屈指可数。

在一定意义上，华为才是真正重视技术的公司。很多知名公司，其本质都是以商业、业务逻辑为导向的公司，大多被资本所控制，注重短期利润，根本不会进行深不见底的、长期没有回报的研发投入，这也是华为坚持不上市的一个原因。

任正非很早就意识到通信行业市场竞争的本质，华为要想在国际巨头公司虎视眈眈盯着的通信领域拥有一片小天地、站稳脚跟，就必须拥有自己的实力——那就是掌握核心技术。不然公司便是无本之木、无源之水，根本不能独立行走，更遑论竞争。

"由于网络的发明，市场和制造相分离，这个世界最重要的是市场，而不是制造，这就是知识产权之争。"任正非指出，只有靠高科技 IPR，才能带来大的利润。但要想获得领先的技术和巨大的利润，只有先付出巨大的成本，除此之外，别无他法。专利、知识产权既是企业和国家的核心竞争力，也是国家和市场博弈的工具、武器。比如思科发起的对华为公司的知识产权诉讼，如果不是任正非和团队的沉着应对，与思科进行针锋相对的博弈，华为就有可能被击垮。在商业领域，类似的法律诉讼不胜枚举。商场就是没有硝烟的战场，如果一个企业没有核心技术和专利，在市场上便没有主动权。市场将来的竞争，就是未来的企业之争，就是知识产权之争；没有核心知识产权的国家，永远不会成为工业强国。由此可见，知识产权的多少是衡量一个国家智力创造水平和潜力大小的一个指标。

2018 年，美国共收入知识产权使用费 1287.48 亿美元，支出561.17 亿美元。同年，中国收入知识产权使用费 55.61 亿美元，支出357.83 亿美元。从知识产权使用费上来看，中国是花钱的，美国是收钱的。如果收钱的自己破坏规则，显然花钱的受益更多。高通 CEO曾说："在生意场上，再也找不到比出售技术还赚钱的生意了。"确实如此，高通公司就是依靠出售自己的技术在全球大肆收割财富。由此可见，发展科技势在必行，只有科技发展起来了，才可以把生意做到全球化，而且还能相对轻松地赚钱。

专利是一个企业的安身立命之本，是体现一个公司技术水平的重要标准。专利作为一种无形资产，具有巨大的商业价值，是提升企业竞争力的重要手段。一个高科技公司必须拥有自己的专利产品，才能在这个竞争激烈的市场中站稳脚跟，立于不败之地。中国企业要走向全球市场，没有自己的创新和核心竞争力，是无法参与全球高水平竞争的。在这方面，华为已经树立了典范。华为的理念、路径和方法是值得有志于长期发展的企业持续学习的。

89. 专利是个好武器

欧洲在近现代化中形成了以技术发明而成为企业家的知识产权体制。专利收费往往是研发型企业的重要收入来源，建立知识产权护城河能够极大增强企业的核心竞争力。但华为对知识产权的使用显得很"克制"，他们压根就不想通过专利费盈利，专利对于华为来说只是护城河，而不是武器。任正非说："我们只是太忙了，没来得及收费。"

华为第一件发明专利是 1995 年研发的华为交换机产品。同年，华为专门成立了知识部门，总共申请了 6 件发明专利，都是在为产品服务，这个策略华为一直贯彻到现在。

在国外，华为也很少利用专利收费，而是通过单向许可和交叉互换的形式存在。就是我直接授权给你，不收费，但是我用你的专利你也别收费，大家共同发展。

根据华为发布的知识产权白皮书介绍，和华为达成专利合作的有100 多家企业，涉及诺基亚、爱立信、高通、苹果等国际巨头。

华为首席法务官宋柳平曾经公开过华为的专利收费问题："华为主要还是经营产品的公司，主要收入来源还是产品和服务。对比华为整体收入，知识产权方面我们并没有作为主要收入来源。"

专利或许可以作为武器，但是华为的专利策略却偏偏把专利用来当护城河，也难怪越了解华为的人越有感悟："明明可以靠颜值，却偏偏靠实力征服对手。"

从 2019 年 5 月开始，美国将华为列入了"实体清单"，华为与美国科技公司之间的科技战拉开了序幕。美国步步进逼，使得华为的日子非常艰难。从芯片无限限制，到孟晚舟的引渡案未果，美国对华为一步步施压。

科技巨头谷歌对"实体清单"政策迅速作出响应，断然拒绝再为华为提供 GMS 服务；华为绝处逢生，只得自己开发了 HMS 服务。HMS 服务并不是一个系统，而是 HUAWEI MOBILE SERVICE 的简称。HMS 就是用来为手机提供基础服务的，比如云空间、应用市场、支付钱包等。而手机系统对于手机的作用不言而喻，它是管理和控制手机硬件与软件资源的程序，是直接运行在"裸机"上的最基本的系统软件。

华为没有代工厂、不能使用工业软件，甚至连服务系统都被禁用了，国外市场占有率不断下降，国内手机产品也因为缺少芯片而一直处于缺货状态，导致华为的全球市场份额同比减少了 45%。

美国最大的移动运营商威瑞森通信公司（Verizon）本来是华为的合作伙伴，借助华为物美价廉的产品一举成为美国最大的运营商。对美国政府的"实体清单"政策，他们立马作出回应，过河拆桥，第一时间剔除了华为的相关设备和渠道。

2020 年，华为将威瑞森告上法院，要求支付 10 亿美元的专利使用费，专利侵权项目达到 230 项。威瑞森的 CEO 维斯特急得如热锅上的蚂蚁，紧急向美国政府打报告，请求政府的帮助。华为仅用了不到一成的功力就让美国最大的运营商威瑞森支持不住了。要知道，华为在美国的技术专利足足有 1 万多项，而这还远远没有达到华为专利的极限。仅 2018 年，华为在整个欧美市场的授权专利就达到了 4 万多件，是在美国的 4 倍。

美国著名的研究公司蒂里亚斯分析，华为一直在布局专利和标准的认定，不管是使用哪家设备，最后都会发现，用的还是华为的专利，这就是专利的可怕之处！

华为于 2021 年开始收取 5G 专利费用，每部手机最高收费 2.5 美元。相比其他通信厂商，华为的专利收费比例其实更低。爱立信收费在 2.5 美元到 5 美元之间；诺基亚收费上限为 3 欧元；惯于开发专利商业模式的高通则是按照比例收费，5G 单模手机 2.275%，多模手机费率 3.25%，最高达 13 美元。

根据一家数据分析公司科睿唯安公布的《揭示 5G 标准基本专利的全景图：第 3 版》报告，截至 2021 年 12 月 31 日，共有超过 46322 个 5G 声明标准必要专利家族。其中，在五大专利局中拥有至少一项授权专利的前六大公司分别是：华为、三星、高通、LG、诺基亚和爱立信。华为以 5108 族占比 18% 排名第一，三星以 3106 族占比 11% 排名第二，高通和 LG 以 10% 并列第三，而前 6 名公司总计占比则接近 62%。

在知识产权领域，有价值的专利就是金钱，甚至可以是武器，没有遭遇过专利诉讼的巨头，算不上真正的巨头。华为在 30 余年的历史上，也曾经遭遇过多次"专利流氓"，既有来自业内厂商的专利互诉，也有来自没有实体业务的公司的专利碰瓷，专利也是企业走向国际化必须解决的问题。

点评

任正非提到，以前华为打造知识产权是为了自我防卫，是在为了保证自己的业务安全而努力。技术创新是基于开放共享、互相学习、互相尊重（交易）的基础上才能发展起来的。国际和国内的专利保护期都在 20 年左右，即随着产业的发展，前代专利会逐渐解锁，所以国际企业往往对待专利收费是"应收尽收"。正如通信产业的发展轨迹，华为等中国企业的专利越到后期价值越高，前期的研发投入只有逐渐转换为专利，才能积累丰富的知识产权池。

第九章

文化战略：资源会枯竭，唯有文化生生不息

企业文化是由企业价值观、信念、仪式、符号、处事方式等组成的特有的文化形象。企业文化是企业的灵魂，是推动企业发展的不竭动力。对企业来说，文化价值观的认同是一个关键规则。一个成功的企业一定有属于自己的特色。

90. 企业文化是流动的水

企业文化是由企业价值观、信念、仪式、符号、处事方式等组成的特有的文化形象。企业文化是企业的灵魂，是推动企业发展的不竭动力。对企业来说，文化价值观的认同是一个关键规则。一个成功的企业一定有属于自己的特色，"狼性"就曾经是华为最鲜明的标志。说到"狼性文化"，人们自然而然地就会想到华为，这便是企业文化的强大效应。

任正非在《华为的红旗到底能打多久》中提到，企业文化不只是引领企业前进的风向标，更是为企业的发展提供保障的不竭资源。一切工业产品都是由人类智慧创造的，华为没有可以依存的自然资源，唯有在人的头脑中挖掘出大油田、大森林、大煤矿。

任正非不但重视企业文化，还将其做成了华为的一面特色旗帜。这不仅来源于其在理论上对企业文化重要性的认识，更是在实践中找到了依托，任正非对以色列这个国家的崇尚就是最好的证明。

任正非曾经在一次工作汇报会上说道："以色列这个国家是我们学习的榜样，它说自己什么都没有，只有一个脑袋。以色列，一个离散了 20 个世纪的犹太民族，重返家园后，在资源严重贫乏、严重缺水的荒漠上创造了令人难以置信的奇迹。他们的资源就是有聪明的脑袋，他们是靠精神和文化的力量，创造了世界奇迹。"

在对文化资源的钻研上，任正非并没有把目光局限在企业上，而是在大环境的背景下进行探寻，从多方面加以证实。任正非从一个国家的兴衰看到了企业的发展，他不是在虚张声势，而是真正看到了不同组织之间关于生死存亡的共通之处。

任正非发现，内地企业的不景气不仅仅是机制问题，关键原因还在于企业文化。要救活企业，并使其得以发展，企业文化是非常关键的问题。企业文化为华为公司的发展提供了土壤，文化的使命使土壤更肥沃、更疏松，这样种出来的庄稼，才可以多打粮食。

在阿联酋进行考察时，任正非得出了"文化生生不息"的论断，并将其发展为华为的灵魂之一。阿联酋是一个沙漠里的小国，他们把通过石油所得的资金转化为一种民族文化，让全民得以发展。他们到英国、美国等世界各国接受良好教育，通过不断的良性循环，用 100 年的时间，发展成为一个非常发达的国家。全世界最漂亮的城市就是阿联酋。阿联酋的人民在沙漠里面用淡化海水浇灌出的花草非常漂亮，房子建设得美轮美奂。阿联酋在以 2 小时的飞机行程、7 天的汽车行程为半径的范围内形成了一个经济圈，印度和巴基斯坦都在这个圈内，他们以自己为中心建了一个商业中心作为中转港，自己将其称为"中东的香港"。现在，阿联酋的商业收入与石油相比，已占国民收入的 40%，继续这样发展下去，当石油枯竭时，他们也绝不会再去赤日炎炎的沙漠放羊。

任正非将这种意识加诸在了企业管理中，并将这种理念引入华为，在华为内部展开了一场轰轰烈烈的"精神革命"。任正非对技术和研发的重视有目共睹，但要谈及华为的核心竞争力，非其企业文化莫属。

任正非的每次内部讲话、每篇文章集结起来，就是一部管理巨著。《华为的冬天》《一江春水向东流》《北国之春》《天道酬勤，幸福不会从天降》等文章极具号召力和煽动性，振聋发聩。在思想上，中国传统文化对华为的影响很深，比如"利出一孔"（《管子》：利出于一孔，其国无敌）。任正非是一个"学毛标兵"，他学习毛泽东的"农村包围城市"战略，"让一线直接呼唤炮火"，让"听得见炮声的人去决策"，消化了毛泽东"枪杆子里出政权"的思想。任正非呼唤冬天，时刻警告华为人艰苦奋斗的文化不能丢，这与毛泽东的"整风运动"颇为相似，提醒华为人务必戒骄戒躁。

点评

任正非说："世界上一切资源都可能枯竭，只有一种资源可以生生不息，那就是文化。"企业的发展最终还是要以文化的进步为依托。企业是岛屿，而文化则是流动的水，把分散的岛屿连接在一起，形成一个协调的系统。文化是流动的，吐故纳新，企业文化的建设应该永远都处于"正在进行时"，是一个不断完善和进化的过程。当企业处于不同的阶段，企业文化也会发生变化。从2000年后，任正非开始有意淡化"狼性"，而是倾向于人性化管理。华为还在路上，改革仍在继续，因而它的文化理念也在不断更新。

91. 华为"狼性文化"

提起华为的企业文化，自然绕不开"狼性文化"。任正非说："企业发展就是要发展一批'狼'。"华为是中国企业"狼性文化"的缔造者，"狼性文化"贯彻着华为成长的全过程。

华为从一家营业额几乎为零的企业成长为通信巨头，之所以能够在行业内发展得如此迅速并确立霸主地位，很大程度上取决于其特殊的企业文化：狼性。狼有三大特征，一是敏锐的嗅觉；二是不屈不挠、奋不顾身的进攻精神；三是群体奋斗意识。这三个品质正是华为"狼性文化"的精髓。狼的鼻子敏感，能很远就闻到肉味，这是对市场的敏感、对客户需求的敏感，代表了一种敏锐的认识。狼不屈不挠、拼死拼活也要做成一件事。在华为，干部不能发现有困难就要求换岗位，实在不行就去给这个团队煮饭，战役打下来，你也是有功的。狼不是单独出击的，而是群体作战，这代表了团队精神。狼性深刻塑造了华为人坚韧拼搏、永不言败的奋斗精神。这种精神令他们能在新领域披荆斩棘、无往不利。

华为的"狼性文化"是企业早期发展所必需的。早期的华为生不逢时，对手个个实力强劲，比如爱立信、诺基亚、西门子、阿尔卡特、朗讯、北电网络等百年企业，华为只能望其项背。为了生存下去，华为出手犀利而准狠，为达目标不择手段。那时候，凡是有华为的地方，一定会是血雨腥风。华为这头"土狼"处处树敌，在国内国外都不受待见。华为早期进军欧洲时，就曾被抵制。

在任正非的带领下，"狼性文化"熏陶了整个华为，同时也影响着许多中国企业。华为的成功不只是华为的成功，更是许多中国企业的成功。

所谓狼性，即强烈的目标导向、不达目的不罢休的精神、达成目标时超预期的激励，以及达不成时毫不留情的问责。这里面包含 3 个关键点：令必战、战必胜、胜必果。及时而丰厚的激励，比如奖金、升职加薪等；不留情面和不分等级的惩罚措施，比如降职降薪、末位淘汰等。狼群里都是狼，头狼是狼，其他也是狼，大家一起捕食，团队打到了猎物，大家一同吃肉，这就是狼群的生存方式。华为确保了这一制度得以持续贯彻，淘汰不合适的，最终留下的都是战斗力超强的狼性军团。

很多人只看到了华为的狼性，却没有看到背后的真相——满足人性。任正非在鞭策华为人努力奋斗的同时，也在给他们足够的物质激励。"狼走千里吃肉"，狼群要有战斗力，就得给狼吃肉。在华为，只要你干得好，公司从来不会吝惜那几块肉，尤其是技术人员的工资和奖金。华为在 2017 年的时候总共发了 1500 亿的年终奖，很多普通员工的年终奖也是几十万。华为的薪水涨得很快，有人甚至一年涨了 7 次工资，还有人一年涨了 11 次。一些华为的管理层一年下来，期权、股票、奖金拿到手软。在华为工作就标志着"高额收入"。在华为，只要是本科毕业，年薪起点就在 10 万元，这是华为招应届大学生的标准（从社会上特招过来的更高），至于工作一两年后达到 20 万元以上，在华为更是轻而易举的事儿。

不谈钱，就不配谈狼性文化。任正非说："钱分好了，管理的一大半问题就解决了。"企业管理最难的工作就是如何分钱，这的确是老板最大的痛苦。要分钱给谁，怎么个分法，都非常考验水平。华为总是在不停地激发员工多挣钱，鼓励员工通过奋斗改变自己和家庭的命运；多追求发展机会，以尽情开发自己的无限潜能；多争取荣誉，以提升自己的境界和格局。

当然，拼搏的路是艰苦的，华为给员工的好处首先是苦，但苦中有乐，苦后有成就感、有收入提高，对公司未来更有信心。任正非说："不奋斗、不付出、不拼搏，华为就会衰落！"

如今，华为身上的狼性已经化为血液，在华为的躯体里静静流淌。只是，现在华为在行事方式上发生了变化，已经从早期的不择手段，变成了现在的委婉曲折。华为内部说，凡是华为认定的目标，均会不惜一切代价去达成，这一点至今未变。从电信设备到终端，再到企业业务，华为是靠着狼性走过来的。

点评

华为在任正非的带领下，一直都是非常有危机感与前瞻性的。在研究5G的同时。华为就一直在研究6G，即使华为已经在5G技术方面做到了顶尖地位，但仍然不为之而自满。这里面其实也充分展现了任正非提到的"狼性文化"的三种精神。6G研究与5G同步进行，展现了华为的"敏感性"。在6G在理论层面还没有巨大的突破的情况下，华为依然不断投入资源，这里展现了"不屈不挠性"。而整个技术研发与应用研发中依靠了不同的团队，这里体现了"团队性"。

92. "床垫文化"：方寸之间自有天地

自古以来，辛劳的人们为了补充睡眠，常常以天为被、地为席，累了往树叶、稻草或者芦苇上一躺，醒来再精力充沛地投入劳作中，这是人类奋斗的缩影。中国自古以来就推崇努力拼搏、勇于奉献的精神，而华为的"床垫文化"，无疑就体现了这种传统文化中的精髓。

20 世纪 90 年代，华为正处于从做代理转向自主研发产品的关键转型期。创新从来不是一件容易的事情。1991 年 9 月，华为集中全部资金和人力，开始开发华为品牌的用户交换机。

在深圳原宝安县蚝业村工业大厦 3 楼，50 多名华为研发人员，以公司为家，废寝忘食地投入工作。当时产品在质量、稳定性等方面还存在很多问题。一线人员迅速将客户的需求和建议反馈回公司。研发人员收到反馈后，便加班加点、没日没夜地改进。后来公司走向国际化后，客户的需求越来越多，由于时差原因，客户那里出了问题要马上解决，于是研发人员便马上与一线联席开会，远程定位解决，打补丁。有时为了赶出给客户的交付需求，很多研发人员甚至一两个月都不回家。华为公司食堂备有一日三餐，还有洗澡间。每个研发人员办公桌下都叠放着一张床垫，困了就随时拉出来休息。华为的研发人员吃住睡在办公室几乎是常态。加上深圳气候温暖，一个床垫、一床毛巾被就能满足基本需求。

在华为的初创期，不管是高层领导还是基层员工，办公桌下都有一个床垫，这是华为办公必备家具。业界曾流传着一个故事：一家外协厂去华为送货，正值中午休息，送货业务员就地找了张板子睡了一觉，醒来后发现身边躺着一个人，定睛一看，是任正非。

随着公司的发展，这个传统便留了下来，称为"床垫文化"。每个研发人员入职公司，都需要先到总务室领一张垫子和毛巾被。1996年，《华为人》报上题为《床垫文化》的文章这样写道："几乎每个华为人都备有一张床垫，卷放在各自的储存铁柜的底层或办公桌、电脑台的底下，外人从整齐的办公环境中很难发现这个细节。午休的时候，席地而卧，方便而实用。晚上加班，夜深人静，灯火阑珊，很多人整月待在公司，就靠着一张床垫，累了睡，醒了爬起来接着干，夜以继日。一张床垫半个家，华为人就这样携着一张张床垫走过了创业的艰辛，走向卓越。颜色各异、新旧不同的一张张床垫，载着我们共同的梦想，床垫文化意味着从早期华为人身体上的艰苦奋斗发展到现在思想上的艰苦奋斗，成为华为文化又一道独特的风景。"

任正非说："无数硅谷人与时间赛跑，度过了许多不眠之夜，成就了硅谷的繁荣，也引领了整个电子产业的发展。华为也是无数的优秀儿女贡献了青春和热血，才形成今天的基础。创业初期，我们的研发部以忘我工作、拼搏奉献的老一辈科技工作者为榜样，大家以勤补拙、刻苦攻关，夜以继日地钻研技术方案，开发、验证、测试产品设备。没有假日和周末，也没有白天和夜晚，累了就在垫子上睡一觉，醒来接着干，这就是华为'垫子文化'的起源。虽然今天垫子已只是用来午休，但创业初期形成的'垫子文化'记载的老一代华为人的奋斗和拼搏，是需要我们传承的宝贵的精神财富。"

在外界的思维定式中，床垫是用来加班的，床垫文化就是加班文化。不可否认，在华为的创业期，床垫的重要功能之一就是用来加班，这是历史的真实，但是华为的床垫文化包含的内核却要丰富得多。

如今，在华为，床垫的作用更多是用于午休。华为人吃完午餐，展开床垫，舒舒服服地睡上一觉。中午不睡，下午崩溃，华为人深谙此道。所以，每临午后，华为就如同大学的校园一般，静悄悄的，老板在睡，员工也在睡。何以解困，唯有床垫。睡眠是为了工作，是工作的协奏曲，是工作的补充，如同大决战前的休整一样。

一位华为的员工在离职信中写道："午睡，不是趴在桌上小憩。每个人方寸大小的办公桌底下卷着铺盖，午饭过后，铺盖一拉，关灯，男男女女相邻而眠，壮观且有仪式感，让我想起初中在学校的桌子椅子上午睡的盛况。从医学角度来讲，午睡对身体有好处。对公司而言，午睡可以保证员工下午精力充沛地工作，这种精力还可以延续到晚上加班。"

后来华为漂洋过海到欧洲，向国外公司"亮剑"，华为员工也会打起地铺，令欧洲人惊讶不已。沙特阿拉伯的商务大臣来华为参观时，发现华为办公室柜子上都是床垫，然后把他的所有随员都带了进去，听华为解释床垫的用途。他认为一个国家要富裕起来，就要有奋斗精神。而奋斗需一代一代坚持不懈地进行下去。

点评

一张床垫半个家，"华为人"带着这张床垫走过了创业的艰辛，"床垫文化"是华为精神的一个象征。华为凭借这股精神，超常发展，业务遍及全球，成为中国企业创业、创新和国际化的标杆。"床垫文化"的本质，其实就是一种奉献精神，是一种勤奋和吃苦耐劳的品质。没有华为人的勤勉与奉献，华为就不可能从一家小企业成为国际商业舞台上的巨头。

93."吃饭文化"：一家公司怎么样，吃顿饭就知道了

一家公司怎么样，吃顿饭就知道了。食堂是展示公司实力的最佳场所。一个朋友想求职华为，问其原因，原来是被朋友圈疯传的华为美食所吸引，看来饭勺子真是华为的核心竞争力之一。

民以食为天，吃文化是华为文化的组成部分。在早期的《华为员工守则》里就提出："公司提倡'吃文化'，上下级和同事之间互相请客吃饭，在饭桌上沟通思想、交流工作。"

任正非特别重视员工的"吃"，华为食堂的美食让人羡慕嫉妒。在吃的方面，华为绝不将就应付。任正非曾不止一次地要求员工们"奖励自己"："如果你在工作中取得了一些成绩，不妨请自己吃顿好的。"

任正非多次鼓励干部请下属吃饭："哪个人请下属吃饭次数最多，那么他就能够升职最快。你如果想要干好领导的职位，不妨请员工下属吃点好的，哪怕是一碗面条、一盘炒粉，在轻松自由的氛围里，很轻易就做到了上下沟通、协同工作，部门的效率也就提高了。你想做大秘书，也要多请客，你的工作经过沟通开放了，大家帮助你，互相又了解，你就能成为'大秘'。搞管理的，更要经常这样在一起聚餐。"

在2008年的一次讲话中，任正非鼓励干部请下属吃饭："记得当年在北京，我请3个小青年吃饭。我开了个玩笑说，你们年底盘算，谁请客付钱最多，他一定是老大。事实证明，他们3个人的差别，是

上百倍的差别。老大吃亏了吗？那饭能吃多少钱？你说中午，大家几个人跑到凯宾斯基，吃饭喝酒，有什么不好的？"为了鼓励研发人员晚上攻关，任正非曾亲自送夜宵，慰问一线将士。

华为"吃文化"的另一个精髓就是"谁官大谁请客"。当公司领导和员工一起在外面吃饭时，一定是谁职位高谁请客。每到中午的时候，任正非就叫上周围的高管或者秘书，甚至是凑巧经过的员工去吃饭。

一般情况下，任正非都是带着员工们去 A1 餐厅用餐。可这里的餐厅消费标准却不低，一顿饭一个人就要花 120 元。但任正非并不在意，每次都自己签字刷卡，以至于周围的员工都不好意思了，唯恐中午被任正非请吃饭。但是对此任正非早就说过，想干好领导，就得请下属吃点好的。

1997 年年初，华为副总裁郑宝用来成都支持项目，天天请大家吃饭，大家抢着埋单，结果都被他制止了。郑宝用没有一点架子，跟大家吃住一起，在轻松愉快的环境里，很容易就了解了下属的真实情况，下属也能学到很多东西，对团队建设大有益处。

网上有个段子，说"没有什么问题是一顿饭解决不了的，如果不能，那就两顿"。任正非认为，想要干好工作，就得在吃饭上做好功夫。

华为搬到哪里，哪里的餐馆生意就好。新进华为的员工，大都先被公司食堂丰盛多样的菜式弄得眼花缭乱，川、粤、湘、鲁、淮扬各大菜系花样翻新，另加各色面食糕点，洋洋大观，能满足各种口味，员工吃得称心如意，工作也干得轻松愉悦。

2017 年 8 月 2 日，华为七星湖数据存储中心在贵安新区开工。任正非出席开工仪式，谈及选址理由时，他幽默地表示，除了生态环境好、用风冷散热能省电和没有地震之外，还有一点就是："好吃的太多了，员工来了就不想走，他们都会变胖的。"

任正非是军人出身，深知"兵马未动，粮草先行"的道理，华为的后勤服务一直是任正非关注的焦点。很多第一次在公司见任正非的人，都觉得他像个大师傅。

很多年前，有一个新入职的员工去食堂吃饭，在排队打饭的时候，看到一个在食堂做饭的"大师傅"，身材微胖，不修边幅，脸上胡子拉碴，衣服皱巴巴的。只见他远远地站着，一边看大家打饭，一边大声笑着说："打的肉多的，肯定是新来的。"过了几天，新入职的员工去开会，发现会议室为首坐着的华为老板任正非，正是那天自己在食堂看到的被自己认为是"大师傅"的那个人。

华为"心声社区"上有一个《舌尖上的华为》的帖子：在海外我们曾经一无所有，2000年第一批征战海外的华为人，吃饭都没着落。十几年过去了，华为人越来越多，饭堂搞起来，厨师招起来，伙食美起来。你在孟加拉吃着烤全羊，我在金沙萨享用烧烤大餐，你在莫斯科吃烤鱼，我在加纳吃羊肉泡馍……现在我们的目标是吃遍全球！

有一个技术部的员工，抱怨连加班产生的夜宵费用也要经过层层审核。任正非看到后说："不能让身兼重任的管理层们天天为了一个报销费而劳神，这个事情必须取消。"

有一次，任正非看到员工报销的夜宵费只有7块钱，感到非常诧异："一顿饭只要7块钱？真的能吃饱？还是不敢多买，怕不给报销？"

在华为，吃饭问题已经不再是简单的人情世故，更是华为维系员工上下的一个手段。

在华为，许多干部大都是"吃文化"的倡导者，不仅自己吃出了个中深味，而且还不断进行总结和推广，影响下属也用心去"吃"，一边吃一边沟通交流。

为了让员工吃好，任正非还多次组织食堂大比武，并担任评委。为了鼓励研发人员晚上攻关，任正非曾亲自送夜宵，慰问一线将士。

任正非非常明白，最好的管理方式就是要共情，要和团队打成一片。而什么样的方式最容易让干部和员工打成一片呢？最简单的当然是吃饭。所以，他鼓励领导干部请下属吃饭，就是在鼓励管理者以这种方式和下属充分交流。当管理者和下属的心连在一起了，上下同频共振，团队的凝聚力和战斗力也就在不知不觉中得到提升了。比如，在华为有一条不成文的规定，就是领导要请下属吃饭，目的就是要犒劳辛苦工作的员工，让他们对公司有归属感。

　　"吃"在华为受到了高度重视，甚至被提到了安定团结、上下沟通的高度上。从开始时家庭式的小食堂到记账式的"大锅饭"，再到今天无纸化先进管理的大餐厅，华为不断改进的管理方式辅以不断更新换代的餐饮设施，令员工大快朵颐。

点评

　　"民以食为天"，华为已经把"吃饭文化"融入了骨子里。品尝一顿美食，是融洽关系最好的方式。因为在饭桌前，人们最容易放下心中戒备、吐露真言。美食，是人和人沟通的桥梁。

94. 我若贪生怕死，何来你们艰苦奋斗

奋斗精神是刻在华为人骨子里的。华为上至管理层，下至基层员工，无不在卖力干活。正是因为大家没日没夜地干，华为才得以取得今天的成就；正是凭借常人难以想象的坚强意志和永不服输、艰苦奋斗、全力以赴的精神，华为才走到今天，成为受人尊敬的行业标杆。

上行下效，这也是常识，而关键在于"上"如何行。行决定效，企业文化的培育与落地关键在于企业领导的言传身教。

2016年，任正非已经72岁了，他在机场排队等候出租车的照片刷屏了朋友圈。那是他从北京飞深圳，飞行时间3小时，坐经济舱，一个人提行李大热天坐在机场巴士。有人认为他这是作秀，其实这是任正非及华为高管的常态。

任正非让干部员工们屁股对着老板，眼睛盯着客户，自己的事情自己办。他一年有200天在世界各地飞来飞去，在一线寻找客户，发现与解决问题。

日本大地震之后，华为公司的高管们冒着核污染、核辐射的风险到日本去看望员工，并告诉员工："公司高层与你们同在。"当时，孟晚舟从香港飞日本看望公司员工，飞机上只有两个人，其他人都不敢去。

2018年1月，任正非利用春节休假的时间去了玻利维亚，休假的同时，还顺道去看望了那些春节回不了国的公司员工。玻利维亚是高

原地区，含氧量比西藏还低，非常不适合人类生存。任正非在那里讲话承诺："只要我还飞得动，就会到艰苦地区来看你们，到战乱、瘟疫的地区来陪你们。我若贪生怕死，何来让你们去英勇奋斗？在阿富汗战乱时，我去看望员工。利比亚开战前两天，我在利比亚。"

是啊，若是贪生怕死，何来一腔孤勇？如果说华为是一个狼性十足的公司，任正非就是那只头狼，永远充满朝气。虽然这位老人有颈椎病、高血压等一身病，每天都要吃药，但仍然不忘奋斗。因为他知道，"己所不欲，勿施于人""其身正，不令而行"，要让大家奋斗，首先他得奋斗。

任正非首先坚守了华为的核心价值主张，他为华为员工树立了"以客户为中心"和持续艰苦奋斗的榜样，华为的企业文化方才得以根深叶茂、生生不息。

华为是一家全资中国公司，是唯一一家没有上市圈钱的世界500强企业。曾经有无数资本想给华为投资。在美国市场，美国人说："只要你是中方全资背景，我就不买你的设备，只要让美国人参股，就给你们降低关税。"任正非果断地拒绝了。任正非的想法很朴素，就是华为要做中国的民族品牌。

有个玩笑，说自从华为进驻欧洲，就治好了欧洲人爱在地铁上看书的习惯，原因居然是以前欧洲的地铁信号太差了。一进欧洲的地铁站，基本等同于和外界失联，所以他们只能看书。直到2007年，华为拿下了德国的订单，在德国建了8000多个通信基站，德国地铁里才终于有了信号。

欧洲的信号差，跟欧洲的通信工程师分不开。欧洲的通信工程师把工作和生活分得很开，生活得很悠闲。但是华为的通信工程师们个个是工作狂人，一工作起来就完全忘记了时间，网络出了问题，一定是随叫随到。他们不仅平时加班加点，逢年过节也会在第一时间出现在抢修现场，能吃苦拼命。只要是客户的需要，不管多么偏远的山区，就算人拉肩扛也要完成任务。

所以，欧洲人从心底佩服华为的敬业精神，如果没有华为，欧洲地铁里可能每天 3/4 的时间都不能正常使用网络。现在，全球 1/3 的人都享受着中国通信基站的好处。在接下来的 5G 时代，华为更是引领了潮流。

任正非说："做企业就是要培养一批狼，进了华为就是进了坟墓。"一位日本专家第一天入职华为时，曾无比严肃地说："声明一下，我是个工作狂，经常加班。所以在和大家共事的时候，会占用大家大量非工作时间，请大家配合我的工作！"说完深鞠一躬。3 个月后，那位日本专家辞职了，离开的时候非常委屈不甘地说了一句话："你们这样加班，是不人道的！"可以说，华为的核心价值观就是艰苦奋斗。在华为，吃苦才是常态。

华为员工出差要么坐早上 9 点之前的飞机，要么坐晚上 6 点之后的飞机，如果被发现是在工作时间坐飞机，就会遭到通报批评。任正非甚至从不过春节，他的春节不是在工作，就是在去工作的路上。任正非说："华为人要保持狼性精神。一个公司如果都是喜羊羊，没有战斗力，缺乏奋斗精神、贪图享受，都在等靠要，再好的公司也会坐吃山空。"

一次，任正非带着团队去亚马孙热带雨林旅行，出发前买旅行鞋，他给在巴西驻地的华为同事买了 55Real 的耐克，而给自己则默默买了 35Real 的不知名普通旅游鞋。大家都很过意不去，他却毫不在意地说："你们常驻这里很辛苦。我不一样，这鞋穿一次就扔掉了，不用买品牌。"然而回到酒店后，任正非并没有把鞋子扔掉，而是刷洗干净，带回了深圳。

华为能有如今的成就，付出了太多常人无法承担的辛酸。2001 年，任正非的母亲遭遇车祸，当时他人在伊朗，赶回国的时候，已经错过了母亲的最后一面，这成了他这辈子最大的遗憾。他本人更是病痛缠身，两次患癌、糖尿病、高血压、抑郁症，折磨了他很多年。2002 年，公司差点崩溃了。IT 泡沫破灭，华为内外矛盾交集，他感觉自己已无力控制公司，有半年时间都是噩梦，梦醒时常常哭。

华为有多少身在异乡的员工，牺牲了本该属于自己的时间和健康，奔赴全球各个角落，甚至好几年无法回家。那里可能正在发生战火，那里可能疾病肆虐，那里可能是悬崖峭壁，那里可能是冰天雪地，但是他们就在那里。寻常的天伦之乐，对他们来说太奢侈了。正是有了这些英勇奋斗的人，才能成就华为的辉煌战绩。

点评

《亮剑》里有这样一段话："一个团队的创始人是什么样子，他的灵魂会深刻地刻进这个团队，这个团队就是什么样子。"在华为，"自律，永远是最低成本的管理"理念贯穿始终。任正非身先士卒，从来不知道困难为何物。在他的带领下，华为人攻坚克难，一起缔造了强大的华为。

95. 向 IBM 学管理：高手都是学来的

在华为近 30 年的成长历程中，外部"管理咨询"智囊团的作用不容忽视。华为成功的背后，是 17 家咨询公司的鼎力相助，其中影响最大的是华为于 1998 年引入的 IBM 咨询项目。

"我是个没用的管理者，不懂技术、不懂管理，我只是个傀儡。"1997 年，创业 10 年以来一直高速发展的华为遇到了成长的烦恼，任正非及其管理团队看着日益庞大的华为战车如脱缰的野马般飞奔而无能为力，心急如焚，华为濒临失控。1997 年圣诞节前夕，任正非带领华为高层前往美国的 IBM、惠普等著名高科技公司考察学习。考察期间，IBM 公司"化腐朽为神奇"的管理引起了任正非极大的兴趣。1990—1993 年，IBM 的亏损高达 168 亿美元，但曾被微软创始人盖茨预言"将在几年内倒闭"的 IBM 却依靠定位理论化解了危机，成功转型，实现了从亏损 100 多亿美元到年营收 800 多亿美元。经过深入了解，任正非认为 IBM 的管理模型对华为十分有借鉴意义，于是决心向 IBM 学习。

1998 年，华为决定聘请 IBM 为华为梳理流程和建立系统。谈判时，IBM 报价不菲，20 亿人民币的学费相当于华为当时一年多的利润。高管们纷纷反对，但任正非力排众议，接受了 IBM 的报价。1999 年，华为正式启动了对标学习 IBM 的集成产品开发 IPD、集成供应链 ISC 等管理系统，向 IBM 学习现代管理的真谛、不断提升华为的组织能力。

50 名 IBM 顾问进驻华为，一场全面学习 IBM 的管理变革运动拉开大幕。IBM 顾问系统而细致地阐述了对华为管理问题的十大"美式"诊断：缺乏准确、前瞻的客户需求关注，反复做无用功，浪费资源，造成高成本；没有跨部门的结构化流程，各部门都有自己的流程，但部门流程之间是靠人工衔接的，运作过程被割裂；组织上存在本位主义，部门墙高耸、各自为政，造成内耗；专业技能不足、作业不规范；依赖个人英雄，而且这些英雄难以复制；项目计划无效且实施混乱，无变更控制、版本泛滥……顾问们列举的问题十分尖锐，直接触及了任正非的痛处。

学习持续了 5 年，在经历和忍受了全球 IT 行业寒冬的摧残和"削足适履"的极度痛苦后，当其他通信行业纷纷转型投资和房地产业务时，华为却在凛冽的寒风中咬牙坚持了下来。

任正非说："善于学习是提升管理能力的重要手段，如同'复盘'是棋手最好的学习与提高手段，每一次的成功或失败都是我们最好的学习案例，必须学会在实战中进行总结，举一反三。"华为对标学习IBM 管理系统的目的，不是简单机械地学习片面、支离破碎的东西，而是需要在实践中全面、充分、真实地理解 IBM 管理思想和具体运作方法。

2003 年 12 月，IBM 顾问完成了为期 5 年的第一期管理变革，在准备撤出华为的前一天，IBM 顾问给华为研发部门上了最后一堂课。当 IBM 顾问重新演示了 1998 年 9 月第一节课上展示的 PPT 文档时，大家惊讶地发现，当时顾问们对华为管理弊端的十大"美式"诊断，已有 9 个问题得到了解决并已达成共识，IPD 已经在潜移默化中不知不觉融入了华为人的灵魂与血液，并彻底改变了华为人的做事方法：从产品开发的第一天，从市场到财务、从研发到服务支持……所有责任角色都参与进来，并在整个投资过程中实施了相应的权力，目标只有一个——满足市场需求并快速盈利。

任正非表示："我们引入国际先进的薪酬和绩效管理的目的，是因为我们看到沿用过去的土办法，已不能保证今后继续活下去。我们要走世界领先的企业之路。这些企业已经存活了很多年，他们走过的路被证明是一条企业生存之路，这就是我们先僵化和机械地引入国际化系统的唯一理由。"

另一项重大的 ISC（集成供应链）变革，经过 IBM 顾问为期 5 年的指导，华为的核心竞争力显而易见地得到了全面提升：IBM 顾问在1998 年 12 月对华为供应链进行变革之前，曾对华为的运行现状做过一次详细的摸底调查，当时华为的订单及时交货率为 30%，而世界级企业平均为 90%；华为的库存周转率为 3.6 次／年，而世界级企业平均周转率为 9.4 次／年；华为的订单履行周期为 20~25 天，而世界级企业平均为 10 天左右……

2003 年 12 月，IBM 顾问再次给华为做出的考核数据显示：华为订单的及时交货率已达到 65%，库存周转率则上升到 5.7 次／年，订单的履行周期缩短到 17 天。

虽然仍与世界级企业有一定的差距，但根据 IBM 顾问的经验，他们服务过的上百家从量产型向创新型转变的企业至少都花费了 7~10 年时间进行转变，而华为在 5 年内竟然就发生了如此重大的变化，已非常难得。按照这样的速度，华为将提前抵达跨国公司的门槛。

不过对于任正非来说，这仅仅是华为向世界级企业完成了初步的学习。2004—2007 年，任正非再度斥资 20 亿元向 IBM 学习，先后进行了 EMT（企业最高决策与权力机构）、财务监管等第二期管理变革。经过 IBM 董事会精心甄拔，90 多位富有多年跨国公司"领导力、决策、市场、流程管理、财务监管"经验的高级顾问团再度进驻华为。在他们的悉心指导和真诚帮助下，历时 10 年的虚心学习和潜心苦练，华为终于修成正果，一个令美国政府都惧怕的跨国公司终于横空出世。

2008 年 2 月 29 日，华为董事长孙亚芳率领 50 余名高层干部，在坂田基地高培中心举行了盛大的欢送晚宴，隆重答谢 150 多名 IBM 顾问在过去 10 年间给予华为的指导与帮助。华为一位负责管理变革的副总裁表示："尽管对 IBM 来说，这只是一个商业咨询项目，但对华为而言，却意味着脱胎换骨。"

在推进华为管理咨询项目的过程中，IBM 被任正非的真诚和大气所感动，发自内心地看准华为是一家天赋极高并且非常值得信赖的企业和朋友。40 亿的学费 IBM 并没有照单全收，而是与华为结成了亲密无间的朋友和全球战略合作伙伴。直到今天，华为的销售规模已经与 IBM 大致相同，但与老师 IBM 的友谊却与日俱增、历久弥坚。

任正非说："我们学的方法是 IBM 的。IBM 教会了我们怎么爬树，我们爬到树上就摘到了苹果。我们的老师主要是 IBM。"经过十几年的持续努力，华为建立起了一个集中统一的管理平台和较完整的流程体系，支撑着公司进入了 ICT 领域的领先行列。华为在对标学习 IBM 的成果趋于成熟稳定运行之后，开始进行了激励创新，并结合自身实践经验持续优化管理系统，这是华为在对标学习 IBM 之后，能够青出于蓝而胜于蓝的必经之路。

任正非由衷地表示："当时 IBM 对于我们的财务和审计进行咨询时，孟晚舟还是一个'小萝卜头'，她做了项目经理，20 多年和 IBM 等顾问接触下来，她把财务做得很好，而且超越了顾问的指引，管理水平、标准更高了。现在华为的财务质量水平应该比很多西方公司都高得多。"

点评

成功的最快途径就是善于向高手学习，站在巨人的肩膀上，才能看得更远。任正非说："企业之间的竞争，说穿了是管理竞争。"一家公司能否称得上伟大，并不是看它在风平浪静时是否风光无限，而是看它在经历行业大变迁之后，是否依然能活下来。能让一头笨重的"大象"重新跳起轻盈的舞步，IBM 一定有其过人之处。华为要走向国际化，管理体系就必须与国际化接轨。为了体系化地对标学习世界最先进的管理实践，华为毅然决然地摒弃了"洛阳铲"，坚定地用"欧美砖"修建华为的"万里长城"。

96. 灰度管理: 黑与白之间存在的广阔空间就是灰

赤橙黄绿蓝靛紫，这个世界是五颜六色、精彩缤呈的，而灰，是世界的底色。中国古代就存在对灰的认识，如"玄"与"玄学"。"黑而有赤色者为玄"，玄之又玄，众妙之门。纯白、纯黑两个极端之间，存在的广阔的空间就是灰，灰色是从黑到白的过渡色，是介于黑白之间的不同灰度构成的灰色地带。自然界中大部分物体的平均灰度为18%。灰色不像黑色、白色那么鲜明张扬，不动声色的灰比黑与白更富弹性和具有内在力量。

"灰度"一词在华为语境中有着重要的地位，是任正非在许多重要讲话中常常使用的词汇。开放、妥协、灰度是华为文化的精髓，也是一个领导者的风范。任正非对各种不同个性的人才、不同的意见，以及对自己的当面驳斥都保持着宽容的态度，在他看来，允许"异见"就是为人才打开了上升通道，让每个人都能够释放自己的才华，而这些有才华的人正是华为重要的战略储备。这是任正非领导哲学中的重要组成部分。任正非将其称为"灰度领导力"。

任正非表示，一个领导人重要的素质是方向、节奏。他的水平就是合适的灰度。坚定不移的正确方向来自灰度、妥协与宽容。一个清晰的方向，往往是从灰色中脱颖而出的，并不是非白即黑。

很多时候人们会将灰度视为"游走于规则的边缘"，"水至清则无鱼"，以灰度洞察未来，方向大致正确就是灰度。有灰度，方能视野开阔，把握不确定性，看清未来的方向，认清未来发展的战略目标，以实现"方向大致正确"。"一个清晰方向，是在混沌中产生的，是从灰色中脱颖而出，方向是随时间与空间而变的，它常常又会变得不清晰。并不是非白即黑、非此即彼。合理地掌握合适的灰度，是使各种影响发展的要素，在一段时间和谐，这种和谐的过程叫妥协，这种和谐的结果叫灰度。"

没有妥协就没有灰度。妥协其实是非常务实、通权达变的丛林智慧。凡是人性丛林里的智者，都懂得在恰当的时机上接受别人的妥协，或向别人提出妥协。任正非曾用太极八卦图阐述"灰度"，太极圈里的白鱼为阳，黑鱼为阴，白鱼中间是黑眼睛，黑鱼中间是白眼睛，表示阳中有阴，阴中有阳，万物互相转换，互相渗透。一个人的优点和缺点相互对冲又相互生存，一个组织的辉煌与衰落也互为因果。

任正非说过："我骂谁，是爱谁。不爱他也就懒得骂了，余承东就被我骂得最多。你看他，太疯狂了！我们不能以表扬为主，管理要有'灰度'，矫正他们不正确的地方，目的是让他走上正确的道路。让余疯子去做黑与白的事，我们在后面做一些灰度的事。"

余承东很有能力，但也很疯狂，说话幽默中带着夸张，他会说"很吓人的技术""甩一条街的拍照"，被称为"爱吹牛的余大嘴"。作为华为高管中的一个异类，任正非对余承东是既欣赏又"头疼"，可还是不得不对他网开一面。

1993年，余承东入职华为就是看中了华为不拘泥、不死板的工作氛围。他表示自己不喜欢条条框框，只有想法和执行力。任正非大气地说："没关系，我有钱，你有想法；我把钱给你，你实施你的想法。"当余承东口若悬河地讲解理论时，任正非不仅不嘲讽他，还认真做笔记。

余承东初到华为就参与了C&C08数字程控交换机研发项目，也是华为第一个万门数字程控交换机的研发功臣，但他更希望能独当一面，想去研发3G业务，任正非爽快地给了他研发经费。1997年余承东带领团队推出了华为 GSM 移动通信设备，使华为成为 3G 国际标准的制定者和参与者。

2003 年，余承东被派往海外开拓市场。他坚决要研发分体式基站，高管们都不赞成。任正非相信余承东的眼光，他力排众议，批准了分体式基站的研发工作。半年后，余承东果然不负众望，带领团队研发出了体积小、重量轻的分体式基站，而且信号更强。

2010 年，余承东被任正非从欧洲召回总部，掌管华为终端公司和消费者业务。余承东以"壮士断腕"的气魄砍掉了华为生产的大量贴牌手机和非智能手机，同时推出了 P1、D1 和 W1 等中高端智能机，并成立实验室，研发华为芯片。被余承东砍掉的贴牌及低端机当时有 3000 多万台的规模，华为的营收瞬间塌方式下滑，无数人的"奶酪"被打碎了。而余承东主导研发的新手机销量惨淡，这下捅了"马蜂窝"，许多人希望他下课，出现了"倒余行动"。关键时刻，任正非站出来说："不支持余承东的工作就是不支持我。"

余承东拿到"尚方宝剑"后，撤换了大批华为终端和手机线上难以指挥的人，他又开始"吹牛"："华为手机 3 年之内成为世界领先手机终端厂商，销售目标一年翻 3 倍！""华为手机要做到全球第一，荣耀要做到中国前二！""未来手机厂商只剩 3 家，一定有一家是华为！""在国内，华为没有竞争对手。"他的口无遮拦将华为推到了风口浪尖，一向低调的任正非只得亲自出马替他公关。2018 年，华为手机以 2 亿部销量的成绩，成为中国手机市场的销售冠军，全球市场份额直逼三星和苹果。此时，华为的消费者业务已赶超运营商业务，余承东磨了许久的"精品战略"终于发挥威力。大家笑称："'余大嘴'终于将曾经吹过的牛都实现了。"

任正非曾多次表示："在时代面前，我对技术、财务都不懂，管理也似懂非懂，如果没有一颗容人之心，华为将无人可用。""放任"余承东就是任正非"灰度管理"的典型案例。任正非以宽容的心态"容许"余承东"乱来"，因为他知道，余承东所有的想法都是为了华为手机事业部，为整个华为而奋斗，只要大体方向正确，一时的"狂言傲语"不算什么。

　　"白"与"黑"之间有一个妥协是灰度，不走极端，把控好度，找到最合适的平衡点，提一桶"糨糊"把18万员工黏起来一起奋斗，这就是任正非的灰度哲学。一个领导人重要的素质是把握方向、节奏。他的水平就是合适的灰度，坚定不移的正确方向来自灰度、妥协与宽容。每一个人的性格都不一样，如果老板不能求同存异、不能够妥协，那必然是团结不起来队伍、做不成事业。"我们不是培养和尚、牧师，我们是一支商业部队，华为要容得下各种人。坚决反对把精力用去补短板、追求完美。人只要发挥自己的优点、做好长板，再拼一块别人的长板，拼起来就是一个高桶。"

97. 让扁鹊的兄长也走红地毯

魏文侯问扁鹊："你们三弟兄谁的医术最高？"扁鹊回答："大哥医术最高，二哥次之，我最差。"魏文侯很惊讶："为什么你名满天下，他们两个却不为人知？"扁鹊说："大哥医术之高，在于防患于未然，病未起时，他一望气色便知，用药把人调理好，使人不伤元气，人们以为他不会看病；二哥能治病于初起，病人元气稍有损伤，他就用药补回来了，所以被认为只会治小病；我医术最差，等到病入膏肓，才下虎狼之药，让其起死回生，世人便以为我是神医，然则命捡回来了，却元气大伤。"

华为内部经常用扁鹊三兄弟的故事来阐述这个问题。

现代企业的考核制度必然促使员工追求快速完成任务，使企业快速获得现金流、快速完成 KPI，就像扁鹊一样，能做大手术、危重手术，手到病除，起死回生。扁鹊这类人当然会戴大红花、走红地毯，会获得更大的回报和认可。

但社会上也有不少像扁鹊的二哥和大哥这样的人，他们或是从事难度不那么高，且较为常规的工作；或是从事预防性工作，在大病发病前，就对问题、危机进行了前置处理。在现代企业制度下，这些人的 KPI 看起来会很小，绩效评估也没有关键亮点，奖金和激励都很少。

2000 年，任正非开始强调"奖励扁鹊大哥、扁鹊二哥"，重视"职业管理者的责任与使命"，即责任结果导向（基于岗位的应负责任，更具有客观性），而非绩效结果导向（更容易受认知与评价影响）。
任正非内心深处非常重视"扁鹊的兄长们"，因为他知道在企业的实际运作中，"扁鹊的兄长们"恰恰是最容易被忽视的。而他们，往往就是那群"板凳要坐十年冷""忍受很多磨难甚至失败，但一直不懈追求"的华为精神象征。

华为的员工们绝不会担心高额补助会缺席。华为一个最低职级的中方员工到海外常驻，与他在深圳机关工作相比，每年补助至少多了30万元。同时，在海外工作，每个成功的项目还可能会发几万元的项目奖，每年不定期的项目奖合计可能比年终奖都多。

2020年，在新型冠状肺炎疫情期间，鉴于华为员工在抗击疫情的前线做了很多工作，华为对湖北新型冠状肺炎医疗救治现场负责通信保障的作战人员自1月23日起，给予每人每天2000元补助。正是这种稳定且丰厚的物质激励，使华为的员工愿意"上战场"，到更艰苦的地方建功立业。

华为何以塑造一支铁军？在"狼性文化"与强激励背后，"给火车头加满油""不让雷锋吃亏""让扁鹊的兄长也走红地毯"等"水泵"式的组织激活策略与巨大投入为华为留住了成倍价值贡献的关键人才，让有能力、有理想、肯干事的人得到了公平与上升空间，也让企业产生动力来对抗熵增。

华为还经常用"工匠精神"来形容寂寞的扁鹊大哥、二哥这类人。对工匠精神的保护与激励，就是华为理解的物质文明与精神文明的双轮驱动。激励那些默默无闻、踏踏实实地为企业做出贡献的工匠，就是激励员工去做更大、更长远、更基础性的事情。

华为从2018年开始选拔"单板王"，奖励那些在一线实实在在做事、十年如一日、兢兢业业、精益求精的工匠们。在硬件工程师中可以选出"单板王"，软件工程师也叫"单板王"。"单板王"就是对每个专业兵王的比喻，是华为对十年如一日、默默无闻的工匠们的比喻。

最初评定的是研发的"兵王"，评定方式是由评委们去实地查看被评者过去开发的单板数量与质量，而不再由被评者进行PPT汇报。硬件工程师杨勇便是第一批被选出的单板王。他在10年间整理了600多页的红宝书，让解决问题的攻关就像创作艺术作品。他牢记"优秀的硬件工程师就是要一根飞线都没有"。他说："好的单板就是你的品牌，板子要是做砸了，以后没人敢用你。"以至于杨勇对待单板有一种强迫症，"检视，检视，再检视"。杨勇曾无比骄傲地说："这么多年来，凡经我手的单板从没出过问题。"

在华为，被评为"单板王"的员工会获得破格激励，包括职级、工资与股票，破格后有大半专家超过了对应级别管理者的职级。这激励了那些专家们投入具体的算法、芯片和代码等的研发，让他们能在最佳时间以最佳角色做出最佳贡献。公司把这些"兵"当作"兵王"后，仍然让他们安心编代码、调单板。同时，任正非要求人力资源管理的34个模块选出"单板王"，即选出那些不显山露水，甚至"不过河"，但能在幕后真正解决"过河"所需的"船与桥"的人。任正非说："寂寞的英雄是伟大的英雄，要敢于让一些优秀员工脱颖而出，让组织充满活力。指引员工把平凡单调、日复一日的本职工作转化为不平凡的挑战，激励自己不断进步。"

点评

现实中，由于组织很难发现那些在短期内没有创造奇迹的英雄们，他们因此隐于人群中，没有光亮、兢兢业业、默默无闻，被岁月无情地淹没了。因此，华为能够喊出"让扁鹊的兄长也走红地毯"这样的口号，提倡尊重这样的员工，本身就是一种精神激励，一种强烈的信号。

98. 生命以负熵为生

熵增定律，也叫热力学第二定律。熵是用来度量混乱的，指事物的混乱、无序程度。在自然状态下，熵只会越来越大。熵增就是越来越混乱、越来越无序。熵增是宇宙的铁律，从星系到人体，从宏观到微观，万事万物都受其支配。

在熵增定律下，任何东西如果不懂得注入势能，都会慢慢消退和消散。

人的一生都是在不停地与"熵增"对抗。一个人如果每天只是吃喝，就会身体肥胖、机能衰退；如果不提升工作能力，很快就会被淘汰；一个企业如果不思进取，很快就会走向灭亡。生命以负熵为生，而对企业来说，"熵增"的解药就是为企业注入源源不断的活力。

任正非率先将"熵增定律"引入企业决策和运营中，他指出方向大致正确和组织充满活力，是企业成功的两大基础。

2000年之后的3年，是任正非的至暗时刻。当时华为的负面效应集中爆发，内部人心涣散，竞争公司挖墙脚来窃取公司核心机密……一连串打击让任正非应接不暇、心力交瘁，他甚至患上了严重的抑郁症，只能靠着安眠药才能入睡。此时，任正非的好友、中国人民大学商学院教授、华为首席管理科学家黄卫伟在知道他的情况后，顺手从书架上拿下了一本《热力学第二定律》递给了任正非："你看看吧，相信这本书能帮助你走出目前的困境，让你有所启发的。"

当任正非将信将疑地翻开《热力学第二定律》后，很快被其中的内容吸引了，书中的"熵增定律"让他瞬间醍醐灌顶，茅塞顿开。他意识到：企业发展的自然法则是熵由低到高逐渐走向混乱，并失去发展动力。企业的主体是人，人性都是好逸恶劳的。一无所有时，人便会勤奋刻苦、努力奋斗；当什么都有时，便开始躺平。如同很多创业公司一样，初创阶段都是生机勃勃，从无序到有序；到了中期，企业不断做大做强，变得更加有序；而后期，企业则进入了舒适区，而后开始暮气沉沉、懒懒散散，进而出现很多问题。这就是熵增的过程。

受到启发的任正非振作精神，从企业内部出发，针对华为的现状实施了一系列措施。他主动打破平衡、打破封闭系统，使企业更加开放，同时积极推行耗散结构的管理制度。

什么是耗散结构？任正非说："每天锻炼身体跑步，就是耗散结构。身体能量多了，把它耗散，就变成肌肉，这就是最简单的耗散结构。所以，我们一定要把一些能量耗散掉，通过耗散，使我们获得新生。我们把对企业的热爱耗散掉，用奋斗者、用流程优化来巩固。奋斗者是先付出后得到，与先得到再忠诚有一定的区别，这样就进步了一点。把潜在的能量耗散掉，从而形成新的势能。"

华为强调奋斗文化，但人性是好逸恶劳的。企业一旦成功，难免会走入舒适区，队伍也就会变得惰怠。任正非强调耗散结构，其实就是在跟这种人性做斗争。华为公司作为一个开放的系统，只有保持开放性，才能对抗系统中不可避免的熵增现象。耗散结构的意义就在于此。

点评

熵减的过程是痛苦的，但前途是光明的。企业就是一个小宇宙，熵增定律很难被突破，我们之所以要研究熵增定律里面的熵死现象，是为了避免企业过早地灭亡，而要想延时灭亡，就必须有反熵增的思维。

99. 红舞鞋：不为两岸花香所动

《红舞鞋》出自安徒生的童话故事，它是一双非常漂亮的红色舞鞋，女孩若穿上它，跳起舞来就会感到轻盈、富有活力。但这双鞋被施了魔法，女孩一旦穿上它，就会永无休止地跳下去，直到耗尽舞者的全部精力。一个小女孩抵挡不住红舞鞋的魅力，穿上了这双红舞鞋。她不知疲倦地跳舞，招来了很多羡慕的眼光，获得了极大的满足与幸福。后来她倦了，想停下来，可脚上的红舞鞋仍然在快速地带着她旋转，她只得继续跳下去，直到累死在一片草地上。

任正非在数年前的华为市场工作会议上提到了《红舞鞋》的故事，他说："我们相信，在这个大机会时代，我们一定能够抓住机会；我们相信，我们的队伍将来能承载2000亿美金销售收入的目标。当然，我们的队伍不要为1500亿、2000亿美元的口号所累，不要穿上'红舞鞋'。这也是值得创业者特别注意的地方，我们给队伍设定目标的时候，应该清楚什么是真、什么是假。不然的话，我们就会受制于'目标'。比如一些企业每年会对外发布目标业绩，为了完成目标，他们不惜公然造假。这就是穿上了'红舞鞋'，是在自欺欺人。"

任正非用"红舞鞋"的故事告诫所有员工，华为想的不是企业如何去实现利润最大化，而是如何提高企业的核心竞争力，让企业更好地活下去。

在华为看来，企业的责任是获得利润，但利润却不是企业的唯一目标。企业如果没有长期有效的增长策略，就不会有足够的利润来支撑企业的发展，这样的企业就像穿上了红舞鞋，最终只会把自己累死。

所以《华为基本法》中写道：华为会追求一定利润率水平上的成长最大化，追求利润，更追求长远的发展。单纯追求利润和规模，是企业的"红舞鞋"。

华为对财务结果健康有明确的定义，就是要求销售收入、利润、现金流"三足鼎立"，共同支撑起公司的生存与发展。单纯追求销售额的增长是一种不顾一切的疯狂；单纯追求利润会透支未来；而不考核现金流，将只能看见账面的利润。华为追求的是长期经营健康，近 20 万人聚在一起，目的是把华为做成一个更有价值的公司，这个价值一方面表现为公司现实的获利能力，另一方面表现为公司在未来潜在的获利机会。

具体来说，企业在短期要追求经营结果健康，这是企业活下去的根基，要通过收入指标看销售效率，通过现金流指标看运营效率，通过利润指标看投资回报；中期要从产业的投资结构、成本结构和商业生态等方面，看企业的核心竞争力；长期要从战略和组织角度，看企业的长期价值是否有保障。

早在 1999 年，华为就担心企业可能会穿上红舞鞋。当时的《华为人》登了一篇《企业不可穿上红舞鞋》的文章，强调"企业的首要责任是活着"，企业经理人的责任不是为公司寻找一双红舞鞋，使公司只能活一阵子，而是面对诱惑，要保持战略聚焦，追求企业持续的生存与发展。

一味追求利润最大化，会牺牲企业的未来价值。企业为什么不能追求利润最大化？因为企业一旦穿上了利润的红舞鞋，就不容易控制自己的贪欲，就会牺牲企业的长期投入，牺牲对一些战略机会点的获取，进而毁掉企业未来的大好前程。

我们身边总有这样一些企业，盲目地追求利润最大化，为此甚至牺牲企业的品牌和声誉，只想在最短的时间内获得最高利润。这样做的结果，是短期内企业可能获得较高的收入，有的甚至能走在行业前列，可是往往用不了两三年，企业就走到了尽头。

华为在这方面一直保持着清醒的头脑。按照一般规律，华为每年上半年的财报在多数情况下利润为负，因为上半年业务规模还没起来，如果公司上半年利润很好，管理层还会认为这可能是个问题。一方面，这些利润极可能是牺牲了公司的未来价值换来的，因此公司就要彻查各业务单元的资源投入情况，确保公司稳健经营。有一年的上半年，华为的利润确实太好了，于是便要求各部门突击花钱，理由是要增加土地肥力，只有土地肥沃了以后，才能长出更多的庄稼。另一方面，利润高了，带来的另一个困扰就是员工的分红会随之增加，员工现实获利多了也会出现问题。因为翅膀绑上了金条的鸟，可能就飞不起来了。员工既然选择了艰苦奋斗这条路，就别老想着赚快钱。

这些年来，华为之所以不上市，正是因为任正非认为资本是逐利的，如果华为上市，资本就变成那双套在华为脚上的"红舞鞋"，就会迫使华为疲于奔命。

华为的这些做法与一些企业形成了鲜明的对比。有的企业急于追求利润和股东价值的最大化，甚至不惜去盘剥合作伙伴、供应商甚至客户，这样获得的利润一定是短期的。有些企业还会故意做大规模、融资上市，上市后，一些高管得到了丰厚的回报，立马失去了继续奋斗的目标。因为他们认为，后面再难找到比上市更有吸引力的奶酪了。在这种情况下，上市反而成了企业的负累。由此看来，无论是企业利润最大化，还是员工或股东利益最大化，都是企业的"红舞鞋"。实际上企业利润高了，员工和股东的价值增大了，但是却有损客户的价值。

30多年来，华为一直只对准通信这个领域，从未涉及其他行业。1992年之后，深圳房地产蓬勃发展，企业趋之若鹜，纷纷涉猎房地产行业。但任正非并没有把这些钱投在房地产或者股市上，反而孤注一掷，把全部资金押到了产品研发上。2000年，深圳房地产行业犹如坐上了火箭一般飞速发展，很多人蠢蠢欲动，就给任正非提议："现在房地产这么赚钱，不如我们也顺便做一下房地产，轻轻松松就能赚很多钱，何乐而不为呢？"任正非说："习惯了挣快钱就不会再想挣小钱了。"2010年，房地产行业如火如荼，很多企业都赚得盆满钵满，任正非却仍然不为所动，他深刻地清楚做房产的利弊，他说："华为的财富都在脑袋里，而房地产企业的财富都在口袋里。科技企业是有继承性的，而房地产卖出去就没了。"

华为在选择建设研发中心时，宁愿搬到东莞，也不愿意在房地产膨胀的深圳建研发中心。他认为太高的房价会让员工失去幸福感，还不如选择一个便宜点的地方把设施做一下完善。华为在东莞的松山湖基地给员工提供了员工房，并补贴员工在周围购房，这样既提高了华为员工的生活品质，也带动了东莞周围的发展。

任正非告诫华为人，要受得住诱惑、耐得住寂寞，只有专注于自己的使命，才能在行业里立足于世界之巅。任正非进入通信行业以后，从来没有看哪个门道赚钱容易，就转向哪里，而是一条道走到黑。那些年里，诱惑那么多，但华为却始终不碰房地产，不论房地产多么繁花似锦，利润多么丰厚，华为始终不去触碰。

点评

任正非从不为诱惑所动，他说："华为就是一只大乌龟，爬呀爬，全然没看见路两旁的鲜花，不被各种所谓的'风口'所左右，只傻傻地走自己的路。"正因为任正非始终坚守"只做通信"，不为两岸的花香所动，"力出一孔，利出一孔"，华为才有了今天的成就。中国的企业界正是缺少这种有定力的企业家。只有像任正非这样对技术执着追求的企业家越来越多，国产科技技术才会有更好的未来。

经典语录

◎春天来了，冬天同样不会远。在春天，就要想着冬天的问题。十多年来，我天天思考的都是失败，对成功视若无睹，和荣誉感、自豪感相比，我更看重的是危机感。

◎不舍得拿出地盘来的人不是战略家，不要在乎一城一池的得失，我们要的是整个世界。

◎人的一生太顺利也许是灾难，如果你回过头来注意看，就会发现你受的挫折，往往是福不是祸。

◎人是有差距的，要承认差距存在，一个人对自己所处的环境，要有满足感，不要不断地攀比。

◎我既不懂技术，又不懂管理，也不懂财务。我就是提了一桶糨糊，让华为18万名员工黏在一起，让他们一起奋斗。

◎你们没有对自己付出的努力有一种满足感，就会不断地折磨自己，和痛苦着，真是身在福中不知福。这不是宿命，宿命是人知道差距后，而不努力去改变。

◎市场不会给我们时间，等着我们成长起来。它从来不是谁的妈，从不仁慈，也不会有什么耐心，流泪不可能打动它，只有强者才能征服它。华为要想活下去，必须能杀出一条血路。

◎一个领导人重要的素质是把握方向、节奏。他的水平就是合适的灰度。坚定不移的正确方向来自灰度、妥协与宽容。

◎面子是无能者维护自己的盾牌。优秀的儿女，追求的是真理，而不是面子。只有不要脸的人，才会成为成功的人。要脱胎换骨成为真人。

◎世界上一切资源都可能枯竭，只有一种资源可以生生不息，那就是文化。

◎创新，就是"鲜花插在牛粪上"，华为就是牛粪，人家的东西就是鲜花，牛粪给鲜花提供营养。继承就是牛粪，创新就是鲜花。

◎队伍不能闲下来，一闲下来就会生锈，就像不能打仗时才去建设队伍一样。不能因为现在的合同少了，大家就坐在那里等合同，要用创造性的思维方式来加快发展。

◎未来公司需要什么样的干部，我认为未来公司需要的管理干部是对市场有深刻体验和宽文化背景的人，宽文化背景怎么理解，"大杂烩"，什么都懂一点。

◎公司运转依靠两个轮子，一个轮子是商业模式，一个轮子是技术创新。

◎时光不能倒流，如果人能够从80岁开始倒过来活的话，人生一定会更加精彩。

◎求助没有什么不光彩的，做不好事才不光彩，求助是参与群体奋斗的最好形式。

◎我们呼唤英雄，不让雷锋吃亏。雷锋精神与英雄行为的核心本质就是奋斗和奉献。在华为，一丝不苟地做好本职工作就是奉献，就是英雄行为，就是雷锋精神。

◎十几万人瞄准同一个城墙口，持续冲锋。华为的投资策略就是要以快打慢，聚集在一个点上实际就是以快打慢，所以会产生好的结果。

◎没有责任心，缺乏自我批判精神，不善于合作，不能群体奋斗的人，等于丧失了在华为进步的机会，那样您会空耗了宝贵的光阴。

◎没有短期的成功，就没有战略的基础。没有战略的远见，没有清晰的目光，短期努力就会像几千年（的）农民种地一样，日复一日。

大事记

1944 年 10 月 25 日	任正非出生于贵州省镇宁县,祖籍浙江省浦江县。
1963 年	任正非就读于重庆建筑工程学院(现重庆大学),毕业后就业于建筑工程单位。
1974 年	任正非应征入伍成为基建工程兵。
1978 年	任正非出席了全国科学大会。
1982 年	任正非成为中国共产党第十二次全国代表大会代表。
1987 年 9 月	任正非集资 21000 元人民币创立华为技术有限公司。
1988 年	华为公司正式营业,任正非任华为公司总裁。经营范围是小型程控交换机、火灾警报器、气浮仪开发生产及有关的工程承包咨询,代理香港康力公司的 HAX 模拟交换机。
1990 年	华为开始研制程控小型交换机。华为正式向外界宣称实施"员工持股计划"。
1992 年	华为开始自己投资研制 2000 门的 C & C08 交换机。

1993 年　　华为推出 2000 门的 C&C08 交换机，9 月，万门交换机研制成功。同年在美国硅谷建立芯片研究所。华为宣布将销售收入的 10% 投入研发。

1994 年 11 月　　华为万门交换机在首届中国国际电信设备展览会上获得极大成功。同年底，筹建北京研究所。

1995 年　　华为的注册资本增至 7005 万，员工 800 多人，100% 持股。华为开始从农村市场向城市市场转型。成立上海研究所，负责移动通信；成立北京研究所，负责数据通信领域，开始进行 CDMA 技术研发。

1996 年　　起草《华为基本法》。市场部干部集体大辞职，由此启动华为第一次人事制度改革。推出 Quid Way 2501 路由器等产品。6 月，朱镕基视察华为，解决了华为困扰已久的资金问题。成立华为电气公司。年底，引入美国 HAY 咨询公司香港分公司所建立的任职资格评价体系。

1997 年　　推出完全自主产权的全套 GSM 系统和 Quid way 2403 以太网交换机。进行员工持股制度改革，完成第一次增资。12 月，任正非访问美国休斯公司、IBM 公司、贝尔实验室和惠普公司。

1998 年 3 月　　《华为基本法》正式出台。产品数字微蜂窝服务器控制交换机获得了专利。将程控交换机市场拓展到中国主要城市。华为斥资 5 亿元聘请外国的管理咨询公司全面改造华为流程系统，请 IBM 做 IPD（集成产品开发）顾问。华为和铁通成立北方华为，和当地电信管理局、政府成立了沈阳华为、成都华为、安徽华为、上海华为等。

1999 年　　　华为投入 2 亿研发资金，开发高端路由器和以太网交换机，第一台 GSM 交换机开通。成为中国移动全国 CAMEL Phase II 智能网的主要供应商。开始拓展海外业务，在美国的通信走廊达拉斯开设一个研究所，专门针对美国市场开发产品。在印度班加罗尔设立研发中心。

2000 年　　　华为引入 IBM 集成供应链管理，对公司的组织结构进行调整，成立了统一的供应链管理部。在瑞典首都斯德哥尔摩设立研发中心。在美国硅谷和达拉斯设立研发中心。

2001 年 2 月　华为以 65 亿元的价格将华为电气卖给爱默生公司。与俄罗斯国家电信部门签署了上千万美元的 GSM 设备供应合同。海外销售延伸至泰国、印度、法国、西班牙等地。在美国设立四个研发中心。加入国际电信联盟（ITU）。

2002 年　　　华为与 WCDMA 专利拥有者爱立信、诺基亚达成交叉许可协议，并与其他厂商进行专利谈判。6 月，华为在美国得克萨斯州成立全资子公司 Future Wei，向当地企业销售宽带和数据产品。同年，华为通过 UL 的 TL9000 质量管理系统认证，为中国移动部署世界上第一个移动模式 WLAN。

2003 年 1 月　　思科公司正式起诉中国华为公司及华为的美国分公司，要求华为停止侵犯思科知识产权。3 月，华为与法国 LDCOM 公司签订 DWDM 国家干线传输网合同；与 3Com 成立合资公司。8 月，德国西门子公司宣布将与华为合作生产基于国产 TD—SCDMA 标准的 3G 手机。12 月，华为技术有限公司与香港公司进行 3G 合作；阿联酋电信宣布，由华为技术有限公司独家承建的阿联酋电信 WCDMA3G 网络正式投入商用。思科最终撤回了诉状，双方解决了所有的专利纠纷，并承认华为没有侵权行为。

2004 年 2 月　　华为与西门子成立合资企业，针对中国市场开发 TD—SCDMA 移动通信技术。华为赢得中国电信的国家骨干网优化合同。

2005 年　　海外合同销售额首次超过国内合同销售额。与沃达丰签署《全球框架协议》，正式成为沃达丰优选通信设备供应商。英国电信宣布其 21 世纪网络供应商名单，华为入围"八家企业短名单"。赢得了为泰国 CAT 建设全国性 CDMA2000 的 3G 网络。成为澳大利亚运营商 Optus 的 DSL 合作商。获得了在中国生产和销售手机的许可。

2007 年　　被沃达丰授予"2007 杰出表现奖",是唯一获此奖项的电信网络解决方案供应商。推出基于全 P 网络的移动固定融合(FMC)解决方案战略,帮助电信运营商节省运作总成本,减少能源消耗。2007 年年底成为欧洲所有顶级运营商的合作伙伴。

2008 年　　被商业周刊评为全球十大最有影响力的公司;在移动设备市场排名全球第三;移动宽带产品全球累计发货量超过 2000 万部,市场份额全球第一;全年递交 1737 件 PCT 专利申请,全球第一。LTE 专利数占全球 10% 以上。

2009 年　　获得 IEEE 标准组织 2009 年度杰出公司贡献奖。获英国《金融时报》颁发的"业务新锐奖",并入选美国 Fast Company 杂志评选的最具创新力公司前五强。率先发布从路由器到传输系统的端到端 100G 解决方案。

2010 年　　华为超越了诺基亚、西门子和阿尔卡特朗讯,成为全球仅次于爱立信的第二大通信设备制造商。在英国成立安全认证中心,与中国工业和信息化部签署节能自愿协议。2010 年,加入联合国世界宽带委员会。9 月,华为 C8500 作为中国电信首批推出的天翼千元 3G 智能手机,在百日内的零售销量突破 100 万台,创下了"百日过百万"的佳绩。

2011 年　　发布 GigaSite 解决方案和泛在超宽带网络架构 U2Net。建设了 20 个云计算数据中心，预计云计算投入 1 万人。入选首批 "国家技术创新示范企业"。建设了 20 个云计算数据中心。推出华为 honor 荣耀手机，智能手机销售量达到 2000 万部。

2012 年　　持续推进全球本地化经营，加强了在欧洲的投资，重点加大了对英国的投资，在芬兰新建研发中心，并在法国和英国成立了本地董事会和咨询委员会。发布业界首个 400 G DWDM 光传送系统，在 IP 领域发布业界容量最大的 480G 线路板。和全球 33 个国家的客户开展云计算合作，并建设了 7 万人规模的全球最大的桌面云。根据 DC 的数据，华为成为全球第三大智能手机厂商，仅次于三星和苹果。

2013 年　　作为欧盟 5G 项目主要推动者、英国 5G 创新中心 (5GIC) 的发起者，发布 5G 白皮书；智能手机进入全球前三。全球财务风险控制中心在英国伦敦成立；欧洲物流中心在匈牙利正式投入运营，辐射欧洲、中亚、中东非洲国家。发布全球首个以业务和用户体验为中心的敏捷网络架构及全球首款敏捷交换机 S12700，满足云计算、BYOD、SDN、物联网、多业务以及大数据等新应用的需求。

2014 年　　在全球 9 个国家建立 5G 创新研究中心。承建全球 186 个 400G 核心路由器商用网络。为全球客户建设 480 多个数据中心，其中 160 多个云数据中心。全球研发中心总数达到 16 个，联合创新中心共 28 个。在全球加入 177 个标准组织和开源组织。智能手机发货量超过 7500 万台。

2015 年　　以 3898 件专利申请量排名全球榜首；智能手机发货超 1 亿台。华为 LTE 已进入 140 多个首都城市，成功部署 400 多张 LTE 商用网络和 180 多张 EPC 商用网络。华为发布了全球首个基于 SDN 架构的敏捷物联解决方案。发布了全球首款 32 路 x86 开放架构小型机昆仑服务器。华为在全球智能手机市场稳居全球前三，在中国市场份额位居首位（GFK 数据）。5 月，华为宣布在比利时鲁汶成立华为欧洲研究院。华为在松山湖基地启动了全球认证检测中心（GCTC）新实验楼绿色建筑试点。

2016 年　　服务和支持 170 多个国家和地区的 1500 多张网络稳定运行；服务全球 1/3 以上人口。9 月，华为联合奥迪、宝马、戴姆勒、爱立信、英特尔、诺基亚及高通宣布成立"5G 汽车联盟"（5GAA），共同推进全球车联网统一标准的孵化。

2017 年　　第一季度，在服务供应商路由器和电信级以太网交换机市场中，华为首次超越长期霸占核心路由器市场全球首位的思科，占据核心路由器市场的全球第一份额。6 月 7 日，华为加入 PC 市场。使用海思麒麟芯片的 MateBook X 笔记本电脑正式发布，国产芯片正面与高通芯片对阵。

2018 年　　销售收入首超千亿美元；发布全球首个覆盖全场景人工智能的 Ascend（昇腾）系列芯片以及相关产品和云服务；发布新一代人工智能手机芯片麒麟 980。

2019 年　　智能手机市场份额达 17.6%，全球前二，5G 手机市场份额全球第一；首次发布计算战略。

2020 年　　全球终端连接数超过 10 亿，手机存量用户突破 7.3 亿；HMS 生态成为全球第三大移动应用生态。

2021 年　　5 月华为在北京宣布其第三代企业路由器 AR G3 系列推向市场。6 月华为发布其首款企业运维系统 eSight。7 月华为面向全球发布了华为新一代智真系统 TP3106，为客户带来真人大小、眼对眼的全新体验。累计签署超过 3000 个 5G 行业应用商用合同；全球 700 多个城市、267 家世界 500 强企业选择华为作为数字化转型合作伙伴。上市 30 多款智能汽车零部件。

2022年	华为面向全球 ICT 领域举办行业大会——"华为全联接大会2022",旨在打造开放、合作、共享的平台。与业界思想领袖、商业精英、技术大咖、先锋企业、生态伙伴、应用服务商、开发者一起推动产业发展,构筑开放共赢的健康生态。华为全联接大会2022共有4站,首站为泰国曼谷(9月19日—21日),第二站为阿联酋迪拜(10月12日),第三站为法国巴黎(10月17日—18日),最后一站为中国深圳(11月7日—9日)。

参考文献

1.余胜海.用好人，分好钱[M].北京：电子工业出版社，2019.

2.孟庆祥.华为饱和攻击营销法[M].北京：北京联合出版有限公司，2021.

3.周显亮.任正非：除了胜利，我们已无路可走[M].北京：北京联合出版有限公司，2019.

4.孙力科.华为传[M].北京：中国友谊出版社，2018.

5.余胜海.任正非讲给华为人的100个故事[M].武汉：华中科技大学出版社，2021.

6.黄伟芳，李晓阳.华为正传[M].北京：红旗出版社，2017.

7.吴春波.华为没有秘密2[M].北京：中信出版社，2018.

8.于立坤.大头侃人：任正非[M].北京：北京联合出版公司，2020.

9.路云.任正非：我的人生哲学[M].北京：群言出版社，2014.

10.黄继伟.华为工作法[M].杭州：浙江人民出版社，2019.

11.王伟立.任正非：以客户为中心[M].深圳：海天出版社，2018.

12.孙凯，豆世红.华为营销：征战全球的立体战术[M].北京：机械工业出版社，2013.

13.夏忠毅.为客户服务是华为存在的唯一理由[M].北京：中信

出版社集团，2022.

14.潘晓飞.华为，为什么要卖荣耀？[EB/OL].（2020-11-13）[2022-10-01].https://baijiahao.baidu.com/s?id=1683209677775660766.

15.创业邦杂志.任正非：做企业，切忌穿上"永不停歇的红舞鞋"[EB/OL].（2022-03-17）[2022-10-01].https://www.zhuanzhi.ai/document/2d8513e47c611e2887854e36815a9897.

16.三豪商学院.华为"捡破烂"的海外开拓史：再不找到方法，我们就会死[EB/OL]（2022-02-14）[2022-10-01].https://www.sohu.com/a/522630640_120639800.

17.金融客财经.华为往事：路漫漫，未到藏刀卧马时[EB/OL].（2018-12-17）[2022-10-01].https://ishare.ifeng.com/c/s/v0020mOd6We3MxnnpafzK8INzftFqB8NzeHfOpu--ngw7Ix8.

18.北树笔记."大嘴"余承东的华为往事：农村出身考上清华，任正非得力干将（baidu.com）[EB/OL] 2022-09-15.

https://baijiahao.baidu.com/s?id=1744002053828832736&wfr=spider&for=pc.

19.读史阅世.《研究芯片15年，一年花任正非4亿，何庭波"备胎"转正后一骑绝尘》[EB/OL] 2022-01-31.

https://baijiahao.baidu.com/s?id=1723460714078374109&wfr=spider&for=pc.

20.长江商学院."让扁鹊的兄长走红毯"，任正非的人才激活方法　长江读书第333期（thepaper.cn）[J/OL]2021-10-16 12:49.

https://mp.weixin.qq.com/s?__biz=MjM5MzQxMjUwMA==&mid=2651960777&idx=1&sn=b992ed06fc117ed97eda7a0325bad49e&chksm=bd7271328a05f82401cc42a1cff551c126b0911c073837b9d92447f53662bc43aa1eb07a6237&scene=27.

21.新浪财经.华为往事|日本核电站爆炸，任正非亲自致电日本分

公司：你们不能撤 _ 新浪网 (sina.com.cn)［EB/OL］2022 年 11 月 22 日

https://finance.sina.cn/china/cjpl/2022-11-22/detail-imqmmthc5535613.d.html.

22.新浪科技.任正非谈多元化：华为可以与阿联酋签订"无后门"协议 (baidu.com)［EB/OL］2019-11-04.

https://baijiahao.baidu.com/s?id=16492510071509537531&wfr=spider&for=pc.

23.搜狐.成立仅 10 年的华为，花 40 亿拜师 IBM，到底值不值？_ 任正非 (sohu.com) 物流搜索［EB/OL］2019-06-12 22:53.

https://m.sohu.com/a/320143704_610732?ivk_sa=1024320u.

24.金融界.华为缘何不靠专利"发家致富"？(baidu.com)［J/OL］2022-06-10.

https://baijiahao.baidu.com/s?id=1735238797071983348&wfr=spider&for=pc.

25.郑亚苏金融观察.神奇的热力学第二定律！救了任正非的命，还让华为走向世界一流！(baidu.com)［EB/OL］2019-11-05 20:40.

https://baijiahao.baidu.com/s?id=1649365600351466587&wfr=spider&for=pc.

26.脉脉.得人才者得天下！任正非：我们要敢于与美国争夺人才！(baidu.com)［EB/OL］2019-03-17.

https://maimai.cn/article/detail?fid=1173179048&efid=sAv6qdOy1EA1_KJetlWo1Q.

27.老方说."造梦者"任正非 (360doc.com)［EB/OL］2020-06-29.

https://baijiahao.baidu.com/s?id=1659772788189767513&wfr=spider&for=pc.

28.苏小妹频道.从任正非的一次重要决策，看一个人怎样才能发现并把握机会 (baidu.com)［EB/OL］2022-01-01.

https://baijiahao.baidu.com/s?id=1720749957767292154&wfr=spider&for=pc.

29.南方略咨询.华为：领袖的作用是方向感 [EB/OL] 2016-10-18.

https://www.sohu.com/a/116429942_479829.

30.脉脉.任正非：重仓人才，就是重仓未来！ – 脉脉（maimai.cn)[EB/OL]2021.8.8.

https://maimai.cn/article/detail?fid=1650078831&efid=ZcN13CGa1_OCPCMdj5Evvw.

31.36氪 最前线 | 华为再次招募天才少年，年薪201万 [EB/OL] 2021-07-13 10:18.

https://baijiahao.baidu.com/s?id=1705134245752700642&wfr=spider&for=pc.

32.新浪财经.任正非：我的思想是灰色的 [EB/OL] 2021-01-14 17:22.

https://baijiahao.baidu.com/s?id=1688880254222574540&wfr=spider&for=pc.

33.MBA智库资讯.任正非的"灰度思想"，到底是什么？（深度好文） -(mbalib.com) [EB/OL] 2022-07-01 https://news.mbalib.com/story/254049.

34.商业新知.华为任总关于人力资源管理纲要2.0的讲话_华思华智库 -(shangyexinzhi.com) [EB/OL] 2022-06-17.

35.界面新闻.任正非：华为今年破格提拔6千人 企业需要新鲜力量 2018-03-23 15:38.

https://baijiahao.baidu.com/s?id=1595712846675564290&wfr=spider&for=pc.

36.和讯网.华为累计申请发明专利超20万件 超20亿台手机获

华为 4G/5G 专利许可 (baidu.com)[J/OL] 2022-06-09 .

https://baijiahao.baidu.com/s?id=1735124828134659533&wfr=s
pider&for=pc.

37.迪哥说财经.华为为何能精准选中通信产业？任正非：上了"贼
船"，想下下不去 (baidu.com) [EB/OL] 2021-05-19.

https://baijiahao.baidu.com/s?id=1700179602125467641&wfr=s
pider&for=pc.

后 记

华为是一个伟大的企业，30多年来，华为从一个作坊式小企业成长为全球知名的企业，在国内横扫千军后，又"走出去"在海外市场上开疆拓土，所向披靡。伟大的背后都是苦难，华为公司在高速发展的过程中，在"枪林弹雨"中始终保持着高速稳健增长，抓住了通信产业每一个爆发的节点，并在每一个涉足的细分领域迅速赶超对手。那些惊心动魄、跌宕起伏、艰难前行开拓市场的故事，振奋着每一个人的心。而这些故事的背后，我们隐约可见一位低调的老人。华为之所以走得稳，正是因为一直有一个灵魂人物——任正非。

任正非并非天生就是卓越的企业家和领导者，他也是经过了披荆斩棘、披星戴月的奋斗，历尽艰难困苦，才成就辉煌。在通信市场上，他运筹帷幄，挥斥方遒，指挥若定。他是华为的定海神针，当公司偏离方向时，他及时拨正；当公司高速发展时，又能及时拉住缰绳；当公司发展受阻时，他又像头狼一样，带领着团队冲锋在前，拼杀搏斗。他说，我若贪生怕死，何来让你们去英勇奋斗！市场不会给华为时间，等着华为成长起来，流泪不可能打动它，只有强者才能征服它。华为要想活下去，就必须自己杀出一条血路来。

一个任正非，半部当代史。这位七十多岁的老人，一生跌宕起伏，他也有过苦闷、困惑与彷徨的时刻，但他是生活的强者，有一颗强大的心脏，始终不畏艰险，不惧挑战，有远见，有胆魄，懂战略，知人心，善学习。他是人不是神，也有决策失误的时候，但善于总结，自我批判。他用利益分享的方式将18万名知识分子凝聚起来，提一桶糨糊，将华为18万名员工黏在一起，使大家"力出一孔，利出一孔"，战胜了一个个苦难，翻越了一座座技术的高山，创造了一个个奇迹。

冬天意味着什么，对农民来说就是为下一年作物准备肥料和种子，对企业来说，冬天意味着生存。任正非多次呼唤冬天，把寒气传递给每一个人。他未雨绸缪，十多年来，天天思考的都是失败，对成功视若无睹，和荣誉感、自豪感相比，他更看重的是危机感。在他眼里，华为没有成功，只有成长。

本书每一个故事里都有一个华为人的故事，其中以任正非的创业故事为主线，辅之以团队成长、优秀管理者的故事，以及生动鲜活的营销故事、惊险刺激的海外生存故事等。让人在回味无穷的故事中得到警醒与成长。我们沉浸在任正非的创业故事中，沉浸在华为的成长故事中，在沉浸中思考与成长，在沉浸中得到力量。独木不成林，华为的成功不是任正非一个人的成功，而是团队作战的结果，是整个团队的成功。华为的战略也不是任正非一个人的战略，而是大家共同探索，用脚步深一脚浅一脚丈量出来的成功之路。